―空調衛生設備技術者必携―
【建築設備 配管工事読本】

安藤紀雄 監修
安藤紀雄・小岩井隆・瀬谷昌男・
堀尾佐喜夫・水上邦夫 共著

日本工業出版

ご推薦します
―空調衛生設備技術者必携―【建築設備 配管工事読本】

　この本の筆者らは2014年に、「―空調衛生設備技術者必携：こんなことも知らないの？― 空調衛生設備：【試運転調整業務の実務知識】」を刊行され、現在建築設備関係技術書のトップセラーになっている。今回その続編ともいうべき表題の書の刊行を実現され、改めて重要な技術を後世に残すべく、その豊富な経験と技術をまとめられたものである。

　これまでに書籍や雑誌などに筆者らが書き進めてこられた数多くの記事を纏めて推敲し、アップデートな内容として見直し、さらに第1話から第12話に分けて、それぞれに独立した編集をされた結果、どこからでも読み始められるという、まさに座右の書としての使いやすさを実現されている。

　さらに各話ごとに関連文献リストを加え、「用語解説」や「ちょっと一息！」コーナーなどを適宜もりこむことによって、読みやすく、利用しやすい体裁に仕上げられている。

　世に配管工事に関する書籍は数多くあるが、ともすると現場まかせになりがちな配管の問題は、本来は、その製造工程から、搬送、保管の仕方にも注意が必要であり、施工中はもちろん、施工後のテストや維持管理にも配慮することが重要である。また、管だけでなく継手や支持金物などの関連製品、水質や土質などの置かれる環境とのかかわり、材質や耐久性、建物とのかかわりの問題など、数多くの事柄が関係してくる。

　本書は、材料別の記述はもとより、配管工事に関わる総合的かつ網羅的な内容となっており、大変有用な書物と考えられる。

　建築設備技術の初心者はもとより、ベテラン技術者にも示唆に富んだ内容であり、おおいに活用されることを期待し、推薦申し上げる次第である。

　　　　2016年12月吉日　東京工業大学名誉教授
　　　　　　　　　　　　公益社団法人空気調和・衛生工学会名誉会員
　　　　　　　　　　　　一般社団法人日本建築設備診断機構会長
　　　　　　　　　　　　　　　　　　　紀谷文樹

本書の発刊にあたって

　建築設備工事（機械設備工事）の中で、「配管工事」と「ダクト工事」は、「２大基幹工事」と呼ばれています。しかるに、日本では「配管工事」に関する図書類は、「配管設計分野」や「配管施工分野」にかかわらず、「ダクト工事」に関する図書類に比して、圧倒的に多く出版されています。

　「配管工事」というと、大きく「プラント配管工事」と「建築設備配管工事」に大別されますが、筆者等は日頃から長年にわたって、建築設備業界で配管工事の設計・施工・管理に携わってきた「建築設備技術者」です。

　本書のタイトルは、―空調衛生設備技術者必携―【建築設備 配管工事読本】とさせていただきましたが、その趣旨は、配管工事の書物や記事にかかわらず、日常一度読んだ本や記事を再読したいと思ってみても、それらの記載がどの本にどこに記載されていたか、どの雑誌の何年何月号に掲載されていたかを、思いだし見つけだすことは、なかなかむずかしいのが現状です。

　本書の発刊趣旨は、筆者等が日頃から各書籍や雑誌等に長年にわたって単独に投稿しバラバラな状態で散在し死蔵されている、各種配管工事に関する記載記事を閲覧しやすいように、ここで第１話から第12話までひとまとめにして、後々に閲覧する場合に便利なようにしておこうと思いついたからなのです。

　本書は、他の配管書籍のように、体系的な順序項目に従って編纂された図書とは全く異なっております。というのは、"読本"というネーミングは、"読み物"として、本書のいかなる章からでも取り付くことができ、各章とも独立した形式とした読み物としたかったからなのです。

　したがって、その特徴は、各話とも「はじめに」ではじまり、「おわりに」という形式を採用し、その章の末尾にその話に関連のある「引用・参考文献」を紹介している点にあります。また、配管工事の初心者にも理解しやすいように、【用語解説】や【ちょっと一息！】のコーナを設けさせていただきました。

　ちなみに、各話題間で多少内容が重複している場合もありますが、その内容が非常に重要な内容だというようにご理解いただきたいと思っております。

　また、過去にさまざまな場所で発表したり、さまざまな書物や雑誌に書いた時点の記載事項が、すでに陳腐化していると思われる箇所については、今回改めて

加筆修正させていただきました。
　本書が、建築設備の配管工事の設計・施工・管理の実務に携わる、皆様の座右の書（読み物）として、好きな話から順不同でごく気軽にお読みいただきお役に立てば、筆者等一同これにまさる喜びはありません。
　なお、本書の発刊にあたりましては、ジャパン・エンヂニアリング㈱南雲一郎社長、ならびに元レッキス工業㈱円山昌昭氏・レッキス工業㈱大西則夫氏の三氏に多大なご助言をいただきました。
　末尾になりましたが、ここで三氏に厚く御礼申しあげます。

2016年12月吉日　著者代表　安藤紀雄

【目　次】

第1話　建築設備配管材料の雑知識 ……………………………………… 1
　　1．配管とは？ ……………………………………………………………… 1
　　2．建築設備配管材料の分類 ……………………………………………… 2
　　3．金属配管材料 …………………………………………………………… 4
　　4．非金属配管材料 ………………………………………………………… 15
　　5．建築配管材料の将来展望 ……………………………………………… 19

第2話　配管用炭素鋼鋼管(SGP)の接合法 …………………………… 22
　　1．鋼管接合法の種類 ……………………………………………………… 23
　　2．ねじ接合法 ……………………………………………………………… 24
　　3．メカニカル接合法 ……………………………………………………… 34
　　4．溶接接合法 ……………………………………………………………… 36

第3話　ステンレス鋼管と銅管の接合法 ………………………………… 50
　　1．ステンレス鋼管の接合法 ……………………………………………… 51
　　2．銅管の接合法 …………………………………………………………… 65

第4話　樹脂管の接合法 …………………………………………………… 78
　　1．硬質ポリ塩化ビニル管の接合法 ……………………………………… 78
　　2．ポリエチレン管の接合法 ……………………………………………… 96
　　3．架橋ポリエチレン管の接合法 ………………………………………… 98
　　4．ポリブテン管の接合法 ………………………………………………… 104

第5話　「切削ねじ接合」から「転造ねじ接合」の時代へ …… 110
　　1．SGPの接合法の分類 …………………………………………………… 110
　　2．日本におけるねじの歴史 ……………………………………………… 112

3．切削ねじの基礎知識 ………………………………………… 114
4．転造ねじ配管の開発小史 …………………………………… 118
5．「寄せ転造方式」と「歩み転造方式」 …………………… 122
6．「切削ねじ」と「転造ねじ」の比較 ……………………… 124
7．転造ねじ配管の特色 ………………………………………… 127
8．ねじ加工作業とねじ締込み作業 …………………………… 132
9．水道用ポリ粉体ライニング鋼管への転造ねじの適用 …… 134
10．技能五輪国際大会と転造ねじの世界中への発信 ………… 140
11．国土交通省と転造ねじの認知過程 ………………………… 142
12．転造ねじによる「薄肉鋼管」への開発・採用に向けて … 144

第6話　ねじ配管とそのシール法 ……………………………… 149
1．ねじ配管にシールは不可欠？ ……………………………… 149
2．クラシックなねじ配管シール法 …………………………… 153
3．ねじ配管：液状シール剤 …………………………………… 157
4．ねじ配管：テープ状シール材 ……………………………… 161
5．「液状シール剤」と「テープ状シール材」の選択 ……… 163
6．転造ねじとそのシール法 …………………………………… 163

第7話　衛生設備配管の現状とライニング配管の施工法 …… 167
1．衛生設備配管と配管材料 …………………………………… 168
2．内面ライニング鋼管の種類 ………………………………… 178
3．ペインティング管・ライニング鋼管・コーティング鋼管 … 181
4．管端防食継手の開発 ………………………………………… 184
5．ライニング鋼管用管端防食バルブ ………………………… 187
6．ライニング鋼管の取扱い・保管等 ………………………… 188
7．ライニング鋼管のねじ接合法 ……………………………… 190
8．ライニング鋼管と転造ねじ接合法 ………………………… 202

9．塩ビライニング鋼管と溶接接合法 ………………………… 203
　　10．多層複合管の加工および接続法 …………………………… 208

第8話　銅使用の歴史と銅管の深化知識 ……………………… 212
　　1．人類と銅の歴史 ……………………………………………… 213
　　2．配管材料としての銅管の特徴 ……………………………… 221
　　3．もっと知っておきたい：建築用銅管の深化知識 ………… 224
　　4．ビルマルチ空調方式の登場とその冷媒用銅管 …………… 233
　　5．銅管用ろう接合継手 ………………………………………… 239
　　6．銅管と異管種の接合法 ……………………………………… 240
　　7．給水・給湯管の銅管使用占有率 …………………………… 244

第9話　排水配管工事の特徴と施工留意点 …………………… 247
　　1．排水の用途と排水の種類 …………………………………… 248
　　2．排水用途別排水管材料の種類 ……………………………… 248
　　3．排水管・継手の選定時におけるリスクマネジメント …… 257
　　4．排水管と排水用継手の組合せ ……………………………… 259
　　5．排水管の施工要領 …………………………………………… 268

第10話　建築設備用バルブ類の基礎知識 …………………… 276
　　1．バルブとは？ ………………………………………………… 277
　　2．バルブの基本的な構造 ……………………………………… 280
　　3．バルブ類の材料と腐食 ……………………………………… 297
　　4．バルブ類の法規・許認可と規格 …………………………… 302
　　5．管・管継手とバルブの接続 ………………………………… 311
　　6．バルブの選定 ………………………………………………… 317
　　7．バルブの配管施工、試運転、運転、保守保全 …………… 319

第11話　配管の漏洩・耐圧試験など……322
1. 配管耐圧試験の準備・方法……323
2. 水圧試験……329
3. 気圧試験……331
4. 満水試験……332
5. 通水試験……334
6. ドレン排水管通水試験……334
7. 煙試験……336
8. はっか試験……338
9. 脈動水圧試験……338
10. ヘリウムテスト……342
11. ハロゲンテスト……343
12. 冷媒配管の気密試験……345

第12話　建築設備配管の寿命と金属配管腐食……353
1. 建築設備の維持管理……354
2. 金属材料と腐食……359
3. 配管局部腐食の種類……364
4. 配管腐食の実態……371
5. 各種の腐食対策……377
6. 空気中における腐食とその対策……381
7. 水中における腐食とその対策……385
8. 土中における腐食とその対策……388

【用語解説】

第1話

中水················ 4
鉄鋼5元素············· 5
マクロセル腐食·········· 7
安全率··············· 10
蒸気還水管とステンレス鋼管··· 13
潰食（エロージョン・コロージョン）·· 14
孔食（ピッチング········· 14
クリープ············· 17
$LCCO_2$（ライフサイクルCO_2）···· 19

第2話

チェントン············ 24
ねじゲージ············ 26
センキ（疝気）·········· 30
「切削おねじ」と「転造おねじ」·· 33
かとう性············· 34
残留応力············· 38
「ビード」と「裏波溶接」····· 42

第3話

差しろう············· 53
フラックス············ 54
溶加棒·············· 56
ぬれ現象············· 66
ボイド·············· 68
固相線温度・液相線温度····· 69

フェルール接合·········· 75

第4話

ダクタイル鋳鉄·········· 81
ねずみ鋳鉄············ 81
接着剤·············· 82
塩化ビニル管保管上の注意事項·· 84
ソルベント・クラッキング···· 88
架橋ポリエチレン········· 98

第5話

ルーズフランジ接合法······· 111
ピッチ·············· 115
オスタ型パイプねじ切り機···· 124
切粉（きりこ）·········· 130
ダイオキシン··········· 137
プレシールコア継手······· 139

第6話

求心性·············· 150
中国で採用しているねじ切り用切削油
················· 156
ストレーナ・メッシュ······ 159

第7話

白水··············· 169
ブースター方式·········· 170

鉛管……………………………………171
SUS 管によるサイズダウン……………174
「ガス管」という呼称…………………176
ピンホール………………………………182
赤水………………………………………184
「バリ」と「バリ取り」………………196
テフロン…………………………………198
異種金属接触腐食………………………201

第8話

青銅器……………………………………214
ロール圧延………………………………216
鉛の毒性…………………………………219
黄銅………………………………………227
白銅………………………………………227
冷間加工…………………………………232
熱処理……………………………………232
ビルマルチユニットの能力表示………234
HCFC（ハイドロ・クロロ・フルオロ・カーボン）……………………………236
オゾン破壊係数…………………………237
地球温暖化係数…………………………237

第9話

層間変位角………………………………250
ソルベントクラック……………………256
ナイフゲート……………………………272

第10話

挟み込み現象とは？……………………282

RoHS 指令………………………………306
デファクトスタンダード・業界標準
……………………………………………310

第11話

非圧縮性流体……………………………325
圧縮性流体………………………………325
パッキンとガスケット…………………328
ゲージ圧と絶対圧………………………331
注水試験…………………………………334
瑕疵担保および瑕疵担保責任…………340
さや管ヘッダ工法………………………341
ヘリウム…………………………………343
ハロゲンガス……………………………344
冷凍サイクル……………………………345

第12話

酸化反応と還元反応……………………360
金属のイオン化傾向……………………362
腐食しろ…………………………………363
溶存酸素…………………………………364
赤水………………………………………372
ランゲリア指数…………………………374
厨房排水処理施設………………………376
ライフ・サイクル・アセスメント……377
不動態……………………………………380
PM2.5 問題………………………………382
ジンクリッチペイント…………………384
絶縁継手…………………………………391
絶縁長さ…………………………………392
犠牲陽極…………………………………392

【ちょっと一息！】

鋼管（SGP）の定尺長：5.5mの不思議？
……………………………………… 8
頭は使いよう！………………… 36
ネパールでの見聞記…………… 40
「有資格溶接工」の登録と「溶接刻印」
……………………………………… 44
中国語で「水道」は何という？… 79
水栓金具………………………… 116
㈱渡辺工業 渡辺社長の思い出 … 118
ヤーンシール材………………… 155
国際技能五輪の思い出………… 162
配管の腐食トラブル…………… 169
排水管再生工法………………… 172
超高層ビル（Ultra High-rised Bldgs.）
……………………………………… 217
硬質ポリ塩化ビニル管の選定… 249
排水管の横引き排水距離……… 252
排水管の勾配…………………… 255
汚水桝のインバル……………… 260
排水ヘッダ継手………………… 262
ディスポーザからの排水……… 262

通気管のフランジ継手のボルト・ナット位置……………………………………… 263
ポンプアップ系統の排水継手の種類… 266
1階の和風大便器からの噴水現象…… 267
排水音にまつわる思い出……… 270
人体と建築設備………………… 296
ステンレスは万能か？………… 298
"色付き"の水道水はアウト！… 301
選んで安心、認証品！………… 306
「ねじ込み配管」と「溶接配管」…… 312
バルブが"泣く"………………… 315
仕切弁vsボール弁　止め弁どっちを選ぶの？……………………………… 317
バルブの試運転………………… 325
長時間の水圧試験を行う場合の注意事項
……………………………………… 330
「満水試験」・「通水試験」・「耐圧試験」の三つの試験には、端的に言うとどのような違いがありますか？………… 335
釘の打抜きの注意……………… 339
冷媒の種類……………………… 347

はじめに

ここでは先ず最初に、「建築設備配管材料の雑知識」につて解説してみたい。

給排水設備には、給水設備・給湯設備・通気排水設備・消火設備・ガス設備など、用途別に多種多様な設備があるが、これらの設備を統合し機能させているものが、実は「配管設備」なのである。筆者の個人的な見解かも知れないが、配管材料の種類に関しては、空調設備に比べると、衛生設備は複雑多岐にわたっており、多種多様な管種がある。

したがって、建築設備技術者としては、「配管材料の特質」を十分に知悉した上で、その正しい適用をする必要がある。このような観点で、ここではこの「建築設備」に使用される「配管材料の現状」に関して、その必須知識を述べる。

1. 配管とは？

「配管」という漢字は、"管を配る"と書くが、ただ単に"配管"というと、「配管材料（piping material）」と「配管工事（加工・製作・取付け：piping work）」とを意味する場合が多い。

第1話 建築設備配管材料の雑知識

　ちなみに、「空気調和・衛生用語辞典」（社）空気調和・衛生工学会遍（1990年（平成2年）8月）には、「配管」という用語は、掲載されておらず、「配管材料」と「配管工事」という用語が次のように解説されている。

①配管材料（piping material）

　配管設備に使用される管材・継手類・弁類などの総称で、空調・衛生設備で主に用いられる管材には、炭素鋼鋼管・脱酸銅管・ステンレス鋼管・鋳鉄管のような「金属管」と塩ビ管・コンクリート管のような「非金属管」、および「鋼管」に「塩ビ」や他の「合成樹脂管」をライニングまたはコーテイングした「ライニング管」とがある。

②配管工事（piping work）

　給排水衛生設備の給水管・給湯管・排水管・消火管などや、空調設備の冷温水管・冷却水管・蒸気管など、またはプラント用の各種の設備用配管を所定の場所に設置する工事のこと。

2．建築設備配管材料の分類

　"釈迦に説法（like teaching Babe Ruth to play baseball）"かも知れないが、給排水衛生設備の配管には、その設備により給水管（上水管）・中水管（雑用水管）・給湯管・汚水管・雑排水管・通気管・雨水管・水消火管・ガス消火管・燃料ガス管などがある。配管材料（管種）は、その用途・流体の化学的性質・流体の温度・流体の圧力・管の外側の条件・管の外圧・管の施工性・管の重量、および輸送性・その他の条件を加味して、決定しなければならない。建築設備に使用される配管材料は、「金属配管材料」と「非金属配管材料」に大別される。

　そして、「金属配管材料」には、表―1に示すように、①炭素鋼管、②樹脂被覆鋼管、③ステンレス鋼管、④鋳鉄管、⑤鋼管、⑥鉛管に分類される。

　一方、「非金属材料」は、①硬質塩化ビニル管、②ポリオレフィン管、③無機材料管に分類される。

　ちなみに、総体的にいうと、「空調設備」と「消火設備」に用いられる配管材料については、その差異は小さく、衛生設備の上水・中水（用語解説参照）・給

第1話 建築設備配管材料の雑知識

表—1　配管材料の分類と種類

分類	名称	規格	記号
炭素鋼管	配管用炭素鋼鋼管（白）	JIS G 3452	SGP（白）
	配管用炭素鋼鋼管（黒）	JIS G 3452	SGP（黒）
	圧力配管用炭素鋼鋼管（白）	JIS G 3454	STPG（白）
	圧力配管用炭素鋼鋼管（黒）	JIS G 3454	STPG（黒）
	水配管用亜鉛めっき鋼管	JIS G 3442	SGPW
樹脂被覆鋼管	水道用硬質塩化ビニルライニング鋼管	JWWA K 116	SGP‐VA,VB,VD
	水道用耐熱性硬質塩化ビニルライニング鋼管	JWWA K 140	SGP‐HVA
	フランジ付硬質塩化ビニルライニング鋼管	WSP 011	FVA,FVB,FVD
	フランジ付ポリエチレン粉体ライニング鋼管	WSP 039	FPA,FPB,FPD
	フランジ付耐熱性樹脂ライニング鋼管	WSP 054	H‐FVA,H‐FCA
	水道用ポリエチレン粉体ライニング鋼管	JWWA K 132	SGP‐PA,PB,PD
	消火用硬質塩化ビニル外面被覆鋼管	WSP 041	SGP‐VS
	排水用硬質塩化ビニルライニング鋼管	WSP 042	D‐VA
	排水用塩化ビニル塗覆装管	メーカー規格	
	排水用ノンタールエポキシ塗装鋼管	WSP 032	SGP‐TA
	ナイロンコーティング鋼管	メーカー規格	
	ポリエチレン被覆鋼管	JIS G 3469	P1H,P2S,P1F
ステンレス鋼管	一般配管用ステンレス鋼鋼管	JIS G 3448	SUS‐TPD
	水道用ステンレス鋼管	JWWA G 115	
	配管用ステンレス鋼鋼管	JIS G 3459	SUS‐TP
	水道用波状ステンレス鋼管	JWWA G 119	
	ガス用ステンレス鋼フレキシブル管	日本ガス協会	
	給水用ステンレス鋼フレキシブル管	メーカー規格	
鋳鉄管	ダクタイル鋳鉄管	JIS G 5526	D‐CIP
	水道用ダクタイル鋳鉄管	JWWA G 113	D‐CIP
	排水用鋳鉄管	JIS G 5525	CIP
銅管	銅及び銅合金の継目無管	JIS H 3300	
	被覆銅管	JWWA H 101	
	水道用銅管	JWWA H 101	
	冷媒用フレア及びろう付け管継手	JIS B 8607	
鉛管	一般工業用鉛及び鉛合金管	JIS H 4311	PbT‐2
	排水・通気用鉛管	SHASE-S203	Pb‐T
硬質ポリ塩化ビニル管	硬質ポリ塩化ビニル管	JIS K 6741	VP,VU
	水道用硬質ポリ塩化ビニル管（含・耐衝撃性管）	JIS K 6742	VP(HIVP)
	水道用ゴム輪形硬質ポリ塩化ビニル管	JWWA K 129	
	耐熱性硬質ポリ塩化ビニル管	JIS K 6776	HTVP
	温泉引湯用ゴム輪形耐熱性硬質塩化ビニル管	メーカー規格	
	排水・通気用耐火二層管	メーカー規格	
	下水道用硬質塩化ビニル管	JSWAS K‐1	
	下水道推進工法用硬質塩化ビニル管	JSWAS K‐6	
	工業用水用受口付硬質塩化ビニル管	JSWAS	
	リブパイプ	JSWAS K‐13	
	FRP補強硬質塩化ビニル管	メーカー規格	
ポリオレフィン管	一般用ポリエチレン管	JIS K 6761	PE
	水道用ポリエチレン二層管	JIS K 6762	
	ガス用ポリエチレン管	JIS K 6774	
	架橋ポリエチレン管	JIS K 6769	XPE
	金属強化架橋ポリエチレン管	メーカー規格	
	水道用架橋ポリエチレン管	JIS K 6787	
	ポリブテン管	JIS K 6778	PB
	水道用ポリブテン管	JIS K 6792	
	水道配水用ポリエチレン管	JWWA K 144	
無機材料管	陶管	JIS R 1201	
	強化プラスチック複合管	JIS A 5350	
	下水道用鉄筋コンクリート管	JIWAS A‐1	
	下水道推進工法用鉄筋コンクリート管	JIWAS A‐2	
	下水道小口径推進工法用鉄筋コンクリート管	JIWAS A‐6	
	下水道用陶製卵形管	JIWAS R‐1	
	下水道用陶管	JIWAS R‐2	
	下水道推進工法用陶管	JIWAS R‐3	

注）規格の略号は次のとおり
　　JWWA：日本水道協会規格　　　JSWAS：日本下水道協会規格
　　WSP：日本水道鋼管協会規格　　JAWAS：日本工業用水協会規格

湯・汚水・雑排水設備に用いられる配管材料については、比較的差異が大きく、使用材料も多種多様化しているといわれている。

その理由としては、衛生設備で取り扱う流体は、「腐食性」が比較的強く、配管の劣化が早いこと、配管材料の「価格格差」が大きく、かつ選択幅が大きいことなどに起因していることと思われる。

ここでは、「給排水設備研究会（JSPE）」の人材育成研究会が、過去16年間にわたって企画実施している「配管技能講習会」にて取り扱っている、①配管用炭素鋼鋼管（SGP）および圧力配管用炭素鋼鋼管（STPG）、②ステンレス鋼管（SUS）および銅管、③樹脂管（塩ビ管（VP）・ポリエチレン管（PE）・ポリブテン管（PB））の、以上3種類にターゲットを絞って以降で解説することにしたい。

【用語解説】
中水（reclaimed water・grey water）
　排水の再利用で用いられる用語で、「再生水」・「再利用水」ともいう。「上水」ほど良質でなく、「下水」ほど悪い水質でないという意味で「中水」と呼ばれている。排水を再利用する目的で、処理して得られる「再利用水」のこと。ちなみに、「水道法」・「下水道法」に対応する「中水道法」という法律は存在しない。

3．金属配管材料
（1）配管用炭素鋼鋼管（SGP：JIS G 3452）
　配管用炭素鋼鋼管は、通称"ガス管"と呼ばれ"SGP"という略称でも親しまれ、古くから最も頻繁に多用されている配管材料の一つである。この管材は、かつて「ガス配管」として専ら使用され、JIS G 3457 ガス管（1951年）⇒JIS G 3432

ガス配管(配管用鋼管)(1955年)⇒JIS G 3432 配管用鋼管(ガス管)(1958年)⇒JIS G 3452 配管用炭素鋼鋼管(1962年)⇒JIS G 3452 配管用炭素鋼鋼管(2004年)という、紆余曲折を経て「ガス管」という呼称がとれたのは、1962年(昭和37年)のJIS改訂以来のことなのである。

現在の配管用炭素鋼鋼管の規格は、①外径公差が大きすぎる、②内径寸法・真円度の規定がない、③鉄鋼5元素(用語解説参照)中の化学成分もP(リン)とS(硫黄)しか規定されていないというような、「特徴のある規格」となっている。

【用語解説】
鉄鋼5元素

鉄鋼に含まれる「リン(P:Phosphorus)」・「硫黄(S:Sulfur)」・「炭素(C:Carbon)」・「ケイ素(Si:Silicon)」・「マンガン(Mn:Manganese)」の以上5つの元素のこと。

図—1　鉄鋼5元素

ところで、このSGPは、現在でも空調工事にも衛生工事にも、広く使用されており、建築用途や配管用途によってもバラツキはあるものの、全体的にその配管の60%〜85%近くは、SGPが使用されているといっても過言ではないであろう。なお、建築物における配管材料の"建物別・配管用途の使用実態"に関しては、参考文献の6)および参考文献7)に掲載されている「調査レポート」を参照いた

第1話 建築設備配管材料の雑知識

だきたい。

ちなみに、配管用炭素鋼鋼管の略称記号：SGPは、"**S**teel **G**as **P**ipe"の頭文字を取ったものである。

通常、使用圧力の比較的低い蒸気・水（ただし、上水を除く）・油・瓦斯・空気などの配管材として使用される。この鋼管の使用圧力は、一般には1MPa（10kg/cm^2））以下、使用温度は、－15℃～350℃の範囲が一応の目安である。

このSGPは、図―2に示すように、通称呼び径：100A以下のSGPに適用される「鍛接鋼管：CW法」と呼び径：125A以上のSGPに適用される「電気抵抗溶接鋼管（電縫鋼管）：EWR法」がある。

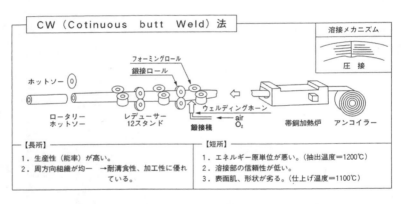

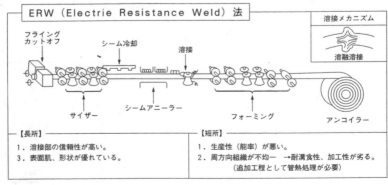

図―2　配管用炭素鋼鋼管（SGP）製造法：端接鋼管と電縫鋼管

第1話　建築設備配管材料の雑知識

　これまで、炭素鋼管の「腐食トラブル」は、「ねじ接合継手部」での腐食事故と「電縫管」の溝状腐食を原因とする腐食事故事例が圧倒的に多い。「電縫管」については、溶接部とその近傍だけが溶接による「熱影響」を受け、母材との間に金属組織上の差が生じ「マクロセル（用語解説参照）」が形成され、MnS（硫化マンガン）が熱影響を受けて、図—3に示すように選択的に腐食されやすい形態になり、「溝状腐食（Groove Corrosion）」が発生する場合がある。

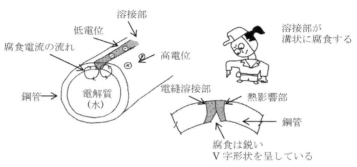

図—3　電縫鋼管の溝状腐食

【用語解説】

マクロセル腐食（macro cell corrosion）

　「陽極部」と「陰極部」がはっきりと、区別し得る程度の大きさをもち、その位置が固定されている「腐食電池」をいい、「異種金属接触電池」・「通気差電池」、あるいは「活性—不動態電池」などがこれに属し「マクロ電池」ともいう。

　この「溝状腐食」は、1973年（昭和48年）と1979年（昭和54年）の二度にわたる"オイルショック"以後になぜか多発した。この対策として、腐食の原因となる「S（硫黄）」の量を下げ、鋼の耐食性向上に「Cu（銅）」を添加し、さらに

第1話 建築設備配管材料の雑知識

鋼管メーカ各社の諸対策を施した「耐溝状腐食鋼管SGP（MN）」があり、規格記号のあとに、MN（ミゾノン：溝なしの意）の統一名称が附記され販売されている。

また、鋼管に「溶融亜鉛めっき」を施した、いわゆる"白ガス管"と素管のままの"黒ガス管"とがあるが、日本国内の建築設備用に出荷される鋼管では、そのうち約80％が"白ガス管"であるといわれている。

【ちょっと一息！】
鋼管（SGP）の定尺長：5.5mの不思議？

日本では、「配管用炭素鋼鋼管（SGP）」の「定尺長（Unit Length）」は、なぜか「5.5m」と決っていた（?）。聞くところによると、その経緯は、1912年（大正元年）頃、ガス管の製造設備をドイツから輸入した際、「デマーク社」の仕様が「5.5m定尺」になっていたので、どうやら「5.5m定尺」が日本に定着（定尺？）してしまった由。

一方、「銅管」・「SUS管」などは、「4m定尺」を採用している。建築現場などで、現場内に配管材料を搬入する際「4m定尺」の銅管は少しも問題ないのだが、「5.5m定尺のSGP管」は、揚重機にそのまま載せられず問題となり、現場内に「5.5m定尺SGP」を搬入する際非常に難儀をした経験がある。

「ライザーユニット方式」を採用している「超高層ビル現場」では、「5.5m定尺SGP」をそのままクレーン揚重機で搬入できるが、普通の高層ビルなどでは「階高（floor height）」が4m程度が多く、「5.5m定尺SGP」をそのまま持ち込むことはなかなか難しい。筆者がかって施工担当していた某ビルなどでは、「5.5mSGP定尺管」を現場搬入前にわざわざ「半切管：2.75mSGP管」に切断し、それらを現場搬入後パイプ・シャフト内で「半ソケット溶接」で再溶接をするといった「ムダ（愚行？）」なことを平気（承知の上）で行っていたこともある。「5.5mSGP定尺」の誕生は、白ガス管の「亜鉛ドブ漬けめっき槽」のサイズであると耳にしたことがあるが定かではない。

鋼管メーカに聞いたところによると海外プラント工事向けに出荷するSGP管は、通常「定尺:12m」で輸出されるという。それならば、国内のビル建設用に

は「12mSGP定尺管」を半分に切断した、「6mSGP定尺管」や1／3に切断した「4mSGP定尺管」を供給したらどうか？と進言したことがある。その結果、太物配管では「5.5m定尺SGP管」は、姿を消したはずであるが、現状はどうであろうか？

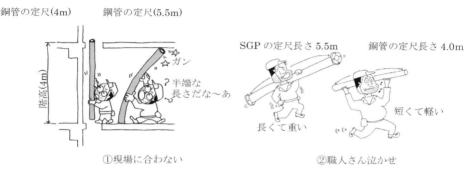

図―4　鋼管の定尺管と銅管の定尺管

　配管用炭素鋼鋼管の継手には、「ねじ込み式可鍛鋳鉄製管継手（JIS B 2301）」・「ねじ込み式鋼管製管継手（JIS B 2302）」・「一般配管用鋼製突合わせ溶接式継手（JIS B 2311）」・「ねじ込み式排水管継手（JIS B 2303）」などがある。この管材は、白ガス管の場合、冷温水管（開放系配管・密閉系配管とも）・冷却水管・工業用水管・中水管・排水管・通気管・消火管（一般）・ガス管（一般）などや、黒ガス管の場合、冷媒管・高温水管・蒸気管・油管などに用いられる。黒ガス管や白ガス管を、給水管に採用すると、時として年間数mmの浸食速度に達する「局部腐食」により、貫通孔（ピッチング）を生じ配管内の液体が漏洩することがある。

（2）圧力配管用炭素鋼鋼管（JIS G 3454)

　圧力用炭素鋼鋼管は、"STPG"という略称で呼ばれているが、"<u>S</u>teel <u>T</u>ubing <u>P</u>iping <u>G</u>eneral"の頭文字を省略したものである。SGPと異なり化学成分は、JIS G 3454では、C・Si・Mn・P・Sの、いわゆる「鉄鋼5元素」がきちんと規定されている。STPGは、使用圧力：10MPa（100kg/cm^2）、使用温度：－

第1話 建築設備配管材料の雑知識

15℃〜350℃程度の「圧力配管」に使用される。製造方法は、「継目無鋼管」と「電気抵抗溶接鋼管」の2種類があり、引張り強さにより"STPG 38"および"STPG 40"がありそれぞれに管の肉厚（スケジュール番号）がある。

管の呼び方は、「呼び径」および「呼び厚さ」によるが、厚さは"スケジュール番号"により、スケジュール：Sch10・Sch20・Sch30・Sch40・Sch60・Sch80に区分されているが、一般には「Sch40」および「Sch80」が使用される。

これを我々は、「スケ・ヨン（Sch4）」とか「スケ・ハチ（Sch8）」とかいう呼称で呼んでいる。

$$スケジュール番号（Sch No.）＝10×p/s$$

ここに、p：最高使用圧力（MPa）
s：材料の許容応力（MPa）

【用語解説】

安全率（Safety Factor）

材料の強度試験時に、試験片（test piece）が破壊するまでに現れる「最大応力度」と「許容応力度」の比。

試験片の破損
図—5　安全率（Safety Factor）とは？

通常、「安全率」(用語解説参照) は、4とされており、この配管は、白ガス管の場合、冷温水配管 (開放系配管・密閉系配管共)・冷却水配管・消火配管 (水系一般・ガス系) などや、黒ガス管の場合、冷温水配管 (開放系配管・密閉系配管共)・冷媒配管・高温水配管・蒸気配管・油配管などに採用される。

(3) ステンレス鋼管 (JIS G 3448・JIS G 3458)

ステンレス鋼 (Stainless Steel) は、「不とう鋼」とも呼ばれ、管表面に「不動態被膜 (passive state film)」を形成するので、「錆 (Stain)」の「ない (less)」鋼、または「錆びにくい鋼」、いわゆる「耐食材料 (anti-corrosion material)」と見なされている。

しかしながら、「耐食材料」とされてはいるが、「銅管」などと同様、「局部腐食」の障害が多く発見される。ちなみに、ステンレス鋼の「不動態被膜」を破壊する環境因子の代表的なものは、「塩素イオン」である。

ステンレス鋼には明確な定義はなく、一般的には、12%以上のクロム (Cr) を含む「鉄合金」をステンレス鋼と考えてよい。ステンレス鋼管は、その用途により、表—2のように分類されている。

表—2 ステンレス鋼管の分類

用途	規格番号	名称	適用範囲	製造方法	記号※
構造用	JIS G 3446	機械構造用ステンレス鋼鋼管	機械、自動車、自転車、家具、器具等の機械部品および構造物	シームレス管 溶接管	TKA TKC
配管用	JIS G 3447	ステンレス鋼サニタリー管	酪農、食品工業	シームレス管 溶接管	TBS
配管用	JIS G 3448	一般配管用ステンレス鋼鋼管	給水、給湯、排水、冷温水の配管	シームレス管 溶接管	TPD
配管用	JIS G 3459	配管用ステンレス鋼鋼管	耐食用、低温用、高温用などの配管	シームレス管 溶接管	TP
配管用	JIS G 3468	配管用溶接、大径ステンレス鋼鋼管	耐食用、低温用、高温用などの配管	シームレス管 溶接管	TPY
熱伝達用	JIS G 3463	ボイラ、熱交換器用ステンレス鋼鋼管	ボイラの過熱器管、化学工業や石油工業の熱交換器管等	シームレス管 溶接管	TB
熱伝達用	JIS G 3467	加熱炉用鋼管	石油精製工業、石油化学工業等加熱炉用	シームレス管 溶接管	TF

※鋼種の末尾記号

第1話 建築設備配管材料の雑知識

　ちなみに、従来は建築設備用配管材料として、ステンレス鋼管は、"高価で贅沢な鋼管"というイメージが強かったが、近年そのイメージはすっかり払拭され、建築設備配管中のシェアを確実に伸ばしつつある。その理由は、ステンレス鋼管は、「耐食性」および「耐熱性」に優れ、その上「軽量」であり、その価格が、鋼管に比してかってほど割高でないという考えが浸透してきたためであると思われる。したがって、「耐食性」を必要とする配管や、「高温用・低温用配管」として、よく利用されるようになった。

　建築設備に採用されるステンレス鋼管には、"SUS-TPD"と呼ばれる「一般配管用ステンレス鋼鋼管（JIS G 3448）」と"SUS-TP"と呼ばれる「配管用ステンレス鋼鋼管（JIS G 3459）」とがある。

　一般配管用ステンレス鋼鋼管（SUS-TPD）は、最高使用圧力：1MPa（10kg/cm^2）以下の給水管・給湯管・排水管・冷温水管の配管などに使用され、"SUS 304"と"SUS 316"の2種類があり、"SUS 316"は、水質・環境などから"SUS 304"より「耐食性」が要求される用途に適用される。

　一方、配管用ステンレス鋼鋼管（SUS-TP）は、耐食用配管・高温用配管および低温用配管に使用され、スケジュール番号：5s・10s・20s・40s・80s・120s・160sがある。さらに、その他として、1MPa（10kg/cm^2）以下で使用される「水道用ステンレス鋼鋼管（JWWA G 115-82・記号：SSP）」のSUS 304とSUS 316の2種類がある。

　なお、一般配管用ステンレス鋼鋼管の継手は「メカニカル継手」および「溶接式継手」が主として使用され、特に、「ステンレス協会規格（SAS 32）」および一般配管用ステンレス鋼鋼管の「突合わせ溶接式継手（SAS 354）」が薦められる。この配管は、冷温水管（開放系配管）・冷却水管・工業用水管・中水管・蒸気還水管（用語解説参照）・給水管（一般用・埋設用）・給湯管などに用いられる。

第1話 建築設備配管材料の雑知識

【用語解説】

蒸気還水管とステンレス鋼管

　蒸気還水管には、必ず「ステンレス鋼管（SUS管）」を採用すること！蒸気還水管に配管用炭素鋼鋼管（SGP：黒ガス管・白ガス管共）を使用すると2～3年で腐食してしまうからである。

　その理由は、二酸化炭素（CO_2）が蒸気復水中に溶解して、pHを低下させることで腐食性が高くなる現象、すなわち「炭酸腐食現象」を起こすからである。

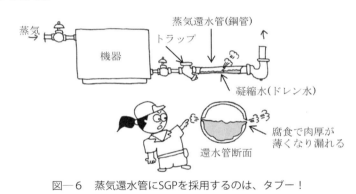

図—6　蒸気還水管にSGPを採用するのは、タブー！

（4）銅管（JIS H 3300・JWWA H 101）

　銅管は、表面に形成される「保護被膜」のために、酸・アルカリ・塩類などの水溶液や有機化合物に対してかなりの耐食性を有し、「電気伝導度」や「熱伝導度」が比較的大きい配管材料である。

　しかしながら、銅管は注意しないと銅イオンによる「青水の問題」や給湯用銅管の「潰食（エロージョン・コロージョン：用語解説参照）」や「孔食（ピッチ

ング：用語解説参照）」などを発生しやすい。

【用語解説】
潰食（エロージョン・コロージョン）
　潰食とは、「腐食作用」と「機械的摩擦作用」が相乗した結果生じる「腐食現象」で、流体速度の早い部位で発生する。

孔食（ピッチング）
　「不動態被膜」が何らかの原因で、局部的に破壊された時などに、その部分を「陽極」、被膜を「陰極」とする「局部電池」が形成され、小面積の「陽極部」に集中して深い孔食となる現象。

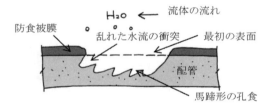
①潰食（エロージョン・コロージョン）

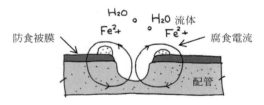
②孔食（ピッチング）
図－7　潰食（エロージョン・コロージョン）と孔食（ピッチング）

　銅管は、「機械的性質」に優れており、はんだ付け・ろう付け・拡管などによる接合が容易、すなわち「施工性」に富んでいるために、給水配管・給湯配管・冷媒配管をはじめ、「熱交換器」のコイル配管などにも広く使用されている。銅

管には、「りん脱酸銅継目無管（JIS H 3300 および銅合金継目無管）」が多く用いられる。この管は、電気銅を「りん（P）」で脱酸処理して、「冷間引抜法」などによって製造された「継目無管」であり、その肉厚により、Kタイプ・Lタイプ・Mタイプに分類される。KタイプおよびLタイプは、主として「医療配管用」に、LタイプおよびMタイプは、主として水道配管用・給水配管用・給湯配管用・冷温水配管用・都市ガス配管用に使用される。

　ちなみに、肉厚は、Mタイプ⇒Lタイプ⇒Kタイプの順に厚くなる。日本水道協会規格の水道用銅管（JWWA H 101）には、Mタイプで被覆のないものと、外面に合成樹脂を被覆した「被覆銅管」がある。最近では、施工性に富んだ「被覆銅管」が開発され、住宅用配管を中心に、その実績が増加している。

4．非金属配管材料

　非金属配管材料は、①硬質ポリ塩化ビニル管、②ポリオレフィン管、③無機材料管の3種に大別できる。

（1）硬質ポリ塩化ビニル管（JIS K 6741）

　硬質ポリ塩化ビニル管の長所・短所を以下に記す。

長　所
①耐酸性かつ耐アルカリ性である。
②電気絶縁性が大きい。
③熱伝導率が非常に大きい。
④管内の摩擦抵抗が小さい。
⑤配管加工が容易で施工性に富む。
⑥重量が軽い。

短　所
①耐熱性に乏しい。
②衝撃性に乏しい。
③膨張係数が大きい。

第1話 建築設備配管材料の雑知識

　硬質塩化ビニル配管は、一般流体輸送配管（JIS K 6742に規定する水道用硬質ポリ塩化ビニル管を除く）に使用され、使用圧力によって表―3ように、VP・VM・VUの3種類に区分される。

表―3　硬質ポリ塩化ビニル管の種類と常温における使用圧力

管の種類	常温における使用圧力
VP	1.0MPa［10.2kg f /cm²］
VM	0.8MPa［8.2kg f /cm²］
VU	0.6MPa［6.1kg f /cm²］

（2）ポリエチレン管

　広い意味での「ポリエチレン管」は、主に水道・ガス供給管として「土中埋設」され使用されている「ポリエチレン管」と主に給水管から給湯管まで広い温度範囲に使用される「架橋ポリエチレン管」に大別される。

①水道用ポリエチレン管二層管（JIS K 6762）

　従来、この構造については、「単層管」と「二層管」の2種類が規定されていたが、我が国の使用実績から、「耐候性」および「耐塩素水性」の性能を兼ね備えた二層構造の管のみが規定された。

　それには、1種二層管：記号①Wと2種二層管：記号②Wがある。1種は「低密度ポリエチレン」または「中密度ポリエチレン」が、2種二層管には、「高密度ポリエレン」が使用されている。

②架橋ポリエチレン管（JIS K 6769）

　中密度・高密度ポリエチレンを「架橋反応（cross linkage reaction）」させることで、耐熱性・耐クリープ性（用語解説参照）を飛躍的に向上させた管材である。

【用語解説】

クリープ (creep)

応力が一定に保たれた状態で、歪みが時間の経過とともに増大する現象。鋼材などが高温下におかれたり、降伏点（yield point）を超える圧力を受けたりすると見られる現象。

図—8　クリープ (creep) 現象

　規格は、給水管・給湯管・床暖房管などの広範囲の用途に対応する形で制定された「架橋ポリエチレン管（JIS K 6769）」と水道法を満足する形で規定された「水道用架橋ポリエチレン管（JIS K 6787）」の二つがある。管は、構造によりM種：単層管（メカニカル継手で接合する管）とE種：二層管（融着式継手で接合する管）の2種がある。この他に、ガス用ポリエチレン管・水道配水用ポリエチレン管・金属強化架橋ポリエチレン管などがあるが、紙面の都合上ここでは割愛することにする。

第1話 建築設備配管材料の雑知識

(3) ポリブテン管 (JIS K 6778)

　給水管・給湯管などの配管材料として用いられる「金属管」の腐食により発生する「赤水」の問題に対処するために、極めて耐食性に優れているポリブテン管および継手は、「1-ブテンの集合体」で、ポリエチレンの約10倍の超高分子量と特殊な分子構造を合わせもつことにより、高温域でも高い強度を保ち、かつ腐食に強い「プラスチック管材」として、1965年（昭和40年）から主として、温泉水の引湯用配管・床暖房配管・ロードヒーティング用配管や一般住宅の給水管・給湯管・暖房用管などの配管材として使用されてきた。

　その結果、1990年（平成2年）に「ポリブテン管（JIS K 6778）」と「ポリブテン管継手（JIS K 6779）」が規格化された。これらの規格は、各種給湯機器の通常の「使用温度範囲」を考慮して、温度：90℃以下の水に使用する配管材料として、規定したものである。この他に、水道用ポリブテン管（JIS K 6792）もある。表—4に「ポリブテン管（JIS K 6778）」および「水道用ポリブテン管（JIS K 6792）」の性能を示しておく。

表—4　ポリブテン管（JIS K 6778）および水道用ポリブテン管（JIS K 6792）の性能

性能項目		ポリブテン管の性能	水道用ポリブテン管の性能
引張り降伏強さ		16.0MPa以上	16.0MPa以上
耐圧性		漏れ、その他の欠点がない	漏れ、その他の欠点がない
熱間内圧クリープ性		漏れ、その他の欠点がない	漏れ、その他の欠点がない
浸出性	濁度	0.5度以下	0.5度以下
	色度	1度以下	1度以下
	過マンガン酸カリウム消費量	2mg/l以下	2mg/l以下
	残留塩素の減量	1mg/l以下	0.7mg/l以下
	臭気	異常がない	異常がない
	味		
	試験温度	95℃	常温
耐塩素水性		水泡発生がない	水泡発生がない

5．建築配管材料の将来展望

　従来は、配管材料というと、配管用炭素鋼鋼管（SGP）に代表される、いわゆる「金属管」が主体であった。ところが、最近では空調設備などには、同じ金属管でも軽量で耐食性のある「ステンレス鋼管（SUS管）」が多用されるようになってきている。一方、衛生設備などでは、鋼管・銅管などに代わって、「樹脂管（プラスチック管）」と呼ばれる塩ビ管・ポリエチレン管・ポリブテン管が多用されるようになってきている。

　これは、樹脂管が軽量で施工性に優れているということが、高く評価されている結果であると思われる。今までは、配管材料の選択条件には、価格（コスト）・耐腐食性・耐久性・施工性等々、様々なファクターがあったが、どちらかというと「価格（コスト）」条件が最優先してきた感がある。

　しかしながら、2015年12月パリ協定（Paris Agreement）が採択され、今後は"地球環境に優しい配管材料、すなわち「$LCCO_2$（用語解説参照）発生量」の少ない配管材料"という新たな選択肢がクローズアップされてくると思われる。

【用語解説】
$LCCO_2$（ライフサイクル CO_2）
　製品（配管材等）の「素材製造」から「使用後の廃棄」までを製品の寿命（life）とし、寿命期間の環境に及ぼす負荷を予測する手法を「LCA（ライフサイクル・アセスメント）」という。このLCAの一環として、製品（配管材等）が生涯に発生する二酸化炭素（CO_2）量のこと。

第1話 建築設備配管材料の雑知識

　表—5は、「配管材料種別・管径別炭酸ガス排出量指数」をSUSの場合を1として、示したものである。なお、本表の作成に当たっては、（社）空気調和・衛生工学会の「地球環境に関する委員会」発行の「地球環境時代における建築設備の課題」のデータを引用させていただいた。

表—5 配管材料種別・管径別炭酸ガス排出量指数

管径/管種	SGP	STPG sch40	VP	SUS (JIS G 3448)	銅管硬質 Mタイプ (JIS H 3300)
20	3.195	3.289	0.737	1	1.161
25	3.537	3.741	0.821	1	1.259
32	3.449	3.541	0.696	1	1.279
40	3.137	3.306	0.803	1	1.416
50	3.739	3.831	0.994	1	1.943
65	3.395	4.145	0.827	1	1.710
80	2.025	2.604	0.639	1	1.156
100	2.128	2.862	0.767	1	1.548
125	2.355	3.407	0.882	1	1.949
150	1.636	2.289	0.593	1	1.378
200	1.893	2.648	0.802	1	—
250	2.141	2.990	0.984	1	—
300	2.246	3.318	1.171	1	—

　これは、「地球温暖化防止」という視点から、配管材料の製造の際（ただし、配管材料廃棄までの炭酸ガス排出量は含まず）に発生する「炭酸ガスの排出量」比較したものである。今後は、このような「地球環境問題」という視点からの「配管材料の評価」に、次第に重点がおかれていくのではないだろうか？

おわりに

　建築設備に多用される、代表的な配管材料（ただし、樹脂被覆鋼管を除く）について紹介してきたが、正直言って現在の配管材料の多種多様さには驚愕させられる。「多品種少量生産」という言葉があるが、自動車製造業界が部品数の「低

減簡素化」によって、CD（コストダウン）を指向しているように、逆に当業界でも、もう少し管種を「整理統合」してはどうかという意見も聞かれる。

　この事に関連して、是非紹介しておきたい事がある。1998年（平成10年）9月に「管端防食継手研究会」の一員として、上海・松江・蘇州へ「中国研修旅行」に出かけ、蘇州で「中国建築設備技術者」との交流会をもった時のことである。彼らには、日本の「塩ビライニング鋼管」という配管材料について理解しにくいらしく、"日本は一つの管材に「鋼管」と「塩ビ管」を同時に使用するなんて、何という資源の無駄遣いをしているんだ！"という、厳しいご指摘を受けたことである。

　一方、欧州連合（EU）では、2003年（平成15年）2月に「RoHS指令（電気・電子機器における、特定有害物質の使用制限令）」を出しており、建築設備もやがてこの波の影響を受けるであろう。

　いずれにしても、限りある資源を有効に活用し、地球環境を保護し"持続可能な発展"を遂げるためにも、このご指摘を含蓄ある言葉として受け止めたいと思う。

【引用・参考文献】
(1)空気調和・衛生工学便覧第13版「5 材料・施工・維持管理遍篇：第8編材料とその耐久性・第1章管および管継手」，㈳空気調和・衛生工学会，2001年（平成13年）11月
(2)「管工事施工管理技術テキスト（改訂第4版）：施工編」，㈶地域開発研究所・管工事施工管理技術研究会，2001年（平成13年）4月
(3)「新版建築用ステンレス配管マニュアル」，ステンレス協会建築用ステンレス配管マニュアル委員会，ステンレス協会，平成9年7月
(4)「バルブ技報：地球環境時代の建築設備配管と弁類」，㈳日本バルブ工業会，Vol.13 1998 pp.98-104
(5)関東配管工事業協会・研修会テキスト『配管技能工としての基礎教養』「夢のある配管工事業界の将来」を目指して，安藤紀雄，1994年（平成6年）11月
(6)「設備と管理：建築物における配管材料の使用実態調査（上）」，井出浩司，㈱オーム社，2004年12月号
(7)「設備と管理：建築物における配管材料の使用実態調査（下）」，井出浩司，㈱オーム社，2005年1月号
(8)目で見る「配管作業」Visual Books，安藤紀雄・瀬谷昌男・南雲一郎，㈱日刊工業新聞社，2014年8月

第2話 配管用炭素鋼鋼管(SGP)の接合法

はじめに

　筆者の独断と偏見かも知れないが、日本では配管工事に関しては、配管工事の会社に一任（任せっぱなし？）で、設計事務所・建築会社・設備会社の技術屋さん達も、ほとんど無関心といった状態ではないだろうか？

　このような状態を少しでも解消しようと、JSPE：給排水設備の人材育成委員会では、十数年前から「須賀工業㈱」や「橋本総業㈱」の研修場を借用して、年1回開催実習主体の「配管技能講習会」を継続開催してきた。

　ちなみに、2017年（平成29年）現在で第16回実施という実績を残し、受講生は延べ1,000名を超えるという盛況である。

　ここでは、紙面の都合上この研修会でお話する、「座学のエッセンス（さわり）」のみを紹介するものであるが、"百聞は一見に如かず！（Seeing is Believing!）"といわれるように、是非、「JSPE：配管技能講習会」に参加され、「配管実習体験」をされたい。参考までに、本講の末尾にJSPE：NPO給排水設備研究会主催の「配管技能講習会ガイド」を掲載する。

第2話 配管用炭素鋼鋼管(SGP)の接合法

１．鋼管接合法の種類

鋼管の接続および組み立てには、図―１に示すように、次の6つの方法がある。

① ねじ込み接合法（thread joint）
②メカニカル接合法（mechanical joint）
③溶接接合法（welding joint）
④ねじ込みフランジ接合法（thread flange joint）
⑤溶接フランジ接合法（welding flange joint）
⑥可とう継手による接合法（flexible fitting joint）

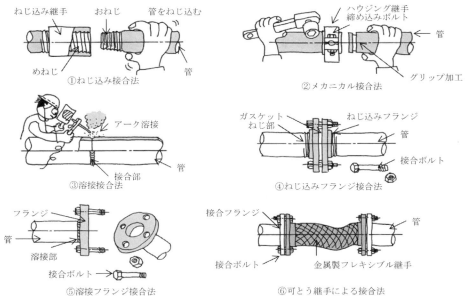

図－１　鋼管（SGP）接合法の種類①～⑥

2．ねじ接合法
（1）ねじ接合の適用配管口径

　建築設備の「配管接続法」として最も古くから広範に採用されているものが、「ねじ込み接合法」であり、しかも「ねじ」というと通常「切削ねじ（Cutting Thread）」を意味する。空調設備工事では、「ねじ接合法」には一般的に口径：50Aまでの「小口径管」に使用され、口径：65A以上の中口径管・大口径管には「溶接接合法」が適用されるが、衛生工事はその大半が小口径管ということもあって、「ねじ接合法」が採用されている。

【用語解説】

チェントン（chain tongue）

　英語を直訳すると"くさりの舌べろ"であるが、配管職人の間では「チェントン」と呼ばれる、別名「鎖パイプレンチ」のこと。大きな「締め込みトルク」が必要な、主に口径：100A以上のねじ配管のねじ込み作業に使用される配管工具。

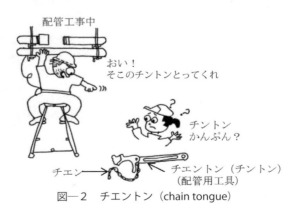

図—2　チエントン（chain tongue）

一方、衛生設備工事などでは、「雨樋配管」が衛生設備工事に含まれているなど種々の理由はあるのだが、かっては口径：125A～150Aまでの中口径管にも「チェントン（用語解説参照）」などを使用して、ねじ接合が採用されていた時代がある。ところで、これに対応する形で、原則的には弁類も口径：50Aまでは「ねじ接続型」で、口径：65A以上は「フランジ接続型」が採用されている。

（2）切削ねじと切削ねじ切り

建築設備の管接合に使用されている「切削ねじ」は、通常、図―3に示すような構造をしている「管用（くだよう）テーパねじ（JIS B 0203）」であり、図―4に示すような「自動切り上げ機能ダイヘッド付き」の切削ねじきり機（cutting thread die stock）で、簡単にねじ加工をすることができる。

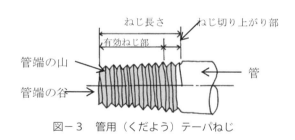

図－3　管用（くだよう）テーパねじ

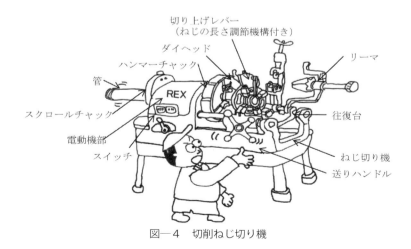

図－4　切削ねじ切り機

第2話 配管用炭素鋼鋼管(SGP)の接合法

　このねじ加工機でねじ加工された「雄ねじ（male thread）」を継手の「雌ねじ（female thread）」に挿入し、「ねじ込み作業」を行うことによって、配管を接合することが「切削ねじ接合」である。

　「切削ねじ加工」を行ったら、その加工ねじが正しく切れているかどうかのチェックが重要である。それが「ねじゲージ（用語解説参照）」による検査である。従来、鋼管の「ねじゲージ検査」は、他の加工分野にくらべないがしろにされており、その結果ねじ接合は漏れが多いとされてきた。

【用語解説】
ねじゲージ（thread gauge）
　管用テーパねじ（JIS B 0203）に規定されている「管用テーパ雄ねじ（R）」の「管端」から「基準径」までの「寸法検査」に用いられる「テーパねじリングゲージ」のこと。

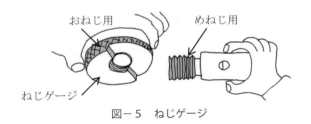

図－5　ねじゲージ

　ちなみに、筆者が出会った町の水道工事屋出身の配管工の親方に、"ねじが切り終わったら、このねじゲージを使って「加工ねじの品質検査」をします！"といったら、"へえ！これが「ねじゲージ」というものですか？どうしてこんな面倒くさい検査をするんですか？"という返事が戻ってきて、未だに「ねじゲージ」の存在さえ知らぬ配管工事屋さんもいるんだ？とビックリしたことがある。

【ねじゲージによる検査を必要とする時】

　この検査は、「全数検査」をすると非常に大変で面倒なので、以下の節目で「抜き取り検査」を実施すること。

①ねじ切り始めの、最低3口は検査をし確認する。

②ねじ切り管径が替わった時、検査をする。

③ねじ切り口数に応じて、適宜検査をする。

　（25Aの場合、最低50口に1回程度検査をする。）

④ねじ切りを行う管のロット（主として、製造年月日が異なるもの）、または、鋼管メーカーが変わった時、検査をする。

⑤チェーザ交換時、特に新品の場合は初期摩耗チェックのため、最低5口程度検査をする。

　しかしながら、「外観検査」を行い、「ねじゲージ検査」に合格したねじは、普通にねじ接合を行えば、まずねじ部からの漏水が発生することはない。

　ここでは、ねじゲージ検査の留意事項の詳細については、割愛させていただくが、図―6はねじゲージを使用した場合の「合格範囲」を示したものである。

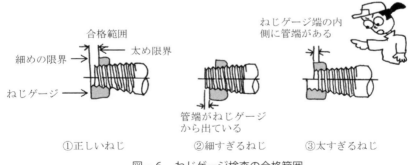

図－6　ねじゲージ検査の合格範囲

（3）管用テーパねじ接合の特徴

　管の接合に、なぜ管用テーパねじが、多用されるのか？その理由を挙げると以下のようになる。

①ねじ接合強度が強い。

第2話 配管用炭素鋼鋼管(SGP)の接合法

②ゆるみにくい性質をもっている。
③テーパねじは、「フランク面」の隙間が少なく、「耐密性」に優れている。
④求心性がある。
⑤ねじ精度を高めることが、比較的容易である。
⑥製造しやすく、コスト低減が可能である。
⑦簡単な工具によって、高い「締付力」が得られる。
⑧組立・分解が容易である。

(4) 欠陥ねじ

　最近では、切削ねじ切り機の性能が著しく向上し、日本では「欠陥ねじ」の発生件数は極度に少なくなっている。筆者の見聞によると、東南アジア（中国など）では、品質性能の劣る「ねじ切り機」が多数採用されており、まだまだ「欠陥ねじ」が多く見受けられるようである。

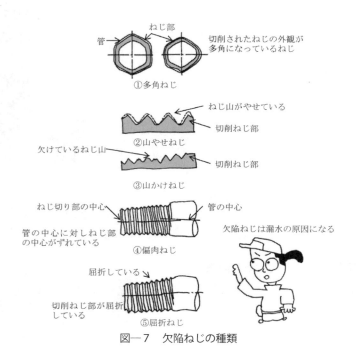

図—7　欠陥ねじの種類

ここでは、参考までに代表的な欠陥ねじの例を図—7に紹介しておくが、①多角ねじ、②山やせねじ、③山欠けねじ、④偏肉ねじ、⑤屈折ねじなどがある。

（5）ねじ込み作業

ねじ加工が終了したら、「ねじ込み作業」に移るわけであるが、まず「ねじ継手」は、ねじ切削精度から雄ねじ・雌ねじの締付けだけで「気密性・水密性」を確保することが不可能である。

したがって、かならず「シール剤またはシール材」（詳細は、第6話参照）として、商品名：ヘルメチックなどで知られる「スレッド・コンパウンド（thread conmpound）」や「テフロン製シールテープ（Teflon seal tape）」などを介して、互いに締付ける必要がある。

ちなみに、すっかり日本に帰化してしまった、この「テフロン（PTFE）」とは、フッ素（F）を含む「オレフィン重合」で得られる、合成樹脂：ポリテトラ・フルオラ・エチレンから取った米国デュポン社の商品名である。

シール材（剤）の塗布作業（装着作業）を正しく完了した後に、ねじ込み作業に移る。まず、通常床上での「ねじ込み作業」は、図—8に示すような「バイス（万力）」を利用して適正に締め込み作業を行う。

その前に、まず手で締め付けができなくなるまで締め込みを行う必要がある。これを「手締め」といい、止まった位置が、「手締め位置」である。

「フライヤ」や「パイプレンチ（通称：パイレン・図—9参照）」等で、無理

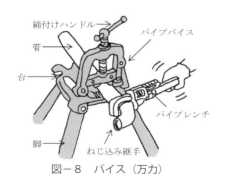

図—8　バイス（万力）

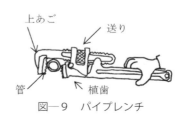

図—9　パイプレンチ

第2話 配管用炭素鋼鋼管(SGP)の接合法

やりねじ込むと俗称：センキ（用語解説参照）と呼ばれるねじ込みとなり、ねじ山を破壊することにもなる。

【用語解説】
センキ（疝気）

耳慣れない言葉だが、大辞泉（小学館）には、"②正しくない系統。傍系。また、筋道を取り違えること。"と解説されている。

ねじの場合、"ワンピッチ超えて、斜めに入ること。"とでも表現すればわかりやすいだろうか？継手の鋳物は硬いがもろいので、"疝気"を起こした場合継手の交換も必要となる。なにかと世知辛いご時世ではあるが、慌てず確実に！

ちなみに、アバウトな話になるが、標準的な手締め山数は、15A～40Aで4.5山～5.5山、50Aで7山程度である。手締め後は、パイレンなどを使用して適正にねじ込むが、何山パイレンで締付けるかに関しては、目安が立ちにくいので、軽く腕の肘から先の力だけで締め、少し固くなった時点を「パイレン仮締めの位置」と仮称し、この位置からの「増し締め」は、0.5山程度とすることが望ましい。

（6）ねじの残り山管理

　実は、上述の「ねじ込み作業手順」に準拠してねじ込み作業を実施しても「ねじの残り山」は、ある範囲でバラツキいつも一定とは限らない。

　というのは、JISでは、直管（おねじ）および継手（めねじ）には、「最太ねじ公差」と「最細ねじ公差」が、配管サイズ（口径）ごとに決められているからである。その具体的な例を、配管口径：25Aの場合を例にとって説明する。

① 直管（おねじ）の公差：±0、継手（めねじ）の公差：±0の場合

　このような公差：±0の基準品を使用した場合には、ねじの「残り山」は、「2.3山」となる（図—10（a）参照）。

②直管（おねじ）が最太公差で、継手（めねじ）が最細公差の場合

　このような公差の製品を使用した場合には、ねじの「残り山」は、「4.5山」となる（図—10（b）参照）。

③直管（おねじ）が最細公差で、継手（めねじ）が最太公差の場合

　このような公差の製品を使用した場合には、ねじの「残り山」は、「0山」となる（図—10（c）参照）。

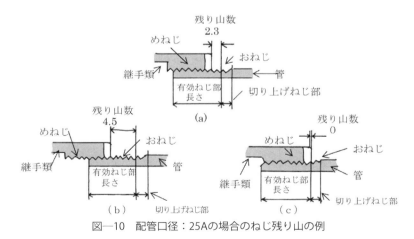

図—10　配管口径：25Aの場合のねじ残り山の例

　以上の説明から自明のように、ねじの残り山は、口径：25Aの場合でも、「0〜4.5山」とバラツクので、適正ねじ込みの「品質管理」を「ねじの残り山」

第2話　配管用炭素鋼鋼管(SGP)の接合法

で行うことは、非常に危険であることがご理解いただけたことと思う。
　換言すると、ねじの残り山管理は、"**絵に描いた餅（like wax fruit）**"であり、決して実施してはならない。

（7）転造ねじ接合法

　既述の「切削ねじ（cutting thread）」に対し、「転造ねじ（rolling thread）」は、配管用ねじとしては、極めて新しくその意味では、"ヌーベルバーグ"とも形容すべき革新的なねじである。

　まず、転造ねじ加工とは、図―11に示すように、金属材料に一定の外力を加えると、外力を除いても元にもどらず、変形（deformation）、すなわち『塑性変形（plastic deformation）』するが、これを転がしながら行うことである。

　「転造ねじ」とは、「切削ねじ」によってねじを作るのではなく、上述の「転造加工（rolling processing）」、すなわち『冷間塑性加工（cold forging）』によって、造りだされたねじである。

　転造ねじ加工法は、ねじ山を「鋼製の平ダイス（flat die）」、または「ロールダイス（roll die）」を工作物に相当な圧力で、押し当てて転動により、「被工作物表面」におねじを形成するものである。なお、「切削おねじ」と「転造おねじ」の比較については、以下に【用語解説】を参照されたい。

　「転造おねじ」は、ねじの引っ張り強さ・耐熱性・耐腐食性、および硬さを高めるのが目的で発達してきたといわれる。今日では、大量生産品として、「吊り

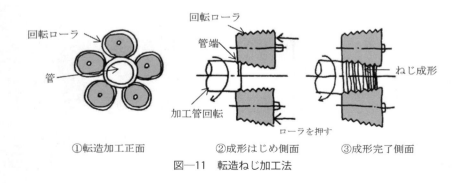

①転造加工正面　　②成形はじめ側面　　③成形完了側面
図―11　転造ねじ加工法

ボルト」などに広く使用され、建築設備業界では不可欠な製品となっているが、その創生期は、1800年代に遡るといわれている。この転造ねじ技術を、日本で「中空管」に適用し「転造ねじ切り機」を開発したことは、画期的な（epoch-making）ことといえるのではなかろうか。

なお、「転造ねじ」に関する詳細な報文は、第5話を参照されたい。

【用語解説】

「切削おねじ」と「転造おねじ」

従来の「切削おねじ」は、鋼管を削り取りながら「ねじ山」を加工するため、管端に行くほど肉厚が減り腐食などによる「漏水」の原因になりやすかった。一方、「転造おねじ」は転造ローラで「ねじ山」を盛り上げて加工するため、配管の肉厚は均等になる。管端部ででは、わずかに管内径が小さくなるが、流れを阻害するといった問題は、ほとんどない。

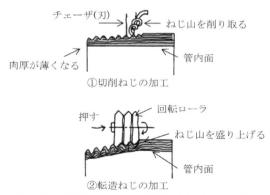

図—12 「切削おねじ」と「転造おねじ」との比較

第2話 配管用炭素鋼鋼管(SGP)の接合法

3．メカニカル接合法

　メカニカル接合法は、別名：「機械的接合法」とか「ハウジング継手接合法」などとも呼ばれている。継手部分に「かとう性(用語解説参照)」や「伸縮性」があり、多少の曲がりや伸縮も吸収できる長所のある接合法である。その上、施工性もよく「省力化継手」として開発され、近年多用されるようになった。

【用語解説】

かとう性（flexibility）

　漢字では「可撓性」となるが、文字通り曲げたわ（撓）めることが可能な特性をいう。

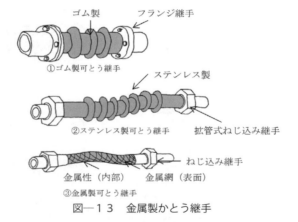

図―13　金属製かとう継手

　施工が簡単なため、安易に使用された結果、「管の挿入不足」や「ゴムリングのなどの部品」の入れ忘れなどの理由で、過去に「漏水事故」も発生しているので、その取り扱い・施工においては細心の注意が必要である。

　「ハウジング継手用溝」の形状には、歴史的には、リング形⇒ショルダ形⇒カット・グルーブ形という経過を経て、現在ではあらゆる点で優れている、図―

第2話 配管用炭素鋼鋼管(SGP)の接合法

14に示すような「ロール・グルーブ型（転造溝形）」が圧倒的に多く使用されている。この接合法は、管端に図—15に示すような「ロール・グルーバー（roll groover）」で溝加工を施し、この溝を利用して「ハウジング継手（図—16参照）」を接合する配管の両管端に装着し、配管を接合する方法である。

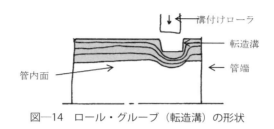

図—14　ロール・グルーブ（転造溝）の形状

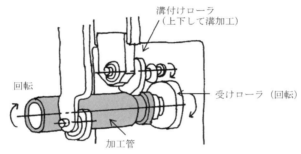

図—15　ロール・グルーバー（転造溝成型機）

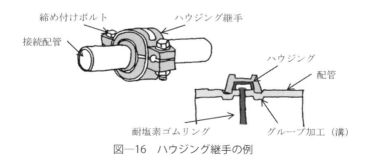

図—16　ハウジング継手の例

　現在、ハウジング継手メーカーは数多くあり、接合方法の留意事項に関しては、各社がそれぞれ「施工マニュアル」などを発行し、各社が独自でその指導

第2話 配管用炭素鋼鋼管(SGP)の接合法

を行っている状況である。この他、ハウジング継手と同じ範疇に入れられているが、筆者が「バンデージ継手（包帯継手）」と呼んでいる「ストラブ・カップリング（商品名）」や「ドレッサー・カップリング」などがある。

【ちょっと一息！】
頭は使いよう！

　図—17の「ストラブ・カップリング」の構造を見ていただけば、一目瞭然のように「管接続継手」と捉えるのではなく、「ピンホール」による「漏水防止継ぎ手」として活用できるのである。

　この継手を「患部（ピンホール部）」に、人間の腕や脚に「包帯」を巻くように適用すると、簡単に「止血（漏水防止）」できる。筆者の実体験から、この継手を「バンデージ継手（包帯継手）」と呼ぶ所以である。

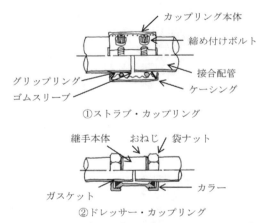

①ストラブ・カップリング

②ドレッサー・カップリング

図—17　ストラップカップリングとドレッサーカップリング

4．溶接接合法

　溶接（welding）とは、簡単にいえば"原子間の結合により、2個以上の物体を局部的に結合させる方法"ある。溶接の方法は多種多様であるが、建築設備に採用される溶接方法には、「ガス溶接法」と「アーク溶接法」とがある。

　「アーク溶接」と一口にいっても多種多様であるが、その中でも鋼管（SGP）

の溶接には、「被覆アーク溶接」と「TIG溶接」が最も頻繁に採用されている。
　一般に、ガス溶接には、
①酸素アセチレン溶接
②酸素水素溶接
③空気アセチレン溶接
の3種類がある。また、溶接操作によると、
①自動溶接法
②半自動溶接法
③手溶接法
の3つがある。

　空調設備工事などで多用されるのは、現場の条件・状況からその殆どが「現場溶接法」である。ちなみに、「全自動溶接」・「半自動溶接」は、現場外工場での「プレハブ配管」や水道管・ガス管などの「大口径管」に採用されている。

　実は、この溶接技能は、既述の「ねじ接合技術」や「メカニカル接合技術」と比較して、非常に高度なテクニックを必要とするものである。実際に、我々が実施している、JSPE（給排水設備研究会）の「配管技能講習会」でも、参加者全員に溶接体験をしてもらっているが、素人では「溶接アーク」を飛ばす段階で四苦八苦している状態である。このような状態で、近年「熟練溶接配管技能工」が高齢化し、その数が年々少なくなっており、「熟練技能」をそれほど必要としない、「全自動溶接機」や「半自動溶接機」を導入した「工場プレハブ配管化（off-site piping prefabrication）」のニーズが高まってきている。

（1）溶接接合の利点と欠点

　「溶接接合」は、一般に「ねじ接合」に比べ、接合強度的に信頼性が高く評価されているが、その長所・短所をここで列挙してみたい。

長　所
①継手強度が高い。
②水密性・気密性に優れている。

第2話 配管用炭素鋼鋼管(SGP)の接合法

③極薄板から超厚板まで適用できる。
④材料の節約（重量軽減）ができる。
⑤工数低減が図れる。
⑥コスト低減が図れる。

短　所

①材質が部分的に変化する。
②変形（ひずみ）が生じる。
③残留応力（用語解説参照）が残る。
④応力集中に敏感である。
⑤作業者の技量に左右される。
⑥施工管理が難しい。
⑦品質検査が難しい。
⑧アーク光・ヒューム・電気に起因する感電事故などの労働災害に、留意する必要がある。
⑨溶接作業環境が、劣悪となりやすい。

【用語解説】

残留応力（redidual stress）

　金属材料に対して、過大な荷重をかけたり、曲げ加工をして溶接したりした後に、材料内に残っている応力。

ところで、亜鉛めっきを施した「白ガス管」を溶接する場合、「亜鉛めっき層」が悪さをし、「黒ガス管（非亜鉛めっき鋼管）」の溶接の場合に比べ多くの問題点が生じる。ちなみに、建築設備工事では、「黒ガス管」の他に、劣悪な作業環境のもとで、「白ガス管」をも現場溶接している。

しかも、その比率は、「白ガス管」の方が圧倒的に多い。他分野の溶接の専門家の中には、白ガス管を「亜鉛被膜」の上から、直接溶接するなんて非常識で、

考えられないことだという人もいる。その見解はともかく、白ガス管の溶接上の問題点を下記に列挙しておく。なお、「溶接欠陥」の用語に関しては、以降の（6）で後述するので、そちらを参照されたい。

【白ガス管の溶接上の問題点】
①アークが不安定になりやすい。
②ブローホールが発生しやすい。
③アンダーカットが発生しやすい。
④スパッタが増大する。
⑤ビード外観が悪くなる。
⑥スラグの剝離性が悪くなる。
⑦極まれに、溶接金属中に、亜鉛（Zn）が浸透し、「粒界割れ」、すなわち「液体金属脆化」が生じることがある（Zn量が多い場合）。
⑧亜鉛めっき膜厚の増加とともに、適正溶接条件範囲が狭くなる。
⑨溶け込みが小さくなることがある。
⑩酸化亜鉛（ZnO）のヒュームが発生し、溶接環境を悪化させる。

（2）ガス溶接
　「ガス炎」の熱を利用して、金属を溶接する方法を「ガス溶接」といい、「ガス炎」の種類で区別する場合には、既述のように3種類がある。
　この中でも、「酸素アセチレン炎」が最も高温が得られ一番多く採用されるので、「酸素アセチレン溶接」がガス溶接の代名詞ともなっている。
　ガス溶接の利点は、操作が簡単・設備が安価・運搬が容易・加熱温度が自由などのメリットから、その利用範囲が広いことである。
　しかしながら、消耗度が高い・熱効率が低い・加熱時間が長いため、脱炭や酸化などの「組織変化」が多いなどという、デメリットもある。一般にガス溶接は、小口径管の溶接に採用されることが多く、「管の切断」にもよく使用される。

第2話 配管用炭素鋼鋼管(SGP)の接合法

【ちょっと一息！】
ネパールでの見聞記

　今から10数年以前のことになるが、筆者がJSPE（給排水設備研究会）の一行と共に、東南アジア研修旅行でネパールを訪れた際に得た一知見を紹介しておきたい。ネパールの「カトマンズ」から「ポカラ」に移動し、ホテルの新築工事現場を見学させてもらった時のことである。

　見学した現場内で、15～25A程度の「スプリンラー消火配管（黒ガス管採用）」を見つけた。この配管の接続には、「ねじ接合」ではなく、日本でも比較的珍しい「酸素アセチレン溶接」がなぜか使われていたのである。工事を請け負っている、日本企業の現場担当にその採用理由を率直に聞いてみた。

　するとその現場担当員は、次のように答えたのである。当初は「ねじ接合法」を採用してスプリンクラー消火配管工事を進め「水圧試験」をしたところ、ほとんどの「ねじ継手」から漏水し、"ジャージャー漏れ"の状態であったという。

　その漏水を止めるためには、ねじ接合法の「地獄配管」の悲哀で、配管元からねじ配管を全部「バラ」さなければならず、とてもやっていられないので、やむを得ず「溶接継手」を調達し「酸素アセチレン溶接接合」に切り替えざるを得なかった由。さらに詳しく尋ねると、「ねじ継手」はすべてインドからの輸入だそうで、なんとその「歩留まり（yield rate）」は「約20％」であるとの由。

　そんな継手が堂々と出回っているなんて！世の中には本当に信じられないよう

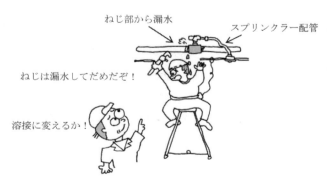

図―18　ねじ接合は漏れるもの

な話があるものだと、当時ビックリしてしまった経験がある。

（3）アーク溶接

「アーク溶接」は、別名「電気溶接」とも呼ばれるが、現在建築設備工事にはほとんどのケースで、この「アーク溶接」が採用されている。アーク溶接は、「被覆アーク溶接」と「活性アーク溶接」とに大別される。

前者は、最も普及している溶接法で、「溶接の酸化等」の障害をなるべく少なくするために、「フラックス（溶剤：flux）」を塗布した「被覆溶接棒」を使用し、フラックスの燃焼で発生するガスで、「溶融金属」と「空気」を遮断して溶接するものである。

ちなみに、図—19は、「被覆アーク溶接」の原理を図解したものである。

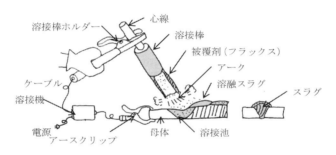

図—19　被覆アーク溶接の原理

後者は、「アーク溶接部」をアルゴン（Ar）のような「不活性ガス（inert gas）」で包み、完全に空気を遮断して溶接する方法で、「TIG溶接」と「MIG溶接」がその代表的なものである。空調衛生設備配管などでは、要求によっては前者の「TIG溶接」が採用されている。

空調衛生設備配管などの「手溶接」では、一般の「プラント配管」に比べ、小口径管を取り扱うことが多いため、管内面からの溶接は不可能である。

したがって、「片面溶接」でも、裏面に欠陥のない健全な「ビード」（用語解説参照）を形成する「裏波溶接」（用語解説参照）をする必要がある。

第2話 配管用炭素鋼鋼管(SGP)の接合法

【用語解説】
「ビード」と「裏波溶接」

　ビード（bead）：建築用語では、断面が小さな円弧をなす「モールデイング」のこと。日本語の「玉縁(押さえ縁)」に該当。一方、溶接用語では、溶着部分にできる帯状の「盛り上がり」のこと。

　裏波溶接（penetration welding）：ルート間隔（root gap）を突き抜けて、溶接面の裏側に「溶接ビード」を形成させるような溶接方法。

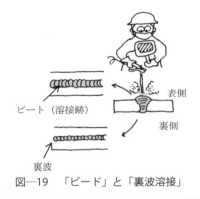

図—19　「ビード」と「裏波溶接」

　一般に「溶接作業姿勢」は、「下向き姿勢」が望ましいにもかかわらず、空調衛生設備配管では、どうしても、パイプシャフトのような非常に狭い場所や横走り固定水平管の溶接作業が多いため、「全姿勢溶接」が要求される。

　このため、「裏波」を安定して出せる「D4316」などの、低水素系に属する「裏波専用溶接棒」の使用や、全姿勢でも比較的「裏波」を出しやすい「TIG溶接」の採用が不可欠である。

（4）管端の開先加工と開先形状

　突き合わせ溶接（butt welding）の「静的強度」は、「溶込み深さ」によって

第2話 配管用炭素鋼鋼管(SGP)の接合法

決まるといっても過言ではない。その「溶込み深さ」に大きな影響を与える作業因子としては、以下のようなものが挙げられる。
①開先の種類（V開先・Y開先・レ開先・I開先等）
②開先角度（ベベル角度）
③開先深さ
④ルート間隔（ルートギャップ）
⑤ルート面

　その他に溶接電流・溶接速度・鋼管肉厚・運棒法（後述）・溶接姿勢（後述）・溶接棒の種類・加工面の精度・層管温度・溶接工の技量等々が挙げられる。

　図—20は、建築設備の配管に一般に採用される、「開先形状」と「開先形状寸法」を示したものである。

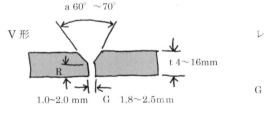
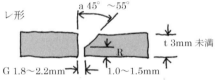
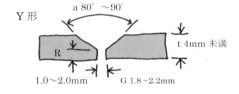
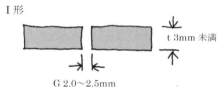

図—20　「開先形状」と「開先形状寸法」

（5）溶接方法と溶接姿勢

溶接作業には、先ず「仮付け溶接（tack welding）」と「本溶接（full welding）」とがある。

①仮付け溶接（tack welding）

本溶接を実施する前に、継手部の相互の位置を正しく固定し、溶接部の歪みによる開先部の位置のずれを防止するために行う溶接である。

「仮付け溶接」という日本語から、英語では、"Temporary Welding"と訳しそうであるが、正式な英語は、"Tack Welding（タック溶接・鋲付け）"である。

この「仮付け」という日本語のイメージから、現場では往々にして「未熟練溶接工」にタック溶接を任せてしまう傾向があるが、この「タック溶接部」が後々「溶接欠陥」として残り、本溶接では修復できないことも多いので、この溶接作業は、必ず「熟練溶接工」が行うことが肝要である。その意味でも、日本でも今後は「仮付け溶接」ではなく、「タック溶接」と呼ぶべきである。

②本溶接（full welding）

上記のタック溶接を終了後に、実施する配管全周囲を溶接する作業である。

日本では、「仮付け溶接工」と「本溶接工」が役割分担をして、本溶接工がこの「本溶接」を行っている場合も多いが、いずれにしても所定の資格を取得している溶接工が「本溶接」を行うべきである。

【ちょっと一息！】
「有資格溶接工」の登録と「溶接刻印」

筆者の「シンガポールの現場」での貴重な体験であるが、仕様書に、"溶接工は、「有資格の熟練溶接工」であるとともに、事前に登録届けを行い設計事務所の承認を得ること。また、その溶接箇所は「溶接工本人」の溶接であることを証明するために、各人の登録した「刻印」を打印すること！"という一項があった。

"なにもそこまでしなくても・・・。"というのが、当時の筆者の感想であったが、"仕様書は、バイブル！"なので、遵守せざるを得なかった。

第2話 配管用炭素鋼鋼管(SGP)の接合法

③溶接姿勢（welding posture）

「溶接姿勢」には、下向き溶接・上向き溶接・立向き溶接等があるが、良好な溶接結果が得られる「下向き溶接」を極力採用することが望ましい。

そのためには、「ターニングロール」とか「ポジショナー」を使用して、できるだけ管を水平回転させることが必要である。管の回転が不可能な「二次元形状の組立管」は、「立向き姿勢」から「下向き姿勢」の「半盛り溶接」を対称的に実施し、次に「組立管」を反転させて、同様の「半盛り溶接」を実施する。

また、管が反転できない「固定管」の場合には、「上向き姿勢」から「立向き姿勢」、さらに「下向き姿勢」の固定溶接を対称的に実施する。

なお図—21は、上記の水平管の下向き姿勢・半盛り溶接・固定管溶接の溶接姿勢と溶接方法を図解したものである。

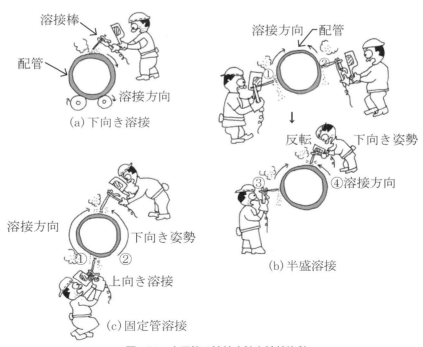

図—21　水平管の溶接方法と溶接姿勢

第2話 配管用炭素鋼鋼管(SGP)の接合法

(6) 溶接欠陥と運棒法

1) 溶接欠陥 (weliding defects)

溶接作業は、溶接作業員(溶接工)によって、様々な環境・条件下で行われるが、常に「良好な結果」を求めるには、「豊富な作業経験」と「溶接欠陥」を作らない注意が不可欠である。万一、溶接欠陥が発生すると、その「溶接強度」が極端に弱くなるので注意しなければならない。

表—1 溶接時に発生する溶接欠陥の種類・原因・対策

種類	原因	対策
ブロホール	1) 過大電流、運棒操作の不適切 2) 板厚が大きくなったり急冷されるとき 3) 継手部に油、ペンキ、サビなどのついているとき 4) 溶接棒が吸湿しているとき 5) 亜鉛めっきなどを施した材料のとき 6) 棒の選択が不適当なとき	1) 適正電流でアーク長を適当に保持する 2) 適切な予熱を行う 3) 継手部を十分に清掃する 4) 棒の保管を完全にして吸湿しているときは乾燥する 5) 亜鉛を酸化させながらイルミナイト系あるいはセルローズ系溶接棒で溶接するかあらかじめ開先面のめっきを除去する
溶込不足	1) 運棒速度が適当でないとき 2) 溶接電流が低いとき 3) 開先角度がせまいとき	1) 溶接速度を適当にし、スラグが溶融池やアークに先行しないようにする 2) スラグの包被性を悪くしない程度に電流を上げる 3) 開先角度を大きくするか、角度に応じた棒径をえらぶ
スラグの巻込み	1) 前層のスラグ除去の不完全 2) 運棒操作の不適切 3) 設計不良	1) 前層のスラグは十分除去しておく 2) 電流をやや強く運棒操作を適切にする 3) 溶接操作の行いやすい設計にする
アンダーカット	1) 溶接棒の保持角度・運棒速度の不適切 2) 溶接電流が高いとき 3) 溶接棒の選択をあやまったとき	1) 適切な棒の保持運棒を行う 2) 運棒速度および電流を下げる 3) 溶接条件に最も適した溶接棒をえらぶ
ビード外観の不良	1) 溶接電流の高過ぎ、棒径が太いとき 2) ビードが大きくなりすぎたり盛り順序を誤ったとき 3) 運棒速度が適当でないとき 4) スラグの包被が悪いとき 5) 棒の選択が悪いとき	1) 母材に応じた電流棒径をえらぶ 2) 適切な溶接順序と運棒を行う 3) スラグが溶融池の半分ぐらいまで入りこむような溶接速度をえらぶ 4) 粘性のあるスラグの溶接棒をえらぶ
割れ(溶接金属)	1) 母材の炭素・マンガンなどの合金元素が高いとき 2) 継手の拘束が大きすぎるとき 3) 適正溶接棒以外の棒を使用した場合あるいは棒の管理が悪いとき 4) 溶接電流および速度が適正でないとき	1) 予熱を施すか低水素系溶接棒を使用する 2) 予熱、ビーニングを行い後退法、ブロック法などで溶接する 3) 適切な棒を十分乾燥して使う 4) 適切な電流・速度で溶接する
割れ(母材)	1) 母材の炭素・マンガンなどが高いとき 2) 厚板あるいは急冷される溶接のとき	1) 塩基性の高い棒を使う 2) 低水素系溶接棒を使う 3) 予熱、後熱を行う

(出典:住友金属工業㈱:配管ハンドブック)

第2話 配管用炭素鋼鋼管(SGP)の接合法

　溶接時に発生する欠陥としては、①ブローホール、②溶込み不足、③スラグの巻込み、④アンダーカット、⑤ビート外観不良、⑥溶接金属割れ、⑦母材割れ等々が挙げられるが、表—1は、溶接時に発生する、溶接欠陥の種類・原因・対策を示したものである。

2）運棒法（welding bar manipulation）

　溶接棒の種類・棒径・姿勢などに応じて、欠陥のない美しい溶接部を能率よく形成するために、様々な工夫がなされている。その工夫の一つが、図—22に示す「運棒法（manipulation）」の一例である。運棒法の各名称は、「アーク端の描く形」によっている。

　ここで代表的な「運棒法」の特徴について触れておくと、「栗形運棒」は先端が栗形に動くもので「立向き溶接」に採用され、「三角運棒」も同様である。「ストリング・ビード」は、入熱の小さい運棒であるが、「ウイーヴィング」は、溶接方向に直角に溶接棒端を動かすので、当然入熱は大きくなる。

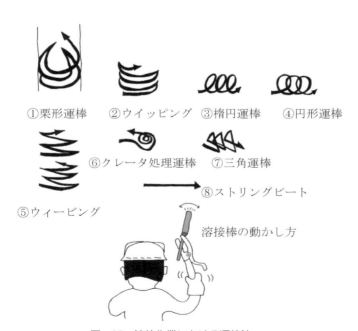

図—22　溶接作業における運棒法

第２話 配管用炭素鋼鋼管(SGP)の接合法

　なお、「ウイーヴィング幅」は、心線径の2倍くらいが適当である。「はねあげ運棒」は、立向き姿勢で溶接中に「溶融金属」の流れ落ちるのを防ぐために、「ウイーヴィング運棒」の端で上方に「アーク」を逃がす運棒である。
　「クレータ処理」は、いきなり「アーク」を切ると「クレータ割れ」が生ずるのを防ぐため、「クレータ」を埋めてから「クレータ」を切る運棒法である。

【JSPE：NPO給排水設備研究会主催　配管技能講習会】

　筆者は、JSPE（NPO給排水設備研究会）の会員で、(一社)空気調和・衛生工学会のSHASE：技術フェロー（配管工事部門）の有資格者で、かつ「配管技能講習会（実習主体）」の企画・立案者でもある。JSPEでは、毎年9月～10月の3日間にわたりこの配管技能講習会を開催している。
　この技能講習会は、「配管技能工」の養成を目的としたものではなく、あくまで配管工事の「管理監督者」の養成を目的としたものである。その内容は、以下の通りである。

- 第1日目：配管炭素項鋼管（SGP）のねじ接合法（転造ねじ接合法を含む）・ハウジング接合法・溶接接合法
- 第2日目：ステンレス鋼管接合法：拡管式接合法・メカニカル接合法・溶接接合法、および銅管接続法：軟ろう付け・硬ろう付け
- 第3日目：樹脂管接続法：硬質ポリ塩化ビニル管・ポリブテン管・架橋ポリエチレン管・三層管配管システム配管

　問い合わせ／TEL：03-3234-2106（JSPE配管技能講習会事務局）

おわりに

　これまで、配管用炭素鋼鋼管（SGP）の代表的な接合法について、その要点のみの解説を試みてきたが、配管工事についてはまだまだ奥の深い分野である。
　さらに、配管工事に興味があり、さらなる研究を望まれる方には、代表的な参考文献を下記に列記しておいたので、これらを参照して造詣を深めていただきたい。

第2話 配管用炭素鋼鋼管(SGP)の接合法

【引用・参考文献】

(1) JSPE給排水設備研究会・人材育成委員会主催・配管技能講習会テキスト・「配管用炭素鋼鋼管のねじ接合の基礎知識」，ねじ施工マニュアル編集委員会（原田洋一他）編，2004年（平成16年）9月

(2) JSPE給排水設備研究会・人材育成委員会主催・配管技能研修会テキスト・「配管炭素鋼鋼管の接合法『配管用炭素鋼鋼管の溶接接合の基礎知識』」，安藤紀雄，2004年（平成16年）9月

(3) 「Tea Breakを取りながらマスターできる－空調設備配管設計・施工の実務技術」，安藤紀雄，理工図書㈱，1992年（平成4年）2月

(4) 「ダクト／配管工事の省人・省力化計画－ダクト／配管工事の過去・現在・未来－」（空気調和・衛生工学会新書），安藤紀雄／空気調和・衛生工学会編，理工図書㈱・1997年（平成9年）6月

(5) 関東配管工事業協会・研修会テキスト・「ねじとねじ配管の基礎知識」，安藤紀雄，1993年（平成5年）12月

(6) 関東配管工事業協会・研修会テキスト・「期待される配管技能工の資質－信頼される，配管工事の職長・棒心を目指して－」，安藤紀雄，1994年（平成6年）4月

(7) 関東配管工事業協会・研修会テキスト・「配管技能工としての基礎教養－夢のある配管工事業会の将来を目指して－」，安藤紀雄，1994年（平成6年）11月

(8) 「技能検定突破シリーズ・配管1級」，技能検定配管試験問題研究会／日本配管工事業団体連合会編，㈱日刊工業新聞社・1998年9月

(9) 「技能検定突破シリーズ・配管2級」，技能検定配管試験問題研究会／日本配管工事業団体連合会編，㈱日刊工業新聞社，1999年8月

(10) 「技能検定突破シリーズ・配管予想問題集―1級・2級編」，技能検定配管試験問題研究会／日本配管工事業団体連合会編，㈱日刊工業新聞社，1998年12月

第3話 ステンレス鋼管と銅管の接合法

はじめに

　銅管（Copper Pipe）は、「耐食性」ある材料として、「給湯配管（domestic hot water supply piping）」に使われてきたが、銅管利用の歴史は非常に長い。

　一方、ステンレス鋼管（Stainless Pipe）は、別名「不銹鋼」とも呼ばれる（中国でも同様に「不銹鋼」と呼ばれる）が、その使用の歴史は比較的新しく、ステンレス鋼管が「耐食性」に優れた材料であるにもかかわらず、"コストが高い"とか"使い方がよく分からない"等の事由により、その採用が控えられていた。

　しかしながら、最近では給排水衛生設備においても、「給水設備」においては、配管の「赤水問題」や「漏水問題」、また「配管施工の省力化」を目的に、「マンション（condominium：註）」を始めとして、「ステンレス鋼管」が積極的に使用され初めてきている。

　とりわけ、「給水配管の改修工事」において新しい配管に交換する場合、「ステンレス鋼管」による更新工事が、一般的になりつつある。

註：日本語の「マンション」は、英語では"mansion"と綴り、「大邸宅」とか「豪邸」の意味になるので、使用上の注意が必要！

一方、「給湯設備」においても、「メカニカル接合法」のステンレス鋼管を使用するケースが増えている。ちなみに、「排水設備」や「消火設備」では、まだステンレス鋼管を使用する事例は少ないが、「連結送水管」の配管に薄肉で流量的にも有利な「配管用ステンレス鋼管（JIS G 3459：SUS-TPD）」を「日本消防安全センター」の性能評定を取得し採用しているケースも増えてきている。

　さらに、「地球環境問題」においても、「リサイクル（Recycle）」や「ライフサイクルコスト（LCC）」への評価から、「ステンレス鋼管」が注目されている。今回は、特に「ステンレス鋼管の接合法」と「銅管の接合法」について、その概要を解説することにしたい。

１．ステンレス鋼管の接合法

　既述のように、最近では「ステンレス鋼鋼管（JIS G 3448：SUS－TPD・JIS G 3459：SUS－TP）」が空調設備や衛生設備に使用されるケースが増えてきているが、このステンレス鋼管の配管材料としての特徴に関しては、本著第1話にて紹介しているので、そちらを参照されたい。

　一般に、建築設備用に採用される「一般配管用ステンレス鋼鋼管（JIS G 3448・SUS－TPD）」の接合法は、「物理的接合法」と「機械的接合法」とに大別される。前者には、

　①はんだ付け接合法

　②溶接接合法

がある。一方、後者は「メカニカル接合法」と総称され、

　①ワンタッチ式接合法

　②プレス式接合法

　③ナット式接合法

　④ハウジング式接合法

　⑤ルーズフランジ接合法

の5種類に分類される。

　ちなみに、表―1は「一般配管用ステンレス鋼鋼管の接合法とその継手の特

第3話 ステンレス鋼管と銅管の接合法

徴」について、一覧化したものである。

表―1 一般配管用ステンレス鋼鋼管の接合法とその継手の種類

接合方法	施工方法	管継手名称	規格	対応口径	専用機械・工具の有無	現場施工の容易性	接合脱着可否	備考
溶接接合	溶接式	突合せ溶接式管継手	SAS 354	30-300	TIG溶接機	困難	否	エルボ、レジューサ、チーズ、スタブエンド、キャップ
メカニカル接合	ワンタッチ式	差し込み式管継手	SAS 322	15-60	専用器具	普通	否	コマプッシュジョイント、サスロック
		カップリング型管継手	SAS 322	40-80	専用器具	普通	可	ストラブカップリング、オメガ
	プレス式	プレス式管継手	SAS 322	13-60 (13-25)	専用器具	普通	否	モルコジョイント、SUSプレス、(ピーロック)
		ダブルプレス式管継手	SAS 322	13-50	専用器具	普通	否	ダブルプレス
		グリップ式管継手	SAS 322	13-50	専用器具	普通	否	ミエグリップ
	ナット式	拡管式管継手	SAS 322	13-60	専用器具	普通	可	ナイスジョイント、ゼットロック、サスフィット
		圧縮式管継手	SAS 322	13-25	―	普通	可	MRジョイント
		ドレッサ型スナップリング式管継手	SAS 322	30-80	専用器具	普通	可	MR-LAカップリング
		転造ねじ式管継手	SAS 322	13-60	―	普通	可	アバカス
	ハウジング式	ハウジング型管継手	SAS 361	40-300	―	普通	可	グルーブ型（1MPa、2MPa）、リング型（2MPa）
	ルーズフランジ式	管端つば出しステンレス鋼管継手	SAS 363	30-300	―	普通	可	スタブエンドと同じ用途

注：SAS=ステンレス協会規格（Stainless Association Standard）

　それぞれの接合法によって特徴があり、配管工事費にも関連するので、多角的な検討を慎重に実施した上で、最良と思われる「接合法」を採用すべきである。「物理的接合」が塾練度（skill）や免許（license）などを必要とするのに対し、「機械的接合」は取扱要領さえ心得れば、比較的容易に短時間で接合技術を習得できる。小口径管には、「プレス式接合法」・「圧縮式接合法」・「はんだ式接合法」などが、主として使用されるが、中口径管・大口径管には、「ルーズフラ

ンジ式接合法」・「ハウジング式接合法」、または従来の「JIS B 2305・JIS B 2307」に規定されている「特殊配管用鋼製突合わせ溶接式管継手」などが用いられている。

(1) 物理的接合法
1) はんだ付け接合法（soldering joint）
　この接合法は、「SUSソルダー」をトーチランプで溶かし、銅管の場合と同じように、「差しろう」（用語解説参照）して接合を行う方法である。

【用語解説】
差しろう（filling solder）
　「ろう付け温度」に加熱された継手部にろうを当て、必要量を浸透させる作業のことで、「ろう差し」ともいう。

　この溶接接合法は、建築設備用配管では、「メカニカル接合法」（後述）や「ハウジング工法」（後述）に押されて、現在ほとんど採用されていない。
　SUS管の切断には、図—1に示すように、「溶接用切断」と「はんだ付け・圧縮接合用切断機」の2種類の管切断機（pipe cutter）がある。

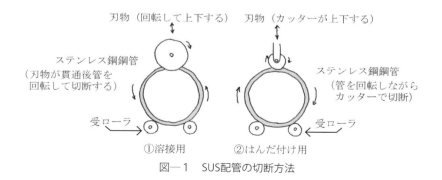

図—1　SUS配管の切断方法

第3話 ステンレス鋼管と銅管の接合法

　溶接用接合の切断には、「専用切断機」または「ねじきり盤切断機」を用いて、管の切断面が「真円度（centricityまたはout of roundness）」を保持し、管軸に直角になるように切断する。図―1に示すように、「ロータリーチューブカッター」を用いて行う。銅管の場合と同様、管と管継手との隙間（クリアランス）を正確に保つことが重要なポイントなので、溶接接合用の「配管切断」の場合より更に注意をして「真円度」を確保する必要がある。管切断面が、正確に出ない場合には「再切断」を行い、わずかな変形には「木ハンマー」で修正する。

　なお、切断後切断面に生じた「バリ（burr）」や「返り」には、必ず「砥石」等を用いて除去し、管内にバリ・砥石屑などが残らないように「クリーニング」をする必要がある。

　ステンレス鋼管の「はんだ付け」は、ステンレス鋼管が銅管に比べて「熱伝導率（thermal conduction coefficient）」が悪いこと、すなわち銅管の熱伝導率：1,383kJ/m・h・℃に対し、SUS管の熱伝導率：56kJ/m・h・℃であること、「フラックス」（用語解説参照）のステンレス鋼に対する「活性化温度範囲」が狭いことなどから、銅管の「軟ろう付け作業」のような「局部的、かつ高温熱」を避けることが肝要である。

> 【用語解説】
> **フラックス（flux）**
> 　金属のはんだ付け・ろう付け、または溶接の際に、母材（base metal）の表面に形成される「酸化膜」を溶解して除去し、かつ「母材表面」を保護するなど、はんだ付け・ろう付け、または溶接作業を確実に行うための溶剤（solvent）である。

　一定温度にかつ均一に加熱するために、銅管のろう付け作業とは異なり、かなりの熟練度（skill）を必要とする。このためには、「トーチランプ」ではなく、

「SUSヒータ」と呼ばれる「専用ヒータ」を使用する。

また、ステンレス鋼は「ハロゲンイオン」によって、腐食されやすいので一般に「リン酸系フラックス」を使用する必要がある。

ちなみに、正確に「はんだ付け接合」をすれば、2.5MPa（25fkg/cm²）程度の水圧に十分耐えることができる。なお、紙面の都合上、ここでは「はんだ付け」の接合作業手順については割愛する。

2）溶接接合法（welding joint）

ステンレス鋼管に「溶接接合法」を採用する場合、接合部の強度が「母材（base metal）」の強度に近く、最も確実に接合できるので「信頼性」が高い。

ステンレス鋼管の「溶接接合」は、「ステンレス鋼管」どうし、または「ステンレス鋼管溶接継手」との「突合せ溶接（butt welding）」である。

肉厚のステンレス鋼管の溶接には、「被覆アーク溶接」が採用される場合もあるが、屋内配管用ステンレス鋼管は、一般に母材厚：3mm以下の「薄肉管」が使用されているので、薄肉溶接に適する「TIG溶接法（Tungsten Inert Gas arc welding）」が採用されている。

この溶接接合法の原理は、図—2に示すように「電極」として非消耗性の「タングステン電極」を採用し、「イナートガス（アルゴンガスなど）」で、バックシールド（空気遮断）しながら、この電極と溶接部との間に「アーク（arc）」を発生させ、そのアーク内に「溶加棒」（用語解説参照）を挿入して溶接する方法である。ただし、「溶加棒」を用いる方法と用いない方法があるが、一般的に

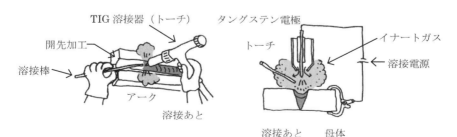

図—2　TIG溶接の原理

第3話 ステンレス鋼管と銅管の接合法

【用語解説】
溶加棒（filler metal bar）
　溶接金属を作るために加える金属のことで、「添加金属」とも呼ばれている。

　肉厚が厚い溶接の場合には、「溶加棒」を用いる。
　なお、「溶加棒」としては、表―2に示すような「JIS Z 3321（溶接用ステンレス鋼棒及びワイヤ）」に規定されている「Y308・Y309・Y316」を使用し、継手は、「SAS354（一般配管用ステンレス鋼鋼管の突合せ溶接式管継手）」を用いる。

表―2　ステンレス鋼溶接用の溶加棒の種類（JIS Z 3321）

母剤	溶加棒	溶加棒の色別
SUS 304 TPD	Y 308（JIS Z 3321 溶接用ステンレス鋼棒及びワイヤ）	黄
	Y 309（同上）	黒
SUS 316 TPD	Y 316（同上）	白

　ステンレス鋼管の溶接方法には、「自動溶接法（図―3参照）」と「手動溶接法」とがあるが、「手動溶接法」には高度な技術と熟練度が要求される。
　したがって、安定した作業を行うためには、原則として「自動溶接」を採用することが望ましい。なお、「手動溶接」を実施する場合には、必ず「ステンレス溶接技術検定試験合格者」に作業を行わせる必要がある。

第3話 ステンレス鋼管と銅管の接合法

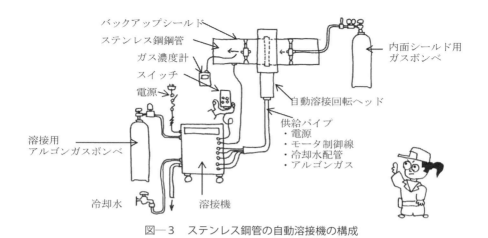

図―3　ステンレス鋼管の自動溶接機の構成

【溶接接合法の作業手順と留意事項】

①溶接部の清掃

　油類・ペイント・じん埃・水分等の付着物を取り除く。清掃の方法は、シンナー・ガソリン・フッ素系溶剤等の適当な「脱脂洗浄剤」に浸漬するか、あるいは清潔な布に含ませて拭き取る方法と、ワイヤーブラシ・サンドペーパー・スチールウール等により除去する方法がある。

②溶接

　溶接機を設置し、溶接条件をセットする。溶接条件をセットする上の留意事項を以下に示す。

◇低い溶接電流のもとで、ゆっくりとした「溶接速度」で溶接すること：

　「溶接電流」を大きくしただけでは、「アーク」が拡がり、「表面対流」により「ビード幅」を大きくすることになる。極端な場合には「溶け落ち」・「垂れ落ち」の原因となる。これを避けるためには、「溶接電流」をできるだけ低く抑え、「溶接速度」を遅くする必要がある。

◇板裏側（管裏側）まで、十分に溶融させること：

　単位時間内により多くの熱を「板裏側（管裏側）」に浸透させるには、溶接開始点より板裏側（管裏側）まで、十分に溶融する必要があり、そのためには溶接

第3話 ステンレス鋼管と銅管の接合法

の進行に伴って「溶融池」を維持できるだけの「入熱」を与える必要がある。
◇バックシーシルド（back-shield）を完全に実施すること：
　溶接作業で「アルゴンガス（または窒素ガス）」による「バックシールド」が不十分であると、「溶融鋼の酸化」による「溶融欠陥（酸化スケール）」が溶接部に生じる。したがって、ステンレス鋼管の溶接作業の可否は、この「バックシールド」の可否にかかっているといっても過言ではない。
　このため、溶接作業中、管内部（管内面）の酸素濃度が、「0.01%」以下になるように管理しながら、溶接する必要がある。ちなみに、表—3は、SUS溶接欠陥の発生原因とその対策を示したものである。

表－3　SUS溶接欠陥の発生原因とその対策

溶接欠陥発生原因	対　　策
アルゴンガスが溶接部にいたるまでに空気をまきこむ。	1）トーチノズルを溶接部に近づける 2）ガスを弱く出す。強く出すと回りの空気を引きこむ。
アルゴンガスの流量不足。	流量を上げる。
風の影響でアルゴンガスが流される。	1）風のないところで作業する 2）風防カバーを取付ける
ガスボンベよりトーチノズルにいたるまでに空気をまきこむ。	1）ホース類の破損状態のチェック 2）接続不十分個所のチェック

2）ねじ接合（threaded joint）

　「SUS配管のねじ接合」については、あまり耳にしたことは無いと思われる。
　その採用ケースは、非常に少ないものの、ステンレス配管の「ねじ接合法」は、蒸気配管や集合住宅の各戸の「水道メータ」廻りの配管など、機器（バルブなど）との接続が多い場所に現在でも使用されている。
　しかしながら、「一般配管用ステンレス鋼鋼管（JIS G 3448：SUS－TPD）」の場合には、薄肉管（例：Su40Aの場合の肉厚：1.2mm）で肉厚が薄いため、ねじを切ることができない。したがって、この場合には、「ねじ接続用溶接継手」を使用する必要がある。また、ねじを切るには「スケジュール管」のうちで「配管用炭素鋼鋼管（SGP）」の肉厚にちかい「スケジュール40」を使用する必要がある。

第3話 ステンレス鋼管と銅管の接合法

【ねじ接合法の作業手順と留意事項】

①管の切断

　管の切断には、「バンドソー」を使用する。ステンレスは、材質が硬いため「高速カッター」などを使用すると「バリ」が出やすく、どうしても「砥石」の消耗も激しくなる。なお、「のこ刃」としては、メタルブレード：18山の使用が推奨できる。鋼管用に使用した「のこ刃」は、絶対に避けること。

②ねじ切り機

　ねじ切り機（ねじ切り旋盤）自体は、鋼管用・ステンレス鋼管用の区別はなく、そのまま使用できるが、「チェーザ（ねじ切り刃）」は、管種によって分かれているので、「ステンレス鋼管用」のものを使用しなければならない。

　また、ねじ切り切削油には、「上水用」と「鋼管配管用」と「ステンレス配管用」とがある。ステンレス鋼の材質が硬いため、ねじ切削時の「焼き付ケ防止」と「ねじの仕上がり」をよくするため、粘り気があり潤滑性の極めて薄い「ステンレス鋼管専用」のオイルを使用しなければならない。

　なお、逆に配管用炭素鋼鋼管（SGP）の切削油として、この「ステンレス鋼管専用オイル」を使用すると、SGPに不良ねじの発生・漏水の原因となるので絶対に使用してはならない。

③シール剤

　シール剤は、「一般ライニング鋼管用防食シール剤（ヘルメシールNo.55）」ではなく、「ステンレス配管用シール剤（ヘルメシールNo.903・403）」が推奨される。その際は、「シールテープ」を巻くことは、かえって「漏水の原因」ともなるので不要である。

　なお、ヘルメシールNo.903を使用する場合には、前処理剤として配管の上に、「ヘルメシール・プライマー」を塗布する必要がある。

④ねじ込み管継手

　「ステンレス鋼管継手」の呼び径としては、基本的に100A（4インチ）まであるが、「径違いエルボ」・「径違いチー」に関しては、母管サイズ：50A（2インチ）までしか生産されていないので注意が必要である。

第3話 ステンレス鋼管と銅管の接合法

（2）機械的接合法
1）メカニカル継手による接合法

　一般配管用ステンレス鋼鋼管（JIS G 3448：SUS-TPD）のメカニカル接合法には、すでに表－1で示したように、メーカによって多種多様な方法がある。

　ここでは、その中で代表的なものを紹介しておく。ただし、いずれの接合法にしても、「ステンレス協会規格（SAS）」に基づく「認定品」を使用しなければならない。例えば、接合部品の装填順序を誤ったり、また「ガスケット」などを逆に充填したりすると、「漏水の原因」ともなるので各メーカ作成の「配管施工マニュアル」などの技術解説書をよく理解して施工する必要がある。

　なお、図－4は、以下に紹介する「メカニカル接合法」に採用される、「管継手」を一括して図示したものである。

①プレス式接合法（SAS322：図－4①参照）

　この接合法は、「プレス式管継手」・「ダブルプレス式管継手」を用いる接合法である。継手内部に「ゴム輪」を装填し、専用工具で加工してから、専用プレス工具で「プレス接合」する。加工時に、「管差込」が不十分だと「プレスの位置」が悪くなり漏水しやすい。

　配管口径は、概ね呼び径：13Su～60Suに適用される。専用プレス工具を必要とするが、接合時間が短く「作業性」がよいという特徴がある。

　一度締付けると、「取り外し」が困難であるため、施工後取り外しを必要とする場合には、後述の「圧縮式」や「ドレッサ形スナップリング式」などを併用するとよい。その他に、参考として示した「ダブルプレス式」がある。

　この継手は、「プレス式管継手」と酷似しており、管を差し込んだ後、2ヶ所同時に締め付ける「ダブルプレス式」を採用しており、差し込み不良の「うっかりミス」があっても強度は保証され、また「凹凸リング」を使用しているため、閉め忘れがあると「圧力検査」で必ず漏れがチェックできるという特徴を具備している。

②圧縮式接合法（SUS322：図－4②参照）

第3話 ステンレス鋼管と銅管の接合法

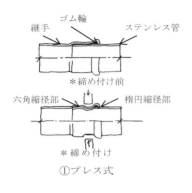

①プレス式

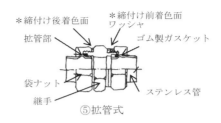

⑤拡管式

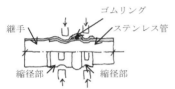

②

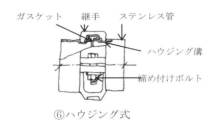

⑥ハウジング式

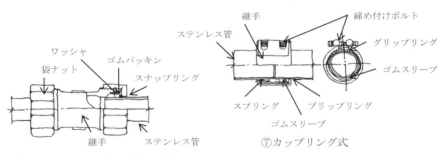

③ドレッサー形スナップリング式　　⑦カップリング式

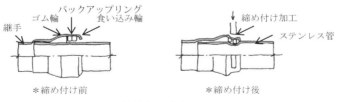

④グリップ式

図—4　各種メカニカル接合に使用される管継手
（図中のステンレス管は一般配管用ステンレス鋼鋼管）

第3話 ステンレス鋼管と銅管の接合法

　管端に「袋ナット」と「スリーブ」を装着し、継手の「ストッパ」に当たるまで差し込んだ後、確実に締め込んで接合する。配管口径は、呼び径：13Su〜40Suに適用される。「スパナ2本」で簡単に接合することが可能である。

　また、継手を一旦締め付け後も取り外しは可能である。

③ドレッサ形スナップリング式接合法（SAS322：図―4③参照）

　この接合法は、「ナット式接合法」の1種である。管端に「ミゾ付きコア」を挿入して、専用工具で「ミゾ加工」してから「袋ナット」を入れ、スナップリング・ワッシャ・ゴムパッキンを入れて、「袋ナット」を確実に締め込んで接合する。配管口径は、呼び径：13A〜80Aに適用される。

　管の「ミゾ付け」をする必要があるが、「パイプレンチ」により簡単に接合することが可能である。また、一度締め付け後も取り外しが可能である。

　「可とう性」があり、「抜けだし（スッポ抜け）阻止力」に優れている。

④グリップ式接合法（SAS322：図―4④参照）

　この接合法は、「プレス式接合法」の1種である。継手にゴム輪・バックアップリング・くい込み輪が装着されていることを確認してから、専用工具で「グリップ加工」して接合する。

　配管口径は、呼び径：13Su〜50Suに適用される。専用の「グリップ工具」を必要とするが、接合時間が短く作業性も良い。一度締め付けると取り外しが困難であるため、取り外しを必要とするような場合には、「圧縮式」または「ドレッサ形スナップリング式」などを併用するとよい。

⑤拡管式接合法（SAS322：図―4⑤参照）

　この接合法は、「ナット式接合法」の1種である。継手の袋ナットを管に入れてから、管端を専用の工具で拡管した後、「ガスケット」を入れて袋ナットを締めて接合する。管端をフレア（flare）に拡管してから、袋ナットを締め付けて接合するために、管が「スッポ抜ける」、すなわち「脱管」がないという特徴がある。なお、配管口径は、呼び径：13Su〜60Suに適用される。

⑥ハウジング式接合法（SAS361：図―4⑥参照）

　この接合法は、「可とう性」・「伸縮吸収性」に優れた特徴をもっており、部

材加工を行えば現場での作業性の向上が図れる。ハウジング式接合法は、かって「ヴィクトリックジョイント」という代名詞が使われていた時代がある。

これは、某メーカの商品名であり、現在では様々なメーカが大同小異の「ハウジングジョイント」を製作販売している。

ハウジングジョイントは、接続する管の両側にセルフシールの「リップ形ガスケット」をはめ、その上から「ハウジング」をかぶせ、ボルト・ナット、またはピンなどの手段で締め付けて流体を密閉し「脱落防止機構」を有する方式である。なお、配管口径は、呼び径：40Su～300Suで、大口径管にも採用することができるので、空調用設備配管などにも多用されている。

継手の形状種類としては、鋼管（SGP）の場合と同様に、「リング形」と「グルーブ形」の2種類に大別される。さらに、「リング形」は「角リング形」と「丸リング形」がある。また、「グルーブ形」には、「切削グルーブ形（カットグルーブ形）」と「転造グルーブ形（ロールグルーブ）」とに分類できる。

しかしながら、現在採用されているものは、現場でも「転造みぞ（roll groove）」を簡単に、加工することが可能な、「ロールグルーバー（roll groover）」という機械を利用して加工する「ロールグルーブ形」が殆どである。

⑦カップリング式接合法（SAS322：図—4⑦参照）

この接合法は、筆者が「バンデージ（包帯）継手」と呼んでいる、いわゆる「ワンタッチ式」の1種である。この接合方法に採用される継手は、「ストラブカップリング」として知られていたが、この命名も既述の「ヴィクトリックジョイント」と同様、某メーカの商品名である。

現在では、この継手に関しては、様々なメーカが市場参入している。

この接合法は、管をカップリング継手に差し込んだ後、2本のボルトを締め込むだけで接合を完了するもので、「可とう性能」を有し、中でも「グリップタイプ」は、「脱管防止機能」を具備している。

配管口径は、SAS322では現在呼び径：40Su～80Suまでしか規格化していないが、実際には上記の「ハウジング継手」と同様、大口径：300Aのものまで利用することができる。また、接合方法は、締め付けボルトを締め付けることによ

第3話 ステンレス鋼管と銅管の接合法

り、継手本体に内蔵されているスプリングや突起が「ゴムグリップ」を管の表面に圧着することにより、簡単に接合できる接合方法である。

2) ルーズフランジ接合法（SAS363）

記述のように、建築設備配管に広範囲に用いられている「一般配管用ステンレス鋼鋼管（JIS G 3448：SUS-TPD）」は、管の肉厚が薄く、管に直接溶接することは非常に難しい。そのため、図—5に示すように、管にフランジ接続用のアダプターである「スタブエンド（別名：ラップジョイント）」を溶接した、いわゆる「ルーズフランジ接合法」が用いられている。

フランジとしては、「鋼製溶接式フランジ（JIS B 2220）」に亜鉛めっきしたものが使用される。他には、鋼管・ライニング鋼管と同様に、図—6に示すよう

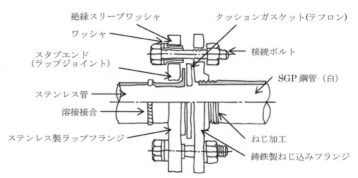

図—5　スタブエンド：ルーズフランジ接合法

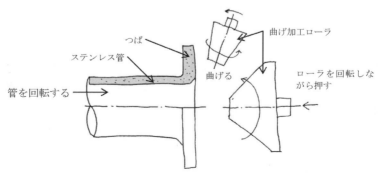

図—6　ルーズフランジ工法の管端つば出し加工

に「管端つば出し加工（別名：フレア加工）」による「ルーズフランジ工法」もある。なお、この場合、フランジガスケットとしては、「ノンアスベスト」をテフロンで挟み込んだ「テフロン（PTFE）包みガスケット」を使用しなければならない。

2．銅管の接合法

　銅管の接合法については、以下のように4つに大別できる。
①軟ろう付け接合法（soft soldering joint）
②硬ろう付け接合法（hard soldering joint・brazing joint）
③機械的接合法（mechanical joint）
④突き合わせ溶接接合（butt welding joint）
　現在、「はんだ付け」および「ろう付け」された製品は数多く使用され、新幹線を初めとする各種車輌配管の接続、自動車のラジエータ、そしてクーラを初めとする冷凍・空調関係の機器や宇宙航空機等があり、多くの製品にこの「はんだ付け」および「ろう付け」が用いられている。
　したがって、ここでは建築設備用銅配管の「はんだ付け／ろう付け」および「機械的接合法（メカニカル接合法）」についてのみ、解説することにする。

（1）はんだ付け接合法とろう付け接合法

　「ろう接」という用語があるが、これは「溶加材（「はんだ」または「ろう」）」によって、「ぬれ現象」（用語解説参照）によって接合する方法のことで、「はんだ付け」および「ろう付け」の総称である。
　ちなみに、「ろう接合」は、JISでは、「JIS Z 3001」に規定されている。

第3話 ステンレス鋼管と銅管の接合法

【用語解説】

ぬれ現象

溶融ろうが、接合面に馴染んで広がっていく現象。ろう接合面に"よくぬれる"条件としては、次の2点が重要である。
① 「酸化被膜」や「異物」のない清浄な接合面の確保
② 適正な「ろう付け」温度の維持・確保

　銅管と銅継手との「ろう接合」は、その間隙（ギャップ）を適切に保つことが最重要であり、その間隙は、「軟ろう」の場合は、「0.01mm～0.02mm、引張強度：約588MPa（60kgf/mm^2）」程度、「硬ろう」の場合は、「0.05mm～0.15mm、引張強度：約392～882MPa（40～90kgf/mm^2）」程度が最も良いとされている。この「ろう付け間隔」と「引っ張り強度」の関係を示したものが、図—7であるが、「間隙」が大きくなるにしたがって、引張強度が急激に降下するのが容易に読み取れるだろう。

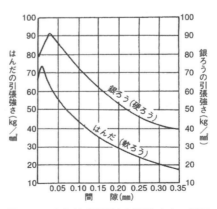

図—7　ろう付け間隔と引張強度との関係

第3話 ステンレス鋼管と銅管の接合法

1）「はんだ付け接合法」と「ろう付け接合法」の相異点

はんだ付けとは、英語で"soldering"といい、融点:450℃未満の溶加材（はんだ：solder）を用い、母材（銅管と管継手）をできるだけ溶かさないで、フラックスによる「ぬれ」や銅管と管継手間にできるわずかな隙間に生じる「毛管現象（capillarity phenomenon）」により、その隙間に「はんだ」を充満させることによる接合方法である。「はんだ」のことを「軟ろう（soft solder）」ともいい、「はんだ付け」のことを「軟ろう付け（soldering）」とも呼んでいる。

一方、「はんだ付け」に対し、融点：450℃以上の溶加材（ろう）を用いる接合法を「ろう付け（brazing）」という。また、「ろう」のことを「硬ろう（hard soder）」ともいい、「ろう付け」のことを「硬ろう付け（hard soldering）」とも呼んでいる。硬ろうによる接合法は、主として呼び径：40mm以上の銅管や特に強度を要する場合（ビルマルチ空調用冷媒銅管など）に採用する。

ちなみに、ろう付けの種類には、使用するろうの種類により、「りん銅ろう」・「銀ろう」・「アルミろう」・「ニッケルろう」・「金ろう」等々があるが、最も一般的なものが「りん銅ろう」と「銀ろう」である。

2）使用する銅管と継手

一般に建築設備用として用いられる銅管は、「銅および銅合金継目無管（JIS H 3300）」である。なお、手で曲げられない「硬質銅管」と「焼き鈍し（焼鈍：annealing）」され、手で曲げることのできる「軟質銅管」とがある。

なお、「ろう接継手」には、建築設備配管用として、図—8に示すような、「銅および銅合金管継手（JIS H 3401およびJCDA 0001）」、給水用として「水道用銅管継手（JWWA H 102）」、一般冷媒用配管用銅管（JIS B 8607）の中にある「ろう付け管継手」がある。

「ろう接継手」では、溶融ろう（はんだ）が「毛管現象」により接合部の隙間に吸い込まれる現象を利用するので、適正な隙間：0.05mm〜0.15mmを確保することが既述のように最も重要である。口径が大きく（呼び径：40A以上）なると、隙間に「バラツキ」ができ適正な隙間が確保できなくなることが多い。

第3話 ステンレス鋼管と銅管の接合法

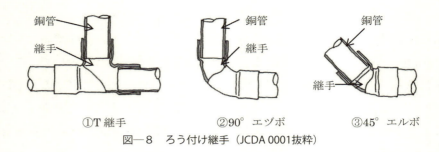

①T継手　　　　　②90°エヅボ　　　　③45°エルボ
図—8　ろう付け継手（JCDA 0001抜粋）

　隙間が「0.2mm以上」になると、「毛管現象」が十分に機能せず、「ボイド（用語解説参照）」などの欠陥が発生しやすくなる。

> 【用語解説】
> **ボイド（void）**
> 　接合部に、はんだや、ろうが十分に行き渡っていない（まわっていない）「欠陥ろう付け」の部分のこと。

3）はんだ

　一般に、建築設備用銅管に使用される「はんだ」の形状は、軟質の線状で「コイル巻き」になっている。はんだは、化学成分および形状は、JIS Z 3282で各種規格化されているが、建築設備用銅管の接合に多く用いられるのは、Sn-Ag系の「H96Ag3.5A（化学成分：Ag（銀）3.2～3.8％、残りはSn（すず））」である。

　すこし専門的な話になるが、このはんだの特色は、「固相線温度（約221℃：用語解説参照）」・「液相線温度（約221℃：用語解説参照）」が低くて流動性に優れているため、作業性に優れている。

　また、高温での強度も高く、身体・環境に優しい、すなわちPb（鉛）などの「有害な元素」を含まない。はんだとしては、Sn-Pb系は、通常使用しない。

註：JCDA＝日本銅センター規格（Japan Copper Developing Association）

> 【用語解説】
> **固相線温度**
> 　溶加材（はんだ・ろう）を溶融状態から冷却し、凝固が完全に終了する温度。逆に、加熱した時に「溶け始める温度」。
> **液相線温度**
> 　溶加材（はんだ・ろう）を溶融状態から冷却し、凝固を開始する温度。逆に、加熱した時に完全に「液体状態になる温度」。

　また、はんだ付けは、通常呼び径：32Su以下の銅管に使用される。その理由は、呼び径：40Su以上の銅管だと、「0.2mm以下の隙間」がなかなか得られないことによる。

4）フラックス

　フラックスは、母材金属と溶融ろうがぬれやすくするように、「接合面の酸化物」を溶解または還元し、これを除くとともに表面を覆い、酸化を防止する働きがあり、「はんだ付け」・「銀ろう付け」では必ず使用する。

　「りん銅ろう」を用いてろう付けする場合には、りん銅ろう中の「りん（P）」は、りん銅ろうの溶解が始まると活性化する。その結果、銅の酸化物を還元し「金属銅とする作用」、すなわち「自己フラックス作用」があるので、フラックスは必要としない。はんだ付けのフラックスには表—4に示すように、「塩化亜鉛（$ZnCl_2$）—塩化アンモニウム（NH_4Cl）」系のものが一般に使用されるが、過剰に塗布しないことと、作業終了後に残さず除去することが必要である。銀ろう付けのフラックス残さも、「湯洗」などにより除去することが望ましい。

第3話 ステンレス鋼管と銅管の接合法

表－4　フラックス組成の一例

組　成（g）				参考	
試薬1級 $ZnCl_2$	試薬特級 NH_4Cl	蒸留水	界面活性剤	比重	pH
55	6.1	44.5	0.5	約1.61	約2.6

5）ろう材の特質比較

　「ろう材」としては、既述のように、「銅及び銅合金（JIS Z 3262）」・「りん銅ろう（JIS Z 3264）」・「銀ろう（JIS Z 3261）」などがあり、その目的によって使い分けられる。銅管の接合には「りん銅ろう」では「BCuP-3」が、「銀ろう」では、「BAG-7・7A・7B」が多く用いられている。

◇りん銅ろう（copper phosphorous barazing filler metal）

　りん銅ろうである「BCuP-3」は、固相線温度（約645℃）と液相線温度（約815℃）との範囲が広いためろう付け温度：720℃〜815℃で、接合部のすきまが大きい大径管のろう付けに適している。「BCuP-3」に含まれるりん（P）がフラックスの役目をするので、フラックスを塗布しなくても接合でき、銀（Ag）が入っていることにより、ろうの流れがよく、高い接合強度が得られることである。

　なお、「りん銅ろう」は、銅および青銅の適合には適するが、黄銅・白銅の接合には不適当である。

◇銀ろう（silver brazing filler metal）

　「銀ろう」は、硬ろうの1種で、化学成分は、銀（Ag）・銅（Cu）・亜鉛（Zn）などからなり、銅管や黄銅管のろう付けに用いられる。

　作業温度が比較的低く、「ぬれ性」が良好で、しかも高温強度に優れているが、他のろうに比べて高価である。

　したがって、一般的には「りん銅ろう」が使用される。なお、「銀ろう」は、AlおよびMgの合金以外の銅および非鉄金属のろう付けに使用できる。

第3話 ステンレス鋼管と銅管の接合法

表-5　ろう付け接合の作業手順（1/2）

	手順	ポイント	手順の図解	
1	銅管切断	・端口は直角に、また潰さぬように（真円であること）する。 ・パイプカッターが切断には最も適している。外面にまくれができない。		・パイプを正しく切ること。
2	切断面バリ取り（ハンドリーマーかけ）	・特に内面の「バリ」「マクレ」が残らないようにする。 ・専用リーマーを使用するのが最も好ましい。		・カエリ落しを完全に行なう。
3	潰れ修正	・潰れ等変形した場合はサイジングツールで正しく修正する。		・真円に修正する。
4	継手と嵌合具合確認	・ギャップは0.05〜0.15mmが望ましい。		・さし込みは真直ぐにする。
5	接合面の仕上げ (1)スチールウールで磨く (2)ウエスで拭く	・銅管の外面、継手の内面をナイロンタワシ・スチールウール・サンドペーパー・ワイヤーブラシなどで磨く。 ・ウエスでよく拭き取る。		・管の外面、継手の内面を磨いて酸化皮膜を除く。
6	フラックスの塗布	・塗布はハケ（筆）を使用し指で直接塗らない。 ・銅管への塗布面は管端から次の距離、離れた部分とする。 | φD (in) | 長さ(mm) | | --- | --- | | 3/8以下 | 2 | | 1/2〜1 | 3 | | 1¼〜2 | 5 | | 2½以上 | 7 | ・銅管の内面には絶対に塗らない。 ・さし込んでまわせないような現地配管の場合は継手内面にも塗る。		・均一に塗る。塗り過ぎは禁物。 ・挿入後1〜2回転させると均一になじむ。
7	継手との嵌合	・嵌合部に塵埃をつけぬように、また止まり点まで完全にさし込む。 ・継手の「向き」に注意する。 ・全ての継手口に銅管を、例えばチーズには銅管3本、エルボには銅管2本。		・変形、ギャップ埃に注意しながら真直にさし込む。

（つづく）

第3話 ステンレス鋼管と銅管の接合法

表-5 ろう付け接合の作業手順（2/2）

8	接合部の加熱（トーチランプ又はプロパンバーナ）	・バーナーの炎を継手部に当てその部分が「紫色」になる程度まで加熱する。 ・加熱は一気に行なう。加熱のしなおしはできるだけさける。（加熱と銅表面の色の変化） [銅色]→[茶褐色]→[フレームの当たる部分が白っぽくなる]→[その円周が紫色]	（加熱トーチ　全体を均一に加熱）	・管と継手の継ぎ目にソルダーを置くと、解けるまで継手の継目部を中心に全体を一様に加熱する。
9	ソルダー（ろう剤）の溶かし込み	・ソルダーが炎で直接溶かされないように接合部から炎を離し、炎を当てた反対側から銅管と継手の境界部にろうを押し当てる。	（ろう材　曲げる　加熱　溶かし込む炎に注意）	・ソルダーの量は銅管円周長の1〜1.5倍（2mmφ）でろう付け前に長さを決めて折り曲げておく。
10	ソルダーが溶け込んだらバーナーを離し余分なソルダーを拭き取る	・ブラシかウエスで余分なソルダーを払いとる。 ・きれいなウエスで拭きとり、「緑青」の発生を防ぐ。	（フラックスを拭き取る）	・固まり際まで動かさないようにする。 ・なるべく早く水でフラッシングしてフラックスを洗い流す。

【ろう付け接合の作業手順】

表-5は、銅管ろう付け作業の作業手順（プロセス）を示したものである。この表を見れば、その作業手順は一目瞭然であるが、ここではその中でキーポイント（要点）を解説しておきたい。

①管の切断

管の切断は、「金のこ」または「パイプカッター」を用いて、管軸に直角に切断し「バリ（burr）」と呼ばれる、「内外面」の返りは「パイプリーマー（pipe reamer）、別名："burring reamer"や"やすり（file）"などで、管の小口断面積が減少しないように注意しながら削りとること。

ちなみに、配管工事用語で"バリ取りをする"の"バリ"は、英語の"burr（栗などのイガ）"がそのルーツである。

②接合部の前処理

管の外面や継手の内面には、「酸化皮膜」や「油脂」などが付着していると、「毛管現象」を阻害して、漏れの原因となりやすい。

第3話 ステンレス鋼管と銅管の接合法

その防止のため、「ナイロンタワシ」・「サンドペーパー」等で、銅管表面をよく磨き粉を布で拭きとっておくこと。

③フラックスの塗布

フラックスは、加熱によって「気化（evaporation）」するから、多量に使用すると「気化圧」のために、ろうの浸透を阻害して、漏れ発生の原因となる。使用する時は、よくかき混ぜて「専用ブラシ」で塗布すること。

ちなみに、その「塗布範囲」を示したものが図—9である。

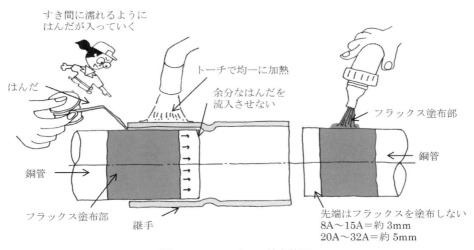

図—9　フラックスの塗布範囲

④ろう材の種類とろう融合温度

完全な接合をするには、「軟ろう」の場合には、300℃前後、「硬ろう」の場合には、700℃～850℃に銅管を均一に加熱すること。

なお、表—6は、ろう材の種類と、ろう接合温度を示したものである。

⑤ろう接合部の事後処理

ろう接合完了後は、湿った布などで、ろうやフラックスの「残留物（residue）」を完全にぬぐっておくこと。

第3話 ステンレス鋼管と銅管の接合法

表-6 ろう材の種類とろう接合温度

種類		記号	主成分（％）	ろう付け温度（℃）	固相線温度/液相線温度
硬ろう	りん銅ろう（JIS Z 3264）	BCuP-2	Ag P Cu — 6.8～7.5 残り大部分	735～840	約705 約805
		BCuP-3（HIブレーズ）	Ag(銀) P（りん） Cu（銅） 4.7～6.3 5.8～6.7 残り大部分	705～840	約640 約805
		BCuP-5	Ag P Cu 14.5～15.5 4.8～5.3 残り大部分	705～815	約640 約815
	銀ろう（JIS Z 3261）	BAg-1	Ag Zn Cd Cu 44～46 14～18 23～25 14～16	620～760	約605 約620
		BAg-2	Ag Zn Cd Cu 34～36 19～23 17～19 25～27	700～845	約605 約700
		BAg-7	Ag Zn Sn Cu 34～36 19～23 17～19 25～27	650～760	約620 約650
軟ろう	錫・銀ハンダ	Hソルダーワイヤー	Ag（銀） Sn（錫） 3.5 96.5	300前後	約220 約220
	ハンダ（JIS Z 3282）	H50A	Pb（鉛） Sn（錫） 50 50	260～270	約183 約215
	ハンダ	ワイヤープラスタン	Pb Sn 60 40	270～280	約183 約238

注）HIブレーズ、Hソルダーワイヤーは東洋フィッティング㈱商品名、ワイヤープラスタンは青木メタル㈱商品名
（住友金属工業㈱ 技術資料）

（2）機械的接合法（メカニカル接合法）

　機械的接合法（メカニカル接合法）は、図—10（a）・（b）・（c）・（d）に示すように、「圧縮式スリーブ管継手（JCDA 0003）」・「プレス式管継手（JCDA 0004）」・「フレア式管継手（JCDA 0005）」・「分割式管継手（JCDA 0006）」などがあり、いずれも静水頭：100m以下で使用される。

第3話 ステンレス鋼管と銅管の接合法

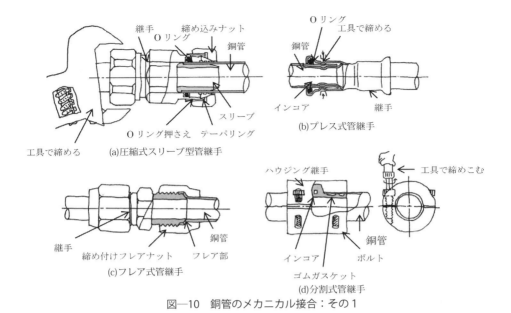

図—10 銅管のメカニカル接合：その1

なお、冷媒配管用には、「冷媒用フレア及びろう付け管継手（JIS B 8607）」があり、銅管外径：19.05mm以下、圧力：4.15MPa（約0.42kgf/mm^2）以下で使用される。

その他に、図—11（a）・（b）に示すような「圧縮リング型継手管継手」や「ダブルフェルール（用語解説参照）型管継手」も使用されている。

【用語解説】

フェルール接合（ferrule joint）

銅管のメカニカル接合法の一つで、「袋ナット」で「そろばん玉状」のリングを締め付けて接合する方法。

別名：ソロバン玉ジョイント。空気配管によく使用される。

第3話 ステンレス鋼管と銅管の接合法

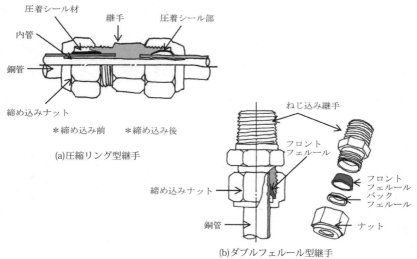

図—11　銅管のメカニカル接合：その2

　ちなみに、大口径冷媒管の接合には、「冷媒用管フランジ（JIS B 8602）」が用いられる。なお、その作業手順等については、継手メーカ作成の「マニュアル」等を参照されたい。

おわりに

　第3話では、限られた紙面の中で、「ステンレス鋼管の接合」と「銅管の接合法」につて、その本質（エッセンス）のみを解説させていただいた。

　第3話で紹介しきれなかった、貴重な資料やステンレス鋼管・銅管の接合法についての知識に関して、さらに深く学習したい諸氏には、以降に参考文献を紹介しておくので参考にされたい。

　なお、JSPE：給排水設備研究会主催の配管技能研修会：第二日目の「ステンレス配管」と「銅管」の受講研修枠がすぐに定員に達してしまう。

　筆者は、この二つの配管材に対する関心が高まっている証だと考えている。

第3話 ステンレス鋼管と銅管の接合法

【引用・参考文献】
(1)「空気調和・衛生工学会便覧第13版」／5材料・施工維持管理篇／第8編材料とその耐久性／第1章管および継手，(社)空気調和・衛生工学会・2001年（平成13年）11月
(2)「Tea Breakを取りながらマスターできるー空調設備配管設計・施工の実務技術」，安藤紀雄，理工図書㈱，1992年（平成4年）2月
(3)「新版建築用ステンレス配管マニュアル」，ステンレス協会建築用ステンレス配管マニュアル委員会編，ステンレス協会，平成9年7月
(4)「改訂：ステンレスの初歩」ステンレス協会広報委員会編，ステンレス協会，平成15年9月
(5) JSPE：給排水設備研究会・人材育成研究会主催・配管技能講習会テキスト：「ステンレス鋼管の接合法『ステンレス鋼管メカニカル接合の基礎知識』」小池道広・佐藤貴司共著・2004年（平成16年）9月
(6) JSPE給排水設備研究会・人材育成研究会主催・配管技能講習会テキスト・「ステンレス鋼管の接合法『ステンレス鋼管の溶接接合の基礎知識』」，安藤紀雄，2004年（平成16年）9月
(7)「銅配管はんだ付けマニュアル」，(社)日本溶接協会貴金属ろう部会技術委員会，(社)日本銅センター，平成5年5月
(8)「銅配管ろう付けマニュアル」，(社)日本溶接協会貴金属ろう部会技術委員会・(社)日本銅センター，平成4年7月
(9) JSPE給排水設備研究会・「銅管の接合法『建築設備用銅配管の「はんだ付け・ろう付け』」原田洋一，2004年（平成16年）9月

第4話 樹脂管の接合法

はじめに

　第1話建築設備配管材料の雑知識の4．非金属材料の項で、「硬質ポリ塩化ビニル管（JIS K 6741）」・「水道用ポリエチレン管二層管（JIS K 6762）」・「架橋ポリエチレン管（JIS K 6769）」・「ポリブテン管（JIS K 6778）」などの、いわゆる代表的な「樹脂管（Plastic Pipes）」について、紹介した。
　そこでこの第4話では、これら樹脂管の「接合法」と「その施工上の留意点」に関する基礎知識について紹介することにしたい。

1．硬質ポリ塩化ビニル管の接合法

　1956年（昭和31年）1月に、「日本水道協会規格（JWWA）規格」として、「水道用ビニル管（JIS K 6742：VP）」が制定されて以来、現在まで数回の改訂がなされ、材質面の強化と対象管径の拡大が図られてきた。
　すなわち、JIS規格の改定・「TS式差込み接合法（TS接合法）」の開発、耐衝撃性硬質ポリ塩化ビニル管（HIVP）の開発・「ゴム輪接合法（RR接合法）」の開発等、製造技術の進歩に伴い、「水道（ちょっと一息！参照）用管材」として優れた

第4話 樹脂管の接合法

機能を保有する「硬質ポリ塩化ビニル管（VP）」がこの世に送りだされてきた。

【ちょっと一息！】
中国語で「水道」は何という？

　筆者は、長年（10年近く）国連用語にもなっている、「中国語（普通話）」の学習を続けてきた。仕事がら、「水道」は中国語で何という？かを調べてみた。
　その結果、「水道（上水道）」は、中国では「自来水（zi・lai・shui）」ということが判明した。漢字の様子から、筆者には日本の「水道」より、こちらの「自来水」のネーミングの方があかぬけて（sophisticated）見えるのだがどうだろうか？ちなみに、「水道局」のことは、「自来水公司」という由。

　樹脂管は、腐食に強い材料ではあるが、樹脂管の代表選手である「硬質ポリ塩化ビニル管（VP）」は、一般的に「衝撃性（impact）」に乏しく（HIVPは開発されたが・・・）、傷が付きやすく、そこを起点に亀裂・破断が起こりやすいという欠点がある。さらに、「熱線膨張係数（lineal expansion coefficient）」が鉄の約7倍もあり「伸縮対策」が必要等、取り扱い上の注意点が多い管材である。
　また、有機溶剤（organic solvent）に「膨潤溶解」され、例えば殺虫剤・塗料・防腐剤（クレオソート油）・白アリ駆除剤など、同じ有機溶剤でも温度・濃度により侵され方が異なる。
　したがって、これらの有機溶剤に直接接触しない、例えば建築現場などでよく遭遇することであるが、クレオソート油を塗布した「木製根太」の上にVPを直に転がし敷設しないなどのような、「施工上の注意」が不可欠である。これらの注意点は、概ね他の樹脂管にも該当するので、心に留めておく必要がある。なお、「合成樹脂材料の劣化」の詳細に関しては、参考文献(15)を参照されたい。

　ところで、硬質ポリ塩化ビニル（PVC：Poly Vinyl Chloride）を使用した「硬質ポリ塩化ビニル管（VP）」の接合法には、
①接着接合法（TS式差込み接合法）

第4話 樹脂管の接合法

②ゴム輪接合法（RR接合法）
③フランジ接合法（テーパコアフランジ接合法）
④他種管との接合法がある。

　ここでは、紙面の都合上、①・②・③および「耐火二層管」の4つの接合法について概説する。まず、硬質ポリ塩化ビニル管（VP・VU）の各接合に入る前に、硬質ポリ塩化ビニル管の「管切断法」と「管継手」について簡単に触れておきたい。

（1）硬質ポリ塩化ビニル管の管切断方法

　どの配管材料でも共通することではあるが、まず管軸に対して直角に、「切断線」を記入し「専用のカッタ」や比較的目の細かい「のこぎり」で切断線に沿って切断する。切断面に生じた「バリ（burr）」や「くいちがい（gap）」を平らに仕上げ、接着接合（TS式差込み接合法）の場合には「糸面取り」を、ゴム輪接合法（RR接合法）の場合には「面取り器（リーマ・やすり・ナイフ等）」で管厚の1/2程度（約15°）の「面取り」を行うこと。

（2）硬質ポリ塩化ビニル管の管継手

　硬質ポリ塩化ビニル管に採用される管継手には、以下のように4種類がある。
①硬質ポリ塩化ビニル管継手
　塩化ビニル樹脂を「射出成形機」により製造した製品（A型継手）と塩化ビニル管を加工した製品（B型継手）に区分される。一般に、A型継手は接着剤を用いた「接着接合法（TS接合法）」に用いられ、B型継手は「接着接合法（TS接合法）」および「ゴム輪接合法（RR接合法）」の両方に採用される。
②FRP製管継手
　硬質ポリ塩化ビニル製管継手の「大口径管分野」を補完する管継手で、既述の硬質ポリ塩化ビニル製管継手と同様に「耐食性」に優れている。この継手は「ゴム輪接合法（RR接合法）」に用いられている。
③鋳鉄製管継手
　ダクタイル鋳鉄（用語解説参照）製の硬質ポリ塩化ビニル管用管継手である。耐

食性を保持するために、内面に「エポキシ樹脂粉体塗装」をおこなった製品もある。
　この継手は、もっぱら「ゴム輪接合法（RR接合法）」に使用されている。

【用語解説】
ダクタイル鋳鉄（ductile cast iron）
　鋳鉄組織内にある、「黒鉛」を粒状化した鋳鉄で、この「黒鉛粒状化」のために、強度・じん性が「ねずみ鋳鉄」（後述）に比べて格段に優れている。ダクタイル鋳鉄は「ダクタイル鋳鉄管」として上下水道・ガス導管として使用されている（JIS G 5526）。

ねずみ鋳鉄（gray cast iron）
　ポンプやモータのケーシング、バルブあるいは排水管などに使用されている。破面が「ねずみ色（gray・grey）」であることから「ねずみ鋳鉄」と呼ばれる。鋼に比べれば強度は低いが、鋳造性・加工性に優れ、安価であることから広く使用されている（JIS G 5501）。

④鋼板製管継手
　FRP製管継手と同様に、大口径管用継手であり、加工性に優れていることから、種々の管継手が作られている。内外面は、一般に「タールエポキシ塗装」であり、「ゴム輪接合法（RR接合法）」に用いられている。

（3）TS式差込み接合法（TS接合法）

　本接合法は、通称「TS接合法」と呼ばれているが、"Taper Sized Solvent Welding Method"の略号で、「塩化ビニル管接合法」の代表的な接合法である。
　「TS接合」とは、一口でいえば、"テーパの受け口を持った継手と管の両接合面に接着剤を塗布して、表面の膨潤と管と継手の弾性を利用して管を接合する"接合

第4話 樹脂管の接合法

法である。さらに詳しく説明すると、管継手の「受け口」をテーパ状にして、「接着剤」（用語解説参照）による塩化ビニルの「膨潤性」と「弾力性」を利用したもので、接着剤の「受け口」と「差し口」を一体化する接合方法である。

【用語解説】

接着剤（adhesives）

　技能五輪国際大会の「職種15（Plumbing15）」の職種定義（technical discription）の2.2.4には、"PVC配管工事および構成部品に「溶剤タイプ」の「溶接接着剤」を用いてはならない。（The use of solvent weld adhesives on PVC pipe-work and components is not permitted.）"とはっきり規定されている。この規定は、西欧における「溶剤の使用禁止」を反映したものであると思われる。

　接着剤は、「塩化ビニル溶剤（polyvinyl chloride solvent）」であるので、接着剤の塗布面が「溶解膨潤」し、約0.1mmの「膨潤層（swelling layer）」ができ、接着剤を塗る前に比べると、管の外径は小さく管の内径は大きくなり、図―1に示すように、接着剤を塗らずに差し込んだ位置、すなわち「ゼロポイント」以上に深く差し込むことができる。このことを「流動差込み」という。

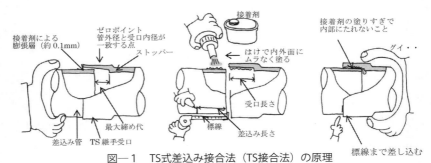

図―1　TS式差込み接合法（TS接合法）の原理

さらに、力を入れて差込むと「塩化ビニルの弾性」により、管は「縮径」し、管継手は広げられるので、さらに奥まで差込むことができる。

これを「変形差込み」という。管を差込んだことにより、管後方にはみ出した接着剤が管と管継手のすき間を充填し、そのすき間が0.2mm以下であれば、そのすき間は「接合強度」を保持するが、これを「はみ出し接合」という。

２）TS式差込み接合法の作業手順と注意事項

①必要材料・工具類の確認

　先ず、表－１に示すような、本接合法に必要な材料・工具類がそろっているかどうかの確認をすること。

表－１　TS差込み接合法に必要な材料・工具類

工具類	仕　様	使用目的
切　断　機	電気のこ、ジグゾー、またはのこぎり	管の切断
や　す　り		管切断後のばり取り、糸面取り
ス ケ ー ル		挿し口標線の測定など
けがきテープ	厚紙等	管の標線、切断けがき用
マジックインキ		切断線、標線の記入
ウ　エ　ス		管及び継手の清掃等
接　着　剤	JWWA S 101品 （水道用硬質塩化ビニル管の接着剤）	管の接合
刷　　　毛	動物毛	接着剤の塗布
て　こ　棒		挿入用
挿　入　機	容量0.5ｔ以上のプーラーなど	挿入用 （てこ棒挿入が困難なとき）
ワイヤーロープ	両端さつまむすび	挿入用

［注意事項］（1）刷毛及びその柄はプラスチックでないもの。
　　　　　　（2）使用工具については使用及び取扱い上の注意事項を厳守すること。

②材料の点検と配置と保管

　管・継手に「ひび割れ」や「ねじれ」、「その他の損傷」がないかどうかを点検し、配置場所に運搬・配置・保管（用語解説参照）する。

③管差込み口外面と継手受け口内面の清掃

　「差込み口外面」と「継手受け口内面」を「乾いたウエス」などで、きれいに

第4話 樹脂管の接合法

【用語解説】
塩化ビニル管保管上の注意事項
◇保管方法

　管は反り・変形等の防止および安全確保のため、屋内に「井げた積み」・「千鳥積み」等の横置きとし、「ごぼう積み」は避けること。また、端部には「荷崩れ防止」のため、「端止め材」をかけること。

◇管の屋外保管

　やむを得ず屋外に保管する場合には、管の反り・変形や「光による劣化防止」のため、簡単な屋根を設けるか、熱気のこもらない方法で、シートをかけて、「直射日光」を避けること。

◇管の立て掛け保管

　やむを得ず立て掛け保管をする場合には、安全確保のため、「ロープ掛け」などの「倒れ防止措置」を施し、併せて管に変形が生じないように配慮すること。

◇継手の保管：継手も管と同様、屋内保管とし、やむを得ず屋外保管をする場合には、シートを掛け保護すること。

　特に「ゴム輪製品」については、「直射日光」に当たると、「ゴム輪」が劣化するので、必ず覆いを掛けて保管すること。

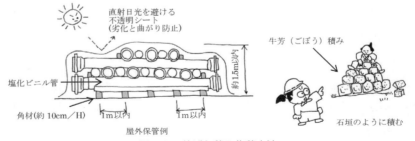

図—2　井げた積み集積方法

拭き取る。油分や水分が付着していると、どうしても「接着剤」をはじき、接着効果が発揮されない。油などの汚れがひどい時は、「アセトン」・「シンナー」などで拭き取っておくこと。

なお、作業中の軍手などは、油分や水分の付着したものが多いので、絶対に「ウエス替わり」に使用してはならない。

④差込み標線の記入

管端より継手受け口長さを測り、図－3に示すように、「マジックインキ」などで「差込み標線」をマーキング（記入）する。その標線により、挿入力保持に対する確認と配管後の差込み深さを検査することができる。

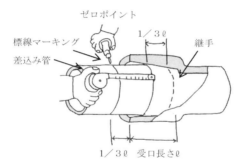

図－3　差込み標線のマーキング（記入）

⑤ゼロポイントの事前確認

接着剤を塗布する前に、管を管継手に軽く差込み、「管の止まる位置（ゼロポイント）」の確認をすること。

この場合の管の挿入長さは、図－4に示すように、管端面から受口長さ：ℓ（エル）に対し、$1/3 \sim 2/3\ \ell$になるような、「管と管継手との組み合わせ」が標準である。

第4話 樹脂管の接合法

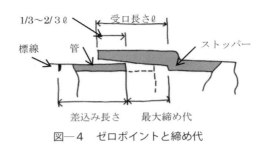

図—4　ゼロポイントと締め代

⑥接着剤の塗布

　図—5に示すように、継手受け口内面（特に奥部）および管差し口外面（標線位置まで）に、水道用硬質ポリ塩化ビニル管用の「接着剤（JWWA S 101：日本水道協会規格）」を刷毛で均一に素早く塗布すること。

図—5　接着剤の塗布要領

　強いて言えば、受け口内面は薄く均一に塗布し、差し口には、受け口よりやや厚めに塗布するとよい。なお、管は標線以上に、はみ出して塗布してはならない。接着剤の保管・取扱い上の留意事項に関しては、以下を参照のこと。

【接着剤の保管・取扱い上の留意事項】
◇接着剤は、消防法に規定された危険物の「第4類第1石油類（非水溶性）」に該当するので、保管・取扱いに当たっては、消防法・市町村条例に従うこと。

第4話 樹脂管の接合法

◇接着剤は、「冷暗場所」に保管すること。
◇密閉された室内で、接着剤を使用する場合、当該室の換気を十分に行うこと。
⑦差込み作業および保持時間等

　接着剤塗布後は、管を継手に軽く差込み管軸を合わせた後、すばやく差し受け口に標線を目安に一気に差し込むこと。なお、「ひねりながらの差し込み」は避け、また、「たたみ込み」は絶対に行ってはならない。

　差し込んですぐに「挿入力」を取り除く（unloading）と受け口テーパの影響で管が抜け出してくることがあるので、挿入後はしばらく管が抜け出さないように抑え付けておく必要がある。

　この時の標準抑え時間は、施工時期にもよるが、概ね表—2に準拠した時間とする。冬の場合は、この時間の2倍程度を見込む必要がある。

表—2　TS差し込み接合法の標準抑え時間

呼び径（mm）	50以下	75以上
標準抑え時間（sec）	30以上	60以上

　接合後、はみ出した接着剤は、漏水の原因ともなるので、ウエスで直ちに拭き取っておくこと。「呼び径：75A以上」の塩化ビニル管（VP）の差し込み作業や溝の中で手で差し込みにくい塩化ビニル管の差込み作業には、図—6に示すような「てこ棒による差込み」や図—7に示すような「挿入機（接合治具）による差し込み」を行うこと。

図—6　てこ棒による差し込み

第4話 樹脂管の接合法

図—7　挿入機による差し込み

⑧接合完了後の注意点

　接合完了後は、接合部に曲げ・引張りなどの無理な力をできるだけ加えないことが肝要である。なお、通水を開始するのは、少なくとも8時間後とする。

⑨適切な接着剤の使用

　夏期炎天下や大口径管の接合においては、挿入するまでに「接着剤」が乾いてしまうおそれがあるため、乾燥速度を落とした「専用の接着剤」を使用するのが

【用語解説】

ソルベント・クラッキング（solvent cracking）

　この現象は、TS接合法において、塩ビ配管終了後、通水した時に低い圧力にもかかわらず、配管が破損する現象。その発生要因としては、以下のようなことが考えられる。

◇配管後、接着剤（溶剤：solvent）の蒸気が、管内に存在している（接着剤の多量塗布と管が密閉状態になっている場合）。

◇残留応力が作用している（配管時に生曲げが行われた場合）。

◇配管時の周囲温度が低温である。通常5℃以下で起こることが多いが、10℃くらい程度でも発生することが多いので、寒冷地での施工では、特に留意をすること。

望ましい。一般の接着剤以外に「耐衝撃性硬質ポリ塩化ビニル管（HIVP）」の場合、専用の接着剤を使用しないと「接着強度」は保証されない。

⑩その他

　非常に細かい話になるが、漏水防止の観点から冬期においては、特に管継手内面への接着剤の「過剰塗布」を防止し、漏れ出し接着剤（溶剤）を完全に拭き取ると同時に、管内に充満した接着剤の「溶媒蒸気の滞留」による内面の「亀裂発生事故：ソルベント・クラッキング（用語解説参照）」を防止するため、管内の通風状態を良好にするように配慮する必要がある。

（2）ゴム輪接合法（RR接合法）

1）ゴム輪接合法の原理

　本接合法は、通称"RR接合法"とも呼ばれているが、その命名は、"Rubber Ring Method"に由来する。本接合方法は、一言でいえば"管または異形管の接合部に、予め「ゴム輪」を装着できる「受け口」を形成し、管の「差し口」と「ゴム輪表面」に滑材を塗布して、挿入接合する"接合方法である。

　なお、この時差し口の端面は、「挿入抵抗」を小さくする目的で、図―8に示すように、規定の「面取加工（約15°）」を施す必要がある。また、本接合法は、図―9に示すように、管および管継手の「受け口溝部」に装着された「ゴム輪の反発弾性」を利用して、水密機能を持たせたものである。

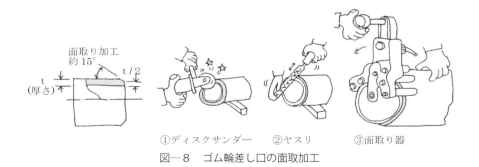

①ディスクサンダー　②ヤスリ　③面取り器

図―8　ゴム輪差し口の面取加工

第4話 樹脂管の接合法

　なお、既述のように「ゴム輪接合法（RR接合法）」は、主として口径：50A以上の排水管に採用される。

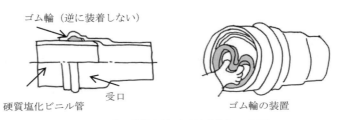

図―9　ゴム輪接合法（RR接合法）の原理

2）ゴム輪接合法の作業手順と注意事項

①必要材料・工具類の確認
　先ず、表―3に示すような、本接合法に必要な材料・工具類がそろっているかどうかを確認すること。
②材料の点検と配置と保管
　「TS差込み接合法」の②に準ずる。
③管およびゴム輪の清掃
　ゴム輪を外し、ゴム輪・ゴム輪溝および挿入管端をウエスで清掃する。
　特に「ゴム輪背面」に砂などの異物が付着したまま挿入すると、「漏水の原因」となるので、「ゴム輪溝」を念入りに清掃すること。
④ゴム輪の装着方法
　ゴム輪内面を水で濡らして、ゴム輪を図―10に示すように「ハート型」にしてゴム輪溝にはめ込むこと。
　ただし、水の代わりに「石けん水・溶剤」などを使用しないこと。ゴム輪の装填の際、呼び径：200A以上は、「リップタイプ」のゴム輪を使用するが、「ゴム輪」に方向性があるので、前後を間違えないように事前に「装着方向」を注意深く確認して装着すること。

第4話 樹脂管の接合法

表―3 ゴム輪接合法（RR接合法）に必要な材料・工具類

	材料・工具類	仕　　様	使用目的
共通工具	切断機	電気のこ、ジグソー、またはのこぎり	管の切断
	面取機	面取カッター、サンダー、平やすり	管切断後の挿し口面取およびバリ取り
	スケール		挿し口標線の測定など
	けがきテープ	厚紙等	管の標線及び切断けがき用
	マジックインキ		切管時挿し口標線の記入
	ウエス		滑剤塗布面の清掃、その他
	滑剤	メーカー指定品	挿入時の摩擦の減少
	刷毛		滑剤の塗布
	てこ棒		挿入用
	挿入機	容量0.5 t 以上のプーラーなど	挿入用（てこ棒挿入が困難なとき）
	ワイヤーロープ	両端さつまむすび	挿入用
	チェックゲージ		ゴム輪装着状態の確認用
継手用工具	接着剤	JWWA S 101品	片挿しソケットと管との接合
異形管用工具	刷毛	動物毛	接着剤の塗布
	スパナおよびトルクレンチ		ボルト締め付け用

［注意事項］使用工具については、使用及び取り扱い上の注意事項を厳守すること。

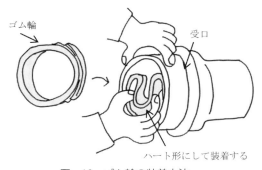

図―10　ゴム輪の装着方法

⑤滑材の塗布

　「滑剤（lubricant）」は、TS接合法の接着剤（adhesive）と全く異なり、管を挿入する際の摩擦力を減少させる目的で使用するものである。

第4話 樹脂管の接合法

　図—11に示すように、刷毛で「押し込み標線」まで塗布すること。特に「面取部」には十分塗布すること。なお、滑剤は「メーカー指定品」を使用し、滑剤の代わりに油・グリース・石けん等の使用は絶対に避けること。

　滑剤塗布後は、土砂などが付着しないように注意して挿入接合すること。

図—11　滑剤の塗布範囲

⑥管挿入接合作業

　管を挿入したら、TS接合法の場合と同様に、「てこ棒」や「挿入機（接合ジグ）」などを使用して、図—12に示すように、軸心（alignment）を合わせて「標線」まで完全に挿入すること。

　この場合、ハンマーなどでたたき込むようなことをしてはならない。

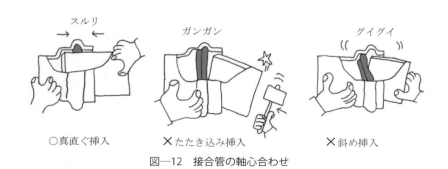

図—12　接合管の軸心合わせ

⑦完全接合確認作業

　管挿入後、図—13に示すように、「全円周」にわたってゴム輪が正常な状態かどうか「チェックゲージ（Check Gauge）」で確認する必要がある。

　もし、「チェックゲージ」が規定の長さ以上に入る場合には、ゴム輪が溝から脱落しているので、引抜き後ゴム輪を正常な状態に修正し、再度挿入しなければならない。

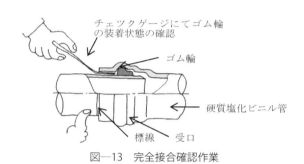

図—13　完全接合確認作業

（3）フランジ接合法（テーパーコアフランジ接合法）

1）フランジ接合法の原理

　本接合法は、別名：「テーパコアフランジ接合法」とも呼ばれるように、硬質ポリ塩化ビニル管に、「テーパコア」を利用して、「接続フランジ」を取り付け、ボルト締めによる「フランジ接合」を行う方法である。

2）フランジ接合法の作業手順と注意事項

①必要材料・工具の確認

　本接合に必要な材料・工具（加熱用具・接着剤・テーパコア・テーパフランジ等）がそろっていることをまず確認する。

②管端の加熱

　図—14に示すように、「テーパコア」を挿入する部分を軟化するまで、バーナーで加熱する。

第4話 樹脂管の接合法

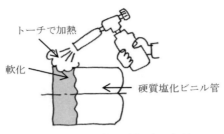

図—14 テーパコア挿入部の加熱

③接着剤の塗布

　加熱完了後、管内面およびテーパコアに接着剤を塗布する。

④テーパコアの挿入

　　図—15に示すように、管に「テーパフランジ」を通した後、平面上においた「テーパコア」に管を挿入する。挿入は、テーパコアの「テーパ部」までとし、コアの平行部全体が管の中に入りこまないようにする。

　また、軸心とコアのガスケット面が直角になるように注意する。

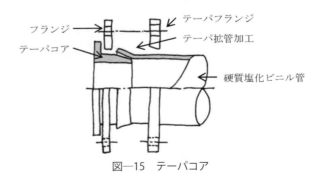

図—15　テーパコア

⑤管の接合作業

　　図—16に示すように、どの部位をとっても、「フランジ面間距離」が等しくなるように、フランジボルトで緊結し、「片締め」にならないように注意する。

第4話 樹脂管の接合法

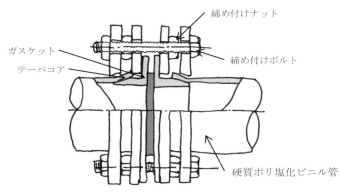

図—16　テーパコアによる管接合

(4) 耐火二層管の接合法

　防火区画貫通対策として、硬質ポリ塩化ビニル管の外面を「繊維補強モルタル」の「耐火材」で被覆した「排水・通気用耐火二層管」と「換気用硬質ポリ塩化ビニル耐火二層管」があるが、これらは「メーカー規格」の製品である。

　管の使用側へ内管を「挿入代」だけ「木ハンマ」でたたいて移動させ、外管の切断所要寸法の箇所に「油性ペン」などで標線を付ける。標線に沿って目の粗い金のこで外管・内管とも一気に切断する。

　図—17に示すように、移動した「挿入代」を左右均等に埋め戻し、硬質ポリ塩化ビニル管の「TS差込み接合法」に準じて接合を行う。内管接合後は、接合部に「目地施工」を規定の寸法で行う。管の伸縮による割れやすいので注意する。なお、「伸縮継手」を用いる場合には「ゴム輪接合（RR接合）」とする。

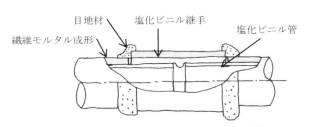

図—17　耐火二層管の接合および目地施工状態

2. ポリエチレン管の接合法

　1953年（昭和28年）に製品化された、「ポリエチレン管（PE）」は、水道用給水管や一般用鉱工業向け配管、農業・土木用集配水管など、広く使用されてきた。1998年（平成10年）にJIS規格が改正され、規格名称が「水道用ポリエチレン二層管（JIS K 6762）」として、水道用は「二層管」のみとなった。

　ちなみに、「水道用ポリエチレン二層管」は、管内層を「ポリエチレンナチュラル層」とすることによって、過去に用いられていた「単層管」の弱点であった、「耐塩素水性」を付与させるとともに、「管外層」は、長所である「耐候性」を考慮した「黒色層」とした管である。

　その他のポリエチレン管の特徴である、柔軟性・施工性・耐食性・耐寒性・衛生性等は、従来のポリエチレン管と変わらず、「長尺の巻き管」による供給方法にも変更はない。また、追い風となるように、1999年（平成11年）3月31日付け、国土交通道路局から、"電線・水管・ガス管・下水道管を地下に埋設する場合における埋設深さについて"という通達が各地の地方建設局等へ発布され、「国道下浅層埋設」も許可された。

　ところで、ポリエチレン管（PE）の接合法には、
①熱融着式継ぎ手（H種継手）接合法
②電気融着式継手（E種継手）接合法
③メカニカル式継手（M種継手）接合法がある。

（1）熱融着式継手（H種継手）接合法

　管の差し口と管継手の受け口を「加熱溶融」して接合するもので、特に「加熱温度」に注意しなければならないことから、自動式の「専用機械」を使用することが望ましい。手作業で行う場合には、「治具」と「電熱」または「トーチランプ」で約220℃に加熱し、これに「差し口」と「受け口」を差し込んで溶融させ、両方が一様な溶融状態であることを確認した後、「治具」から外して管と管継手を一直線に差し込んで「融着接合」する。なお、接合部が冷却するまで2～3分間保持する必要がある。

ちなみに、接合作業を開始する前に、「接着面」および「治具表面」を清掃しておかねばならない。

(2) 電気融着式継手（E種継手）接合法

最近では、「施工性の向上」をターゲットとして、「ヒータ」を使用しないで、「融着接合」が可能な「電気融着式継手（E種継手）」を使用する、「エレクトロヒュージョン（EF：電気融着）」接合システムが開発され、使用されるようになってきている。この接合システムは、管受け口内側に内蔵された「電熱線」に電気を通すことにより、管外面と管継手面の相互を溶融し、融着させる工法である。

(3) メカニカル式（M種継手）接合法

本接合法は、専用の「クランプ式管継手」を用いて、図―18に示すように、樹脂管とのシール部を「袋ナット」・「割りリング」などで締め付けることにより、「水密性」を保持する接合法である。

「ねじ結合式」であるので、汎用の工具で簡単に管接合できるという利点がある。「水道用ポリエチレン管金属継手（JWWA B 116-95）」の規格として、数種類の管継手が市場に出回っている。

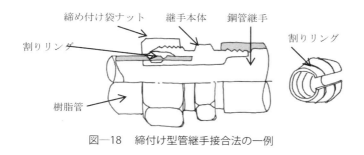

図―18　締付け型管継手接合法の一例

第4話 樹脂管の接合法

3．架橋ポリエチレン管の接合法

　架橋ポリエチレン管（PEX）が、我が国で「暖房用温水・その他」の配管材料として、利用されるようになってかれこれ50年近くになる。

　この管材は、「プラスチック材」の優れた特徴である軽量・可とう性・衛生性・低温維持特性等の諸性質を全て引継ぎ、さらに「分子構造的な改質（用語解説参照）」を行うことによって、長期耐熱性・耐久性・化学的安定性等を大幅に向上させた「画期的な配管材」である。

　架橋ポリエチレン管工業会は、「工業会規格」を制定し、1991年（平成3年）には、これらをもとに温度：95℃以下の水に使用する「日本工業規格」としての

【用語解説】

架橋ポリエチレン（cross-linked polyethylene）

　この分子構造の「架橋ポリエチレン」とは、「熱可塑性プラスチック」としての「鎖状構造ポリエチレン」のところどころを結合させ、立体の網目構造にした「超高分子量」のポリエチレンのことである。

　したがって、「架橋反応」が終了した時点で、ポリエチレンはあたかも「熱硬化性樹脂」のような「立体網目構造」となり、耐熱性・クリープ性能がともに向上する。ポリエチレンと架橋ポリエチレンの分子構造の比較を図—19に示す。

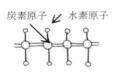
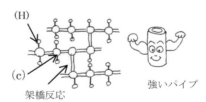

①ポリエチレン　　　②架橋ポリエチレン

図—19　ポリエチレンと架橋ポリエチレンの分子構造比較

「架橋ポリエチレン管（JIS K 6769）」が制定されるとともに、この種の管を接合する継手として、「架橋ポリエチレン管継手（JIS K 6770）」が制定された。

その後、架橋ポリエチレン管は、「水道用配管材料」の使用実績が多くなってきたことから、「通商産業省工業技術院」の指導のもとに、1997年（平成9年）に「水道用架橋ポリエチレン管（JIS K 6787）」が制定されるとともに、この種の管継手として、「水道用架橋ポリエチレン継手（JIS K 6788）」が合わせて制定された。

（1）電気融着式継手（E種継手）接合法

JIS K 6769に規定されているE種継手接合法は、JIS K 6770に規定するE種継手を用い、一方、JIS K 6787に規定するE種継手接合法には、JIS K 6788に規定するE種継手を用いる。本接合法は、「二層管」に使用されるが、図—20に示すように、「管継手構造」および「その施工法」は、「ガスポリエチレン」および後述の「ポリブテン管」のE種継手接合システムと同様である。「架橋ポリエチレン樹脂」は、融着が難しいため、「管外層」および「管継手内層」を融着しやすい「非架橋層（図—20参照）」とした点にその特徴がある。

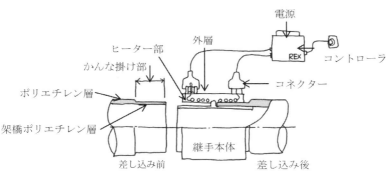

図—20　電気融着式継手（E種継手）の構造および架橋層と非架橋層

①必要工具

接合作業に必要な工具類は以下の通りである。

◇切断工具：パイプカッター・ニッパー

第4話 樹脂管の接合法

　　◇仕上げ工具：専用カンナ・電動ドリル
　　◇融着工具：専用コントローラ・サインペン（油性）
②接合原理
　図—20に示すように、継手の「非架橋部」に内蔵された「電熱線」を通電することにより、管・継手の「非架橋部同士」が融合して接合される。
　なお、通電は、「専用コントローラ」を使用することにより、誰でも容易に確実な「融着接合」が可能となっている。
③施工手順と注意点
　◇「樹脂専用カッター」を用いて、管軸に直角に管を切断すること。
　◇「専用のスクレーパ」を用いて、管の外面を「切削（かんな掛け）」すること。なお、かんな掛けした管表面は、手で触れたり地面の上に置いたりせず、ただちに「継手」に差し込むこと。
　◇継手受口に管が動かなくなるまで差し込むこと。
　◇管の「継手受口」にマーキングすること。
　◇継手の「ターミナルピン」にコントローラのコネクタを接続すること。
　◇「コントローラ」のスタート（ON）ボタンを押すこと。
　◇コネクタを外した後、「インジケータ」が継手表面より隆起していることを確認すること。その後、接合部に無理な力がかからないように、3分以内養生後「ターミナルピン」をニッパーで切断すること。
　以上の施工手順を示したものが図—21である。

第4話 樹脂管の接合法

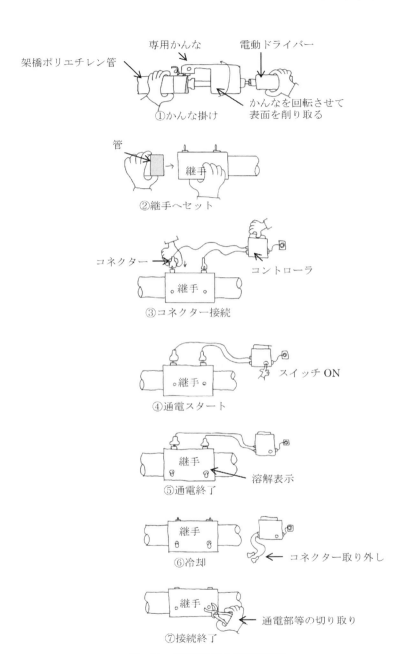

図—21 E種継手接合の施工手順

第4話 樹脂管の接合法

（2）メカニカル式継手（M種継手）接合法

　後述のポリブテン管（PB）とはほぼ同じではあるが、「架橋ポリエチレン単層管」に使用される接合法で、「管水圧変動」などに対する「長期信頼性」をねらいとした「インコア」などが管端部にはめ合わされているのが大きな特徴である。

①必要工具

　接合作業に必要な工具は、下記のようにごく普通のもので、特殊工具を必要としない。

②切削工具

　パイプカッター（はさみ式）・金鋸・カッターナイフ・管用リーマ。

③締付工具

　スパナ・モンキレンチ・六角棒スパナ。

④接合原理

　種類としては、継手に管を差し込み、ナット・バンド・スリーブなどを締め付けることによって「水密性」を確保する継手を使用したり、またはOリングによって「水密性」を確保したりする接合工法である。

　M種継手には、各メーカーにより、様々なものがあるが、「締込みタイプ」・「圧入タイプ」・「ワンタッチタイプ」の3種類に分類される。

　ちなみに、図—22にM種継手の接合部の構造・形状の代表例を示しておく。

⑤施工手順と注意事項

　他の樹脂管のメカニカル継手（M種継手）接合法に準ずるので、ここでは省略することにする。

第4話 樹脂管の接合法

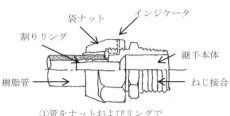

①管をナットおよびリングで
締め付けて水密性を確保する

②管をバンドおよびリングで締め付けて
Oリング水密性を確保する継手

③管をスリーブおよびリングで
締め付けて水密性を確保する継手

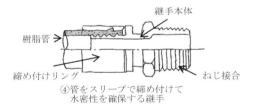

④管をスリーブで締め付けて
水密性を確保する継手

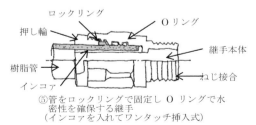

⑤管をロックリングで固定しOリングで水
密性を確保する継手
（インコァを入れてワンタッチ挿入式）

図—22　M種継手の接合部の構造・形状の一例

第4話 樹脂管の接合法

4．ポリブテン管の接合法

　1997年(平成9年) 9月に、「JIS K 6792 水道用ポリブテン管・JIS K 6793 水道用ポリブテン管継手」が制定された。これにより、0.75MPa以下水道用配管材料として、直結給水部分などへの使用が可能になり、「ポリブテン管の使用範囲」が更に広がった。更に、1999年（平成11年）1月に、「JIS K 6788 ポリブテン管」の寸法および性能を「JIS K 6792」に整合させ、95℃での浸出性を加えることによって、「給湯配管材料」としての使用がより明確に証明された。

　ところで、ポリブテン管原料である「ポリブテン（PB）」は、「1-ブテン」を重合させることにより製造される合成樹脂（synthetic resin）で、ポリエチレン（PE）やポリプロピレン（PP）と同じ「ポリオレフィン系」の樹脂である。

　表—4に示すように、分子量が約120万と非常に多くなっている上に、その分

表—4　ポリオレフィン系樹脂の分子量比較

樹脂名	分子式	平均分子量（参考）
ポリブテン	$\left[\begin{array}{c}-CH_2-CH-\\ |\\ CH_2\\ CH_3\end{array}\right]_n$	120万
ポリエチレン	$[-CH_2-CH_2-]_n$	12万〜13万
ポリプロピレン	$\left[\begin{array}{c}-CH_2-CH-\\ |\\ CH_3\end{array}\right]_n$	20万〜30万

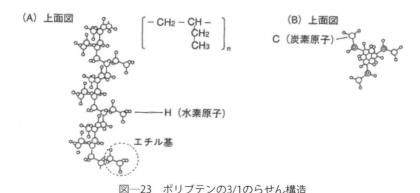

図—23　ポリブテンの3/1のらせん構造

第4話 樹脂管の接合法

子構造は、図―23に示すように、側鎖に大きな「エチル基」を持つ「らせん構造」をしているので、外部からの種々な応力に対して、長期にわたり高い「耐性」・「耐熱クリープ性」・「耐ストレスクラック性」を示すことになる。

ちなみに、ポリブテン管（PB）継手の接合法には、ポリエチレン管（PE）や架橋ポリエチレン管（PEX）と同様に、以下の3方式がある。

（1）熱融着式継手（H種継手）接合法

この接合方式は、「ポリブテン樹脂」で成形された管と管継手をヒータを用いて加熱溶融し、挿入圧縮し一体化させる継手を使用する接合法である。

ポリブテン樹脂を含む「熱可塑性樹脂」は、加熱溶融・冷却固化の工程を繰り返すことが可能であり、熱融着接合は「熱可塑性樹脂」のような特性を利用して、「合成樹脂」で成形された管と管継手を「ヒータ」を用いて溶融、挿入圧着し一体化させる接合法である。

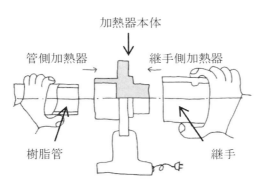

図―24 熱融着式継手（H種継手）接合法のプロセス

JISでは、「差込み接合管継手」が、呼び径：13～100Aで規格化されている。

融着作業前に、ヒータ表面に汚れがないことを予め確認した後、「熱融着ヒータフェイス」を270℃±10℃に加熱し、その「表面温度計」で確認する。

「融着ヒータ」に管および管継手を挿入し、規定時間（秒）加熱保持し両者を溶融させる。加熱時間経過後、管と管継手を速やかに「熱融着ヒータ」から外し

て、5秒以内に手で圧入し、そのまま30秒以上「圧着保持」する。
　その後、水を含ませたウエスで3分以上、圧着部を冷却して全周に「ビード」が出ていることを確認する。加熱ヒータの表面は、必ず各融着作業ごとに、清潔な「ウエス」または「ペーパタオル」などで清掃すること。また、接合部は冷却後30分以上「自然養生」させること。

（2）電気融着式継手（E種継手）接合法

　継手自体に電熱線などの「発熱体」を組み見込んだ「融着接合」可能な継手（EF継手ともいう）を用いた接合法で、通電方式により「A形（定電流方式）」「B形（定電圧方式）」に分類される。上述のように、E種継手による接合は、内部に電熱線を組み込んだ管継手に「電気通電」を行い、その電熱線を発熱させて融着を行う方法である。

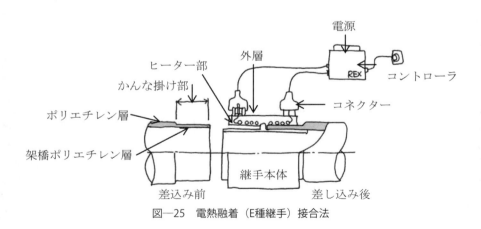

図—25　電熱融着（E種継手）接合法

　接合要領は、管切断後「専用スクレーパ」を用い管の外面を切削する。「アルコール」や「アセトン」などを含ませた清浄なウエスやペーパタオルなどで管継手受け口と管差し口の汚れや油分を除去する。規定の差し込み長さを管端から測り、その位置に「油性ペン」で全周に標線記入する。
　管を管継手に標線まで挿入する。コントローラを準備して、100V電源にセッ

トし、スイッチを「スタート（ON）」にする。コントローラから出ている「コネクタケーブル管継手」の端子にセットする。その際、管継手の端子が金属品に触れたり、「コネクタケーブル」で引っ張らないように注意して接続する。

　この時、パネル上の通電時間が、接合する管継手と一致しているかを確認する。スタートボタンを押すと「運転（RUN）ランプ」が点灯し、タイマーが逆カウントを始め融着が始まる。融着が完了すると、通電は自動的に停止し、「終了（END）ランプ」が点灯する。この時、管継手の「インジケータ部」から樹脂の盛り上がっていることを確認すること。

　また、ターミナルの接続不良や短絡（ショートサーキット）などの異常のある場合には、「警報ランプ」が点灯し通電は自動的に停止するが、原因がはっきりするまで次工程には進まないこと。なお、警報の解除は「リセットボタン」を押すと解除するが、不良停止した管継手の再使用は絶対にしてはならない。

　管継手に力がかからないように注意し「コネクタケーブル」を外す。その後、5分以上は力を加えずそのままにして冷却させる。なお、接合部は、冷却後30分以上自然養生させること。

（3）メカニカル式継手（M種継手）接合法

　継手の管を差込み、ナット・バンド・スリーブなどを締め付けることによって「引き抜け防止」および「水密性」を確保する継手、または「Oリング」によって「水密性」を確保する継手を使用する接合法である。まず、管差し口に有害な傷がないかの確認を行い、乾いたウエスを用いて清掃をする。

　規定の長さを管端より測り、その位置に「油性ペイント」で標線を記入する。管継手に管を標線まで確実に挿入する。継手本体をスパナで固定し、リングが袋ナット端部1mm突出するまで締め付ける。なお、この時、管が抜けないように注意すること。

第4話 樹脂管の接合法

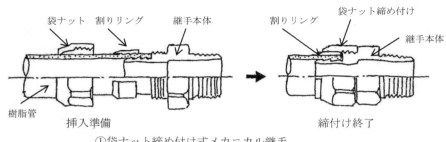

①袋ナット締め付け式メカニカル継手

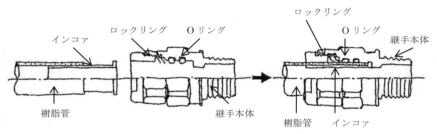

②ワンプッシュ方式のメカニカル継手

図—26 メカニカル継手（M種継手）接合法

おわりに

　今回話題にした管材、いわゆる「樹脂管（Plastic Pipes）」は、配管用炭素鋼鋼管・ステンレス鋼管・銅管などの「金属管」に比べて、戦後に研究・開発された建築設備業界に登場してきた、比較的に歴史の浅い管材である。

　それだけに、まだまだ改良発展の余地（管材や接合法とも）が残された管材ともいえる。最近「ポリエチレン管（PE）」は、「給排水設備配管用」のみならず、「ガス配管用」としても多用されるようになってきている。

　ところで、「ポリエチレン管（PE）」や「ポリブテン管（PB）」というと、即「さや管ヘッダー工法」が連想されるが、今回は「樹脂管の接合法」というテーマと紙面の都合上、「さや管ヘッダー工法」については、割愛させていただいた。

　さらに興味のある方には、「樹脂管の接合法」と同時に、「さや管ヘッダー工法」につても、他の参考書で学習されることを是非お薦めする次第である。

第4話 樹脂管の接合法

【引用・参考文献】
(1)「空気調和・衛生工学会便覧第13版」／5材料・施工維持管理篇／第9編施工／第5章配管工事」，(社)空気調和・衛生工学会・，丸善，2001年（平成13年）11月
(2)「Tea Breakを取りながらマスターできる－空調設備配管設計・施工の実務技術」，安藤紀雄，理工図書㈱，1992年（平成4年）2月
(3)「水道用硬質塩化ビニル管 技術資料 改訂4版」，塩化ビニル・継手協会技術委員会，塩化ビニル管・継手協会，平成10年1月
(4)「ポリエチレンパイプ技術資料」，日本ポリエチレン工業会
(5)「水道用ポリエチレン二層管」，日本ポリエチレンパイプ工業会
(6)「水道用ポリエチレン二層管施工ハンドブック」，日本ポリエチレンパイプ工業会技術委員会，日本ポリエチレンパイプ工業会・平成13年4月
(7)「水道用ポリエチレン二層管：道路地下埋設技術資料・水道用配水ポリエチレン管とその強度比較」，日本ポリエチレンパイプ工業会技術委員会，日本ポリエチレンパイプ工業会，平成11年10月
(8)「水道用ポリエチレン二層管 道路地下埋設技術資料・埋設深度別埋設強度計算結果」，日本ポリエチレンパイプ工業会技術委員会，日本ポリエチレンパイプ工業会，平成12年1月
(9)「架橋ポリエチレン管さや管ヘッダーシステム施工ハンドブック」，架橋ポリエチレン管工業会，架橋ポリエチレン工業会．平成13年5月
(10)「ポリブテンパイプ技術資料」，ポリブテンパイプ工業会，平成13年5月
(11) パンフレット「ポリブテン管の紹介」，ポリブテンパイプ工業会
(12)「さや管ヘッダーシステム設計・施工マニュアル」，ポリブテンパイプ工業会，平成10年10月
(13)「ガス用ポリエチレン管技術資料」(社)日本ガス協会，昭和57年10月
(14)「改訂新版 空気調和・給排水設備施工標準」，(財)建築設備技術者協会，平成3年1月
(15)「腐食と劣化（4）合成樹脂材料の劣化」，石川浩・富岡義浩，「空気調和衛生工学」2005年10月，pp.115～pp.122，(社)空気調和・衛生工学会

はじめに

　従来、「管用テーパねじ」には、「切削ねじ」のみが使われていたが、最近になって「転造ねじ」が、急速に普及し始めてきた。「転造ねじ」は、接合強度が強く耐震性が高いこと、ねじ部の残肉量が多く、めっき層が露出せず、折れにくくさびにくく、配管が長寿命（long life）になるといった特徴を具備していることが、高く評価され、認知されたのが普及の理由である。

　したがって、ここでは日本で独自に開発された、「転造ねじ」の温故知新に触れ、素晴らしい「転造ねじ」の全容について紹介してみたい。

1．SGPの接合法の分類

　日本では、従来建築設備に汎用されている「配管用炭素鋼鋼管（SGP:JIS G 3452）」の代表的な接合法および組立て法には、以下に示す6つの方法がある。
①ねじ込み接合法（thread or screw joint）
②メカニカル接合法（mechanical joint）

③溶接接合法（welding joint）
④ねじ込みフランジ接合法(thread flange joint)
⑤溶接フランジ接合法（welding flange joint）
⑥可動継手接合法（flexible fitting joint）

　「フランジ接合法」には、「ねじ込みフランジ接合法」とおよび「溶接フランジ接合法」の他、さらに「ルーズフランジ接合法」（用語解説参照）がある。

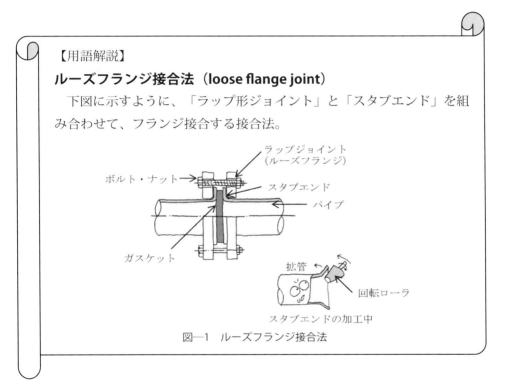

【用語解説】
ルーズフランジ接合法（loose flange joint）
　下図に示すように、「ラップ形ジョイント」と「スタブエンド」を組み合わせて、フランジ接合する接合法。

図—1　ルーズフランジ接合法

また、フランジの形状により、図—2に示すようなフランジ接続法がある。

第5話 「切削ねじ接合」から「転造ねじ接合」の時代へ

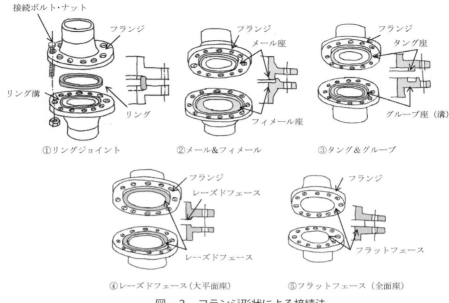

図—2　フランジ形状による接続法

この中でも、最も手軽に利用される接続法が、①のねじ込み接続法である。

特に50A以下の配管口径が多い「衛生設備工事配管」には多用されてきた。

このねじ込み配管に、最近異変がおこりつつある。それは、従来の「切削ねじ接続法（cutting thread joints）」から「転造ねじ接続法（rolling thread joints）」への移行現象である。

転造ねじ配管の登場は、従来の「切削ねじ配管」に代替すべき、日本が独自に開発した素晴らしい「技術革新（technical innovation）」をもたらしたねじ込み配管技術である。ただし、残念ながらまだまだその知名度は低い。そこで、転造ねじの開発段階から、その開発の歴史を知悉している筆者が、転造ねじの知名度をあげるために、ここで「転造ねじ」のすべてを紹介することにしたい。

2. 日本におけるねじの歴史

ある晴れた日に、浜辺で貝掘りをしていた原始人が、たまたま尖った巻貝を見

第5話 「切削ねじ接合」から「転造ねじ接合」の時代へ

つけ、それを葦の棒切れに突き刺して「回転」させ外した(図—3参照)。

図—3　人類によるねじの発見

　これが人類とねじの最初の出会いであったと言われている。人類は、後にねじを自ら製作することで、それをさまざまな用途に役立ててきた。
　現在では、ねじを使用していない機器類は存在しないともいっていいほど普及し、「締結ねじ(図—4)」の分野でも、単なる締結を超える付加価値を具備した、いわゆる「特殊ねじ」が続々と考案されている。

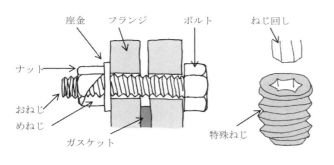

図—4　締結用ねじの部位の名称

　今後、仮に「ねじ」に代わる新技術が出現しても、「ねじ」でなければならない使用箇所は永久になくならないであろう。
　ところで、日本人が「てっぽう」と最初に出会ったのは、1274年(文永11

第5話 「切削ねじ接合」から「転造ねじ接合」の時代へ

年)の「文永の役」であるといわれている。これは、蒙古襲来の際、敵軍が使用した武器であり、元軍の「集団戦法」や「てっぽう」に、日本の鎌倉武士は大いに悩まされたという記録が残されている。

また、別の文献では、一般的に鉄砲が日本に伝来したのは、1543年(天文12年)の「種子島」とされている。この鉄砲は、銃口から弾薬を入れるため先込め式の先火縄銃で、別名「種子島」(図—5参照)とも呼ばれている。

図—5　先込め式火縄銃：種子島

やがて、九州・堺・紀伊根来・滋賀・近江国友などの「鉄砲鍛冶」により、製造され普及したといわれている。この火縄銃の普及により、戦国大名の戦いの方法も、従来の戦法から大きな変革を遂げることになる。鉄砲の銃身の内には、「ねじ」が切られており、「ねじ技術」が日本にもたらされたのは、この鉄砲伝来がトリガーになったともいわれている。このような背景から、従来日本におけるねじ加工に採用されるねじは、「切削ねじ(cutting thread)」であった。

ちなみに、現在の建築設備配管用に使用されているねじは、依然として「切削ねじ」が多用されているが、既述のように日本の「建築設備業界」は、現在「切削ねじ」から「転造ねじ」へと少しずつ移行しつつある。

3．切削ねじの基礎知識

「ねじ」という用語には、二つの使われ方がある。一つは、固体に加工された

「ねじ山の部分」を指す場合で、もう一つは、ねじ山が加工された「固体の全体」を指す場合である。前者は、「ねじ山形状」とか「ねじピッチ（用語解説参照）」・「ねじ直径」など、ねじ部を形成する各要素とその組み合わせを対象とし、規格上の分類では、「ねじ基本」といわれるものである。

【用語解説】
ピッチ（pitch）
　一般人は、この言葉を聞くとすぐに、野球の"ピッチャー（pitcher）"の原義：「pitch＝投球する」や"ハイピッチ（high-pitch）で走る"の「調子・程度」やゴルフ用語："ピッチショット（pitch-shot）"の「pitch」を思い出すであろう。しかし、ここでの"ピッチ（pitch）"は、技術者の必須用語：「角度」・「傾斜度」・「勾配」の意である。

　一方、後者のねじ部以外の部分の形状・寸法などを含めて、固体を形成する各要素とその組み合わせを対象とし、規格上の分類では「ねじ部品」といわれるものである。配管設備用に使用される「ねじ」には、図―6に示すように「テーパねじ（taper thread）」と「平行ねじ（parallel thread）」がある。

　「テーパねじ」が一般の配管用ねじとして使用されるのに対し、「平行ねじ」は、図―7に示すように蛇口などの「水栓金具」に採用されている。

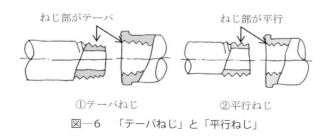

図―6　「テーパねじ」と「平行ねじ」

第5話 「切削ねじ接合」から「転造ねじ接合」の時代へ

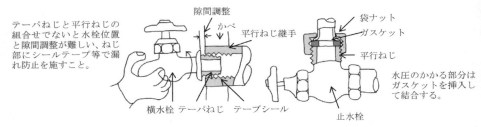

図―7　給水栓の種類と平行ねじ

【ちょっと一息！】

　水栓金具＝別名、「給水栓」（米：faucet・英：water-tap）ともいわれ、給水管・給湯管の末端に取り付けられ、開閉により水または湯を供給・止水するための器具の総称である。

　ちなみに、「蛇口」は「カラン」ともいう。最近めっきり少なくなっているが、「銭湯（公衆浴場）」では洗い場の水栓のことを「カラン」と呼んでいた。

　「カラン」は、オランダ語の「KRAAN」がルーツでKとRの間に母音のアを入れて「カラン」と呼ばれるようになった由。

図―8　蛇口とカラン

　ところで、一口に「ねじ」といっても、「ねじ」をその形から分類すると、図―9に示すように、①台形ねじ、②ウイットねじ、③ユニファイねじ、④メートルねじの4つに大別される。

第5話 「切削ねじ接合」から「転造ねじ接合」の時代へ

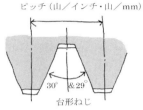
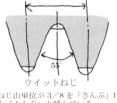
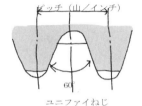
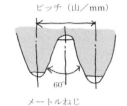

図—9　ねじの形による分類

　現在、建築設備配管用として採用されている「ねじの規格」は、ウイットねじの「管用（くだよう）ねじ」の（R）・（PT）、すなわち、JIS B 0203に規定されている「管用テーパねじ」である。ちなみに、図—10に示すように、日本・イギリス・ドイツ・フランスでは、ウイット系ねじ（谷角度：55°）を採用しており、アメリカ・カナダなどでは、ユニファイ系ねじ（谷角度：60°）を採用している。

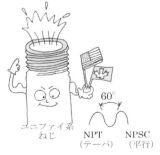

図—10　管用ねじの種類

第5話 「切削ねじ接合」から「転造ねじ接合」の時代へ

4．転造ねじ配管の開発小史

　「ねじ接合」といえば、日本では「切削ねじ」と決まっていたが、「転造ねじ技術」そのものは、それほど新しい技術ではなく、かなり古くから存在した。

　建築設備に使用される「吊りボルト」などは、かっては「切削ねじ加工」が採用されていた時代もあった。ちなみに、現在「全ねじ吊りボルト」のような丸棒を加工して作るねじは、「転造ねじ」加工するのが一般的である。

　しかしながら、薄肉鋼管の管用テーパねじ加工には、「転造加工」は不向きで、語弊を呼ぶおそれがあるかもしれないが、欠陥のある、すなわち継手部から折れやすい「切削ねじ加工」が、従来からずっと使用されてきた。

　従来の「転造加工技術」では、転造加工時に回転する「転造ダイス」を管に強い力で押しつけ・押し込んでいくと管が「座屈（backling）」を起こしたり、管断面全体が「塑性変形（plastic deformation）」を起こしてしまい、満足なねじ加工ができない傾向があったためである。

　これらの問題を解決し、最も一般的な建築説備の配管材料である配管用炭素鋼鋼管（SGP:JIS G 3452）に「管用テーパおねじ」（JIS B 0203）を転造ねじ加工する技術を開発したのが、㈱渡辺工業（埼玉県川口市）であった。

【ちょっと一息！】
㈱渡辺工業 渡辺社長の思い出

　筆者は「転造ねじ」が取り持つ縁で、渡辺社長とは数年お付き合いをさせていただいた。今はすでに、黄泉の人になられているが、氏は日本の「職人の典型」ともいえる方で、薄肉鋼管：「RIS規格」の鋼管材料の開発を「鋼管メーカー」に懇願するなど、根っからの「技術屋（職人）」で、熱っぽい人であった。

　従来、学術文献によっても、また転造機械メーカーの見解でも、中空管である薄肉鋼管（SGP）への「転造ねじ加工」は、不可能とされていた。

　㈱渡辺工業は、この定説に果敢にチャレンジし、既存の転造機に各種独自の改良を加え、実験につぐ実験をによるデータから、薄肉鋼管への「転造ねじ加工」のノウハウを体得した。その結果、1983年（昭和58年）に、ついに新しい管用

第5話 「切削ねじ接合」から「転造ねじ接合」の時代へ

テーパ山形の転造ねじ加工を、3個以上の「転造ダイス」によって行う、「転造ねじ加工機」を独自の方法で開発し、1985年（昭和60年）から1986年（昭和61年）にかけて、「実用量産機」を15台製作した。このように、中空管に転造ねじ加工を施すという、日本独自の技術開発の歴史は、そのまま㈱渡辺工業の歴史といっても過言ではないのである。

㈱渡辺工業は、東京オリンピックが開催された、1964年（昭和39年）に設立され、「鉄道車輌空気用配管加工」を開始した。そして、1974年（昭和49年）に「渡辺式ドライシール管用テーパねじ」を開発した。既述のように1983年（昭和58年）には、「管用テーパ転造ねじ」を開発し、新幹線車両に採用され、1985年（昭和60年）には、渡辺式管用ねじ転造加工機の第1号機が完成した。翌年の11月には、㈱工進精工所へ「管用ねじ転造加工機」の技術供与をした。

図-11　新幹線と転造ねじ

以降は㈱工進精工所が、主として「パイプロー」という商品名の「定置式（stationary type）」の管用転造加工機を開発生産して、市場に投入するようになった。その後、1990年（平成2年）には、㈱日本鉄道車輌工業会制定の「空気配管標準」に「管用テーパ転造ねじ」が、標準として採用されるようになり、1992年（平成4年）は、㈱渡辺工業は「管用テーパ転造ねじ」と「管用ねじ転造加工機」の開発で、1991年（平成3年）度の「日本機械学会技術賞」を受賞した。

第5話 「切削ねじ接合」から「転造ねじ接合」の時代へ

　一方、㈱工進精工所は、新日本空調の技術指導のもとに、1990年（平成2年）に総重量：300kg以下の可搬式の転造ねじ加工機を完成し、現場での利用も可能にして、1991年（昭和3年）度の「空気調和衛生工学会賞：技術振興賞」を両者連名で受賞している。

　しかしながら、この転造ねじ加工機は、なぜか設備工事の現場に普及しなかった。というのは、㈱工進精工所の製作する管用ねじ転造加工機の主力は、写真－1に示すように、工場などでの「ねじ加工性能」は優れているが、通常、重量：500kg超もあるい「定置式型（stationary type）」であり、しかも価格は1台当たり、数千万円もするような機械であったからである。

写真―1　定置式型管用テーパ転造ねじ加工機
（商品名パイプロー：㈱工進精工所製）

　建築設備配管用には、価格も安くかつ現場でのねじ切りが可能な機械が要求された。そこで、1988年（昭和63年）2月に東京ガスの仲介で、㈱渡辺工業は自重：250kg以下の転造ねじ加工機の開発という条件付きで、レッキス工業㈱に技術供与をし、レッキス工業㈱は1995年（平成7年）に、小型・軽量・可搬式（portable type）テーパねじ転造デモ機（写真―2）の開発に成功した。

　ちなみに、当時の価格は、160万円／台（定価）で、重量は95kgであった。

第5話 「切削ねじ接合」から「転造ねじ接合」の時代へ

写真―2　可搬式型管用テーパ転造ねじ加工機
　　　　（レッキス工業㈱製）

　少し専門的な話でこの後の項で詳述するが、同じ転造ねじ加工機といっても、㈱工進精工所製のものは、「寄せ転造方式」を、レッキス工業㈱製のものは、「歩み転造方式」を採用している。
　ここでさらに、附記しておきたいことは1997年（平成9年）には、国土交通省平成9年度版の「機械設備工事共通仕様書」に、「切削ねじ」に加えて「転造ねじ」も選択できるように記載された。2003年（平成15年）1月にレッキス工業㈱は、従来から建築配管業者の間で、広範に利用されている「切削ねじ加工機」に搭載できる、写真―3に示すような、「自動オープンヘッド（7サイズ：10A～50A）」を開発し発売を開始した。さらに、2005年（平成17年）2月より、65Aの「転造ヘッド」の発売も開始した。

　①50A加工型　　　②20A加工型　　　③パイプマシーン搭載例
写真―3　パイプマシーン搭載型自動オープン転造ヘッド

第5話 「切削ねじ接合」から「転造ねじ接合」の時代へ

　2006年（平成18年）には、口径：80Aの「転造ヘッド」をレッキス工業㈱で試作し、一部モニター製品として、すでにデビューさせている。同社は、今後口径：80Aまでは標準品として品揃えすることを目論んでいる。
　その理由は空調設備工事では、通常口径：65A以上の配管には「溶接接合法」を採用するが、衛生設備工事では、口径：80A程度までは、「ねじ接合法」が採用できると便利だからである。

5．「寄せ転造方式」と「歩み転造方式」

　この項では、少し専門的な話題になるが、歩み転造ねじ切り機の開発者、円山昌昭氏（元レッキス工業㈱）に提供いただいた資料を基に、「寄せ転造方式」と「歩み転造方式」の違いについて解説する。
　既述のように、「転造（rolling processing）」とは、強い外力を加えることにやって「素材」を変形させる「塑性加工」の一つで、「棒状の加工材」を回転させながら、「転造ダイス」と呼ばれる工具で成形する方法で、この転造によって成形された「管用テーパねじ」を「管用テーパ転造ねじ」と呼んでいる。
　配管工事に使用される「管用テーパねじ」の加工方法には、「寄せ転造方式」と「歩み転造方式」があり、どちらも「複数の転造ダイス」を使い「管用テーパねじ山」を成形することになる。

（1）寄せ転造方式（図—12参照）
　複数の転造ダイス（3個または5個）を回転させながら、鋼管の中心に向かって圧力を加え、一度に「管用テーパねじ山」を形成する転造方式。この方式は、転造機械が大きくなるが、転造加工時間が短く「多量生産」に適している。

（2）歩み転造方式（図—13参照）
　複数の転造ダイス（4個～10個）を回転している鋼管に押しつけ、管端から一山ずつ成形し、成形されたねじ山をガイドに次々に送りながら管用テーパねじ

第5話 「切削ねじ接合」から「転造ねじ接合」の時代へ

山を成形する転造方式。この方式の転造機械は、小型・軽量で持ち運びができる（portable）ため、配管工事現場で容易に転造ねじ加工が可能となる。

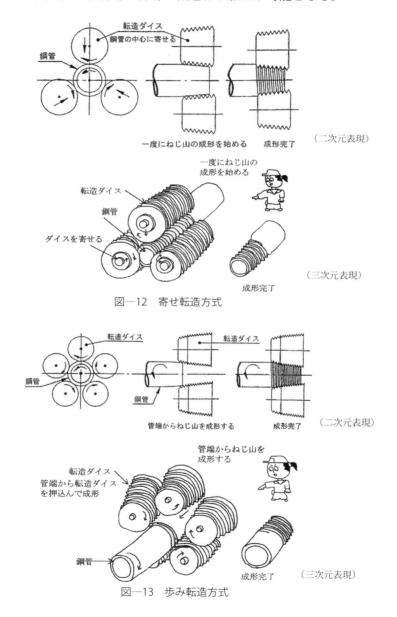

図—12　寄せ転造方式

図—13　歩み転造方式

第5話 「切削ねじ接合」から「転造ねじ接合」の時代へ

6．「切削ねじ」と「転造ねじ」の比較
（1）切削ねじ（cutting thread）

　切削ねじは、古くから使用されてきたねじである。かっては日本でも、「オスター」などと呼ばれる手動のねじ切り機を利用して、現場で「切削ねじ加工」が行われていた時代がある。現に、「技能五輪国際大会」や「技能五輪全国大会（日本国内大会）」の職種：衛生設備配管（plumbing）部門でも、ねじ配管加工には、「オスタ型」などの手動ねじ切り機が使用されている。

【用語解説】
オスタ型パイプねじ切り機（Oster type die stock）

　手動式ねじ切り機。本体のセットされた、4枚1組の「チェーザ（ねじ切削用刃）」を管端に合わせて、2本のハンドル（大口径用は4本）を左右に回転させて、切削油を使用しながら、ねじを切り込むねじ切り機。

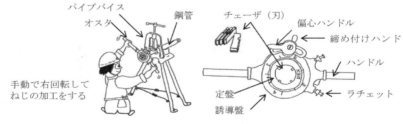

図—14　オスタ型パイプねじ切り機

　しかしながら、最近では、図—15に示すような、「自動切り上げダイヘッド付きねじ切り機」を使用すれば、切削ねじが誰にでも簡単に、高品質の「切削ねじ」が切れるようになっている。自動ねじ切り機は、チェーザ(chaser)を固定し、管を回転させながら「ねじ切り加工」を行う機械である。

第5話 「切削ねじ接合」から「転造ねじ接合」の時代へ

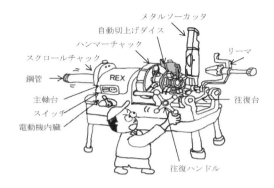

①自動切り上げダイヘッド付きねじ切り機

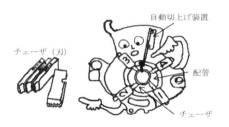

②自動切上げ付きダイヘッド

図—15　自動切り上げダイヘッド付きねじ切り機

　切削ねじは、チェーザの「摩耗発生」などにより、「ねじ精度」に不安があり、また鋼管（SGP）の肉を削るため、図—16に示すように「ねじ谷底部」薄く、切り欠け部を構成することから、どうしても「応力集中」が生じやすく、その上金属繊維を切断してしまうため、「転造ねじ」に比べて「機械的強度」も弱くなる。ちなみに、切削ねじの表面を手で触ると、多少ざらざらとした肌触りがする。

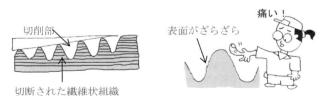

図—16　切削ねじの断面と表面

第5話 「切削ねじ接合」から「転造ねじ接合」の時代へ

（2）転造ねじ（rolling thread）

　「転造」とは、金属材料にある一定の圧力を加えると「外力」を除いても元にもどらず「変形（deformation）」が残る、いわゆる「塑性変形（plastic deformation）」を転がしながら行うことをいう。

　ちなみに、図—17は、転造ねじ加工のプロセスを示したものである。また、ねじ転造法の種類としては、図—18に示すように、①平ダイス式、②ロータリー式、③丸ダイス式の3種類がある。

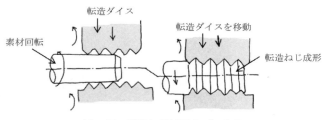

図—17　転造ねじ加工のプロセス

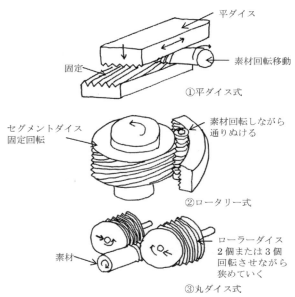

図—18　ねじ転造法の種類

第5話 「切削ねじ接合」から「転造ねじ接合」の時代へ

　「転造ねじ配管」は、③の丸ダイス式に該当する、「転造ローラ」でねじ加工する。すなわち、多軸のローラ（回転子）で、配管材に外部から「強力な力」を加えねじの「山」と「谷」を加工するものである。ただし、既述のように転造方式としては、「寄せ転造方式」と「歩み転造方式」がある。
　「転造ねじ」は、「ねじ精度」が高く、品質が安定している。また、図―19に示すように、「金属組織」を切断せず、「機械的強度」も強いという特徴を具備している。ちなみに、転造ねじの表面は、手で触ると「切削ねじ」とは異なりつるつるした光沢のある表面となる。

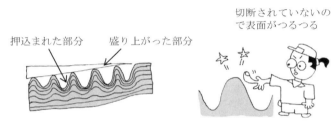

図―19　転造ねじの断面と表面

7．転造ねじ配管の特色

　転造ねじの特徴を要約すると以下のようになる。

（1）折れにくい

　従来、ねじは「継手部分」で折れやすい（折れるもの）というのが、従来の常識であったが、現在ではねじ部は、"折れない！"といっても過言ではない。その理由は、「管用テーパ転造ねじ」が日本で開発され、採用されるようになったからである。「管用テーパ転造ねじ」は、母材（管本体）より、ねじ部の強度が転造加工により向上するので、折れにくい（折れない）のである。
　図―20は、「曲げ強度」と「引張り強度」に関して、「切削ねじ」と「転造ねじ」を比較したものであるが、「転造ねじ」の優秀さが容易にお分かりになると思う。「転造ねじ」は、「切削ねじ」に比べ、曲げ強さは1.5倍以上あり、「突

第5話 「切削ねじ接合」から「転造ねじ接合」の時代へ

合せ溶接」と同等以上の曲げ強さ（継手強度）を有することが実験からもわかっている。

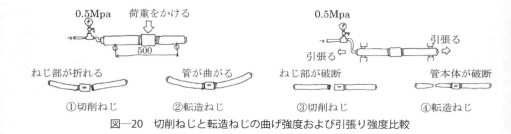

図—20　切削ねじと転造ねじの曲げ強度および引張り強度比較

（2）漏れにくい

管用テーパ転造ねじは、「ねじ加工精度」が高く、品質が安定している。

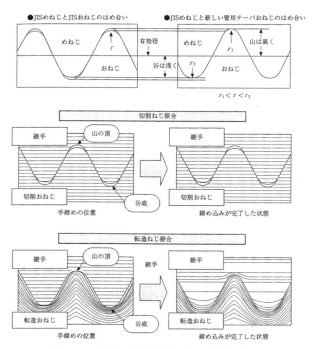

図—21　切削ねじ接合と転造ねじ接合の比較

第5話 「切削ねじ接合」から「転造ねじ接合」の時代へ

　そして転造ねじの「ねじ山型」が高い気密性を生み出している。切削ねじ接合の場合、JIS規格では、図—21に示すように、「JISおねじ」と「JISめねじ」との間には、スキ間ができる。転造ねじは、その欠点をおねじでカバーするため、「有効径」はそのままにして、おねじのねじ形を少し、"山は高く、谷を浅く"してめねじとの「密着度」を深めている。

　ただし、継手であるめねじは、JISめねじのままである。ちなみに、転造ねじ配管は、漏れにくいことを実証するために、実施した「圧力試験（気密性能試験）」が図—22である。図—22を見ると自明のように、20A SGPの切削ねじの耐圧試験結果では、切削ねじ接合の場合にはねじ部より漏れ、「バースト（burst：鋼管破裂）」が発生した。一方、20A SGPの切削ねじの耐圧試験結果では、ねじ部と気密性と機械的強度が優れているために、「バースト」は、継手部ではなく、管本体（母材）部分で発生している。

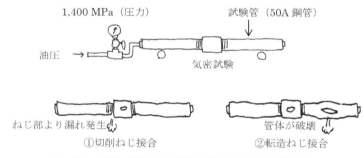

図—22　切削ねじ接合と転造ねじ接合の気密性能比較

（3）錆びにくい

　転造ねじ加工を施すと、切削ねじの場合のように、鋼管（SGP）を削らないので鉄部が「露出」せず、図—23に示すように、「余ねじ部」の表面にめっき層が20μm～30μm程度残存しており、ねじ部は「有効防錆効果」を発揮する。

　そのため、従来の切削ねじ接合の場合のように、余ねじ部に「錆止め塗装」を施す必要性は一切なくなる。

第5話 「切削ねじ接合」から「転造ねじ接合」の時代へ

図—23　残存する余ねじ部の表面のめっき層

（4）環境にやさしい

　この意味は、切削ねじ加工の場合には、写真—4に示すように、多量の「切粉（きりこ）」が発生し、かつ、ねじ加工をする際に多量の「切削油」を消費するということである。一方、転造ねじ加工の場合には、ねじ加工時に「切粉」の発生量はほとんど無視できるほど少ないといっても過言ではない。

①切削ねじ加工の切粉

②転造ねじ加工の切粉

写真—4　切削ねじ加工時と転造ねじ加工時の切粉の発生量比較

【用語解説】

切粉（きりこ）

　切粉はねじ加工時に発生する「ひも状の鉄屑」のことで、切削ねじ加工の場合には、かなり多量に発生する。この切粉の廃棄処分は、切削油廃棄処分と同様、コストもかかり、かなり面倒である。

第5話 「切削ねじ接合」から「転造ねじ接合」の時代へ

　一方、転造ねじ加工の場合にも切粉は発生するが、これは転造ねじ加工する前段階で、パイプの「真円度（centricity・out of roundness）」を出す過程で発生するもので、切削ねじ加工時に発生する切粉とは、全く異質のものである。筆者は、切削ねじ加工時と転造ねじ加工時に発生する切粉量の「比較試験」に立ち会ったことがある。その結果は、転造ねじ加工時の切粉の発生量は、切削ねじ加工の場合の1/12程度（重量比）であった。

（5）配管コストの低減が可能

　転造ねじ加工と切削ねじ加工の配管コストを比較した場合、転造ねじはその加工量が増えれば増えるほど、安くなるといわれている。

　図—24は、SGP 25A の10,000口をねじ加工した場合の「転造ねじ」と「切削ねじ」のコストを比較したものである。この例に示すように、「転造ねじ」では「ヘッド価格」は高いが、「オイル（切削油）代」や「切粉処理代」が安くなり、とくに切削ねじ加工の場合、「チェーザの寿命」が短いので、「チェーザ購入代」が著しく高くつくことになる。

　以上の項目について、「転造ねじ加工」と「切削ねじ加工」を整理し定性的に比較したものが、表—1である。

図—24　転造ねじ加工と切削ねじ加工のコスト比較
　　　　（SGP 25 A：10,000口を加工した場合）

表―1 転造ねじ加工と切削ねじ加工の定性的比較

比較項目		転造ねじ加工	切削ねじ加工
機械的性質	折れにくい	◎	△
	さびにくい	◎	△
	耐震性	◎	△
	耐久性	◎	△
耐環境	加工屑の発生	◎	△
	オイル飛び散り	◎	△
経済性	初期導入コスト	△	○
	加工ランニングコスト	○	△
現場管理	ねじの仕上がり状態	◎	△
	SGPでの内面めっき層剥離	△	○

8．ねじ加工作業とねじ締込み作業

　切削ねじと転造ねじに関して、その「ねじ加工作業」と「ねじ締込み作業」の違いを写真―5および写真―6に示す。なお、本資料は、レッキス工業㈱より拝借したものである。

（1）ねじ加工作業

　写真―5は、切削ねじ加工のプロセスを、写真―6は転造ねじ加工のプロセスをそれぞれ示したものである。特に、転造ねじ加工のプロセスの中で、耳なれない「真円加工開始」という過程があるが、これは転造ねじ加工の前工程で、配管の真円度を確保しないと、転造ねじ加工ができないからである。

【切削ねじ加工】

（パイプセット）

（ねじ加工開始）

（ねじ加工中）

（ねじ加工完了）

写真―5　切削ねじの加工プロセス

第5話 「切削ねじ接合」から「転造ねじ接合」の時代へ

【転造ねじ加工】

（ﾊﾟｲﾌﾟｾｯﾄ）　　　（真円加工開始）　　　（ねじ加工中）　　　（ねじ加工完了）

写真―6　転造ねじの加工プロセス

（2）ねじ締込み作業

写真―7は、「切削ねじの締込み作業」のプロセスを示したものである。この作業の中には、「シール材塗布」というプロセスがある。

日本では、「ねじ込み配管用シール材」として、一般的に、液体の「スレッド

（水洗い）　　　　　　　（ウエスふき）　　　　　　（ﾊﾞｲｽで固定）

（シール材塗布）　　　　（継手の手締）　　　　（継手のﾊﾟｲﾚﾝ締）

写真－7　切削ねじの締込み作業のプロセス

第5話 「切削ねじ接合」から「転造ねじ接合」の時代へ

・コンパウンド(ヘルメチックなど)」や「PTFE(テフロン)製」のシールテープなどを介して、気密性・水密性を確保している。

一方、写真―8は、「転造ねじの締込み作業」のプロセスを示したものである。この作業の中でも、「シール材塗布」というプロセスがあるが、転造ねじの場合、「シール材」というより転造ねじをスムーズにねじ込むための「潤滑油(lubricating oil)」ともいうべきものである。

転造ねじは、それ自体に十分気密性・水密性がある。本来シール材は不要で、PTFE(テフロン)製シールテープは使用してはならない。

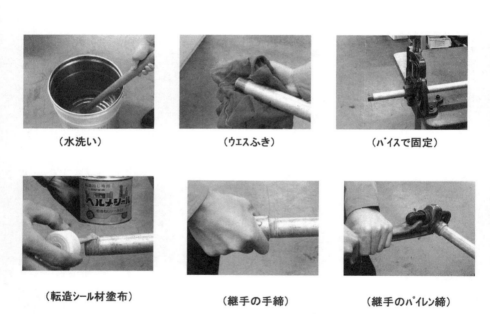

(水洗い)　　　　　　(ウエスふき)　　　　　　(バイスで固定)

(転造シール材塗布)　　(継手の手締)　　　　(継手のパイレン締)

写真―8　転造ねじの締込み作業プロセス

9．水道用ポリ粉体ライニング鋼管への転造ねじの適用

ここで特記しておきたいことがある。従来、給水配管の主流であった「亜鉛めっき鋼管」は、亜鉛の溶出等により、時折「白濁現象」が発生する。

また、腐食による「赤水」の発生から、「錆こぶ」による配管閉塞、さらにね

第5話 「切削ねじ接合」から「転造ねじ接合」の時代へ

じ部の「腐食孔（piching）」よる漏水などの機能障害を起こすようになり、現在では、「飲料水配管」には使用されなくなってきた。

　さらに、JISでも名称が「水道用亜鉛めっき鋼管」から「水配管用亜鉛めっき鋼管」に変わって、飲料水配管には適用しないことになった。そこで、最近の給水配管の主流となったのが、「合成樹脂ライニング鋼管」である。

　その代表的なものが、「水道用硬質ポリ塩化ビニルライニング鋼管（通称：塩ビライニング鋼管）」と「水道用ポリエチレン粉体ライニング鋼管（通称：ポリ粉体ライニング鋼管）」である。転造ねじには、管の構造上、これらの「合成樹脂ライニング鋼管」は適用できなかった。

　なぜなら、これまで転造ねじは、給水配管など「管端防食継手」を使用する配管において、継手との「嵌合性」の問題がネックとなり、「公的な認定」が得られなかったからである。2008年（平成20年）に、日本金属継手協会により、「水道用ポリ粉体ライニング鋼管（JWWA K 132、以降ポリ粉体鋼管と略称する）」について、品質・サイズなどの限定があるものの、「管端防食継手（図—25）」との組み合わせで使用可能との見解が出された。

　実は「転造ねじ配管」、1995年（平成7年）から、「転造ねじの認知採用活動」を開始し、空調設備冷温水配管や消防設備配管等では、採用されるようになった。「転造ねじ配管」の採用が拡大して行く中で、"給水系配管にも採用できないか？"という声が、地方の水道配管業者から上がってきた。

　そこで「日本金属継手協会」が中心となり、パイプメーカー：2社の製品（ポリ粉体鋼管）と管端防食継手：7社との「継手嵌め合い試験」を実施した。

　その結果、口径：50Aまでは各社の継手嵌め合いに問題はないという、試験結果がまとまった。そして、「日本金属継手協会」が、その試験結果を持って、国土交通省：「公共建築工事共通仕様書（平成22年度版）への記載されることなり、その使用が可能となった。

第5話 「切削ねじ接合」から「転造ねじ接合」の時代へ

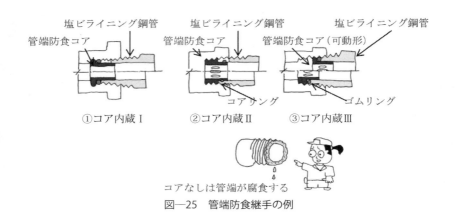

図—25 管端防食継手の例

ここで、「ポリ粉体鋼管」について、少し知見を紹介しておきたい。

（1）ポリ粉体鋼管

ポリ粉体鋼管は、正式には「水道用ポリ粉体ライニング鋼管（JWWA K132）」といい、JIS規格製品ではなく、日本水道協会（JWWA）の規格品である。

表—2　3種（PA・PB・PD）のポリ粉体ライニング鋼管

種類の記号 色相	被膜の構成	原管（鋼管）
SGP-PA うすい 茶色	一次防錆塗装／鋼管／ポリエチレン	JIS G 3452配管用炭素鋼鋼管)の黒管
SGP-PB 亜鉛 めっき	亜鉛めっき／鋼管／ポリエチレン	JIS G 3452の黒管の外面に同規格相当の亜鉛めっきを施した管
SGP-PD 水色	ポリエチレン被膜／鋼管／接着剤／ポリエチレン	JIS G 3452の黒管

鋼管（SGP）内面に、ポリ粉体がライニング（コーティング）されている。
　管外面の違いにより、表—2に示すように、①SGP-PA（外面一次防錆塗装）、②SGP-PB（外面亜鉛めっき）、③SGP-PD（外面ポリエチレン被覆）の3種がある。ポリ粉体鋼管には、転造ねじ加工が可能というばかりでなく、次のような特徴がある。

（2）ポリ粉体鋼管の特徴
①耐寒性に優れている
　ポリ粉体鋼管は、ガラス転移温度が低く、「脆化温度」が約−50℃と低いため、「耐寒性」に優れている。したがって、寒冷地などの施工においても、他の「樹脂ライニング鋼管」のように、管が割れたりするような事故は起きない。
②耐曲げ性に優れている
　ポリエチレンは、柔軟性に優れ、伸びも大きいため、仮に鋼管に曲げなどの変形が加わった場合でも追随することができる。「JIS K 132」の規格にも曲げに対して、管外径の8倍の曲率半径で、90°曲げまで耐えられることが規定されており、高い曲げ性能を具備している。ただし、ポリ粉体鋼管を曲げ加工して使用してもよいという意味では決してない。
③リサイクル性に優れている
　ポリエチレンは、炭素（C）と水素（H）からなる樹脂で、燃焼しても炭酸ガス（CO_2）と水（H_2O）になり、「ダイオキシン（用語解説参照）」などの「有毒なガス」を発生させない。

【用語解説】
ダイオキシン（dioxine）
　除草剤中に1ppm程度含まれる毒物。「青酸カリ」の約100倍の毒性を有し、「急性毒性」が強く「発がん性」がある。

第5話 「切削ねじ接合」から「転造ねじ接合」の時代へ

　したがって、リサイクルの際にも、「塩ビライニング鋼管」のように、鋼管と内面ライニング管を「分別回収」する必要もなく、鉄スクラップ品として「リサイクル処理」が可能である。

　ところで、この認定により、今後「ポリ粉体鋼管」と「転造ねじ」の組み合わせにより、給水用の配管に対する「耐震性の強化」が図られることになった。

　その結果、現在では転造ねじが適用可能な管種は、表—3のようになっている。

表—3　転造ねじが適用可能な管種

用途	適用管種	備考
給水配管	ポリ粉体鋼管 製品名：PFP、PA、PB、PD	塩ビライニング鋼管は適応不可 （ねじ加工により若干縮径 ＝管端防食継手と嵌合しない）
ガス用配管	SGP(黒、白)	—
	外面被覆鋼管	ライニングブレードで外面被覆を予め剥がしてから転造
その他 空気用配管、消火配管、蒸気、油圧、エアなど		STPGは熱間仕上げの継目無管、電気抵抗溶接鋼管を使用

（3）ポリ粉体鋼管への転造ねじ加工採用実績

　2005年（平成17年）より、鋼管（SGP）ユーザーから、給水系統のねじ配管の接合に「転造ねじ」を適用できないかという問い合わせがあり、レッキス工業㈱では、パイプ継手メーカーと共同で、「嵌め合い確認試験」を実施し、その後モニターとしての採用が始まった。その第一号が、神戸大学・阪神淡路大震災メモリアルセンター（神戸市）である。

　当現場は、写真—9に示すように、「ポリ粉体ライニング鋼管」と「管端防食継手」（シーケー金属㈱製 プレシールコア継手（フッ素系シール材内蔵）：用語解説参照）を使用した転造ねじ配管の採用実績を残すことができた。

第5話 「切削ねじ接合」から「転造ねじ接合」の時代へ

【用語解説】
プレシールコア継手

「ポリ粉体ライニング鋼管」に「転造ねじ加工」し、「管端防食継手」との施工が普及し始めた。このねじ施工には、他の管種に比べ施工時間がかかるという問題があった。それまで、「白ガス管」と「白ガス管継手」の施工には、継手に「シール材」を焼きつけた商品が普及していた。

大手の団地改修工事の施工を担当している会社：JS日本総合住生活㈱が、給水工事に、「ポリ粉体ライニング鋼管」と「転造ねじ」との施工時間の短縮のためと「シール性」の高い、上述の「プレシールコア継手」をシーケー金属㈱と共同で開発し、商品化して採用されるに至っている。

写真—9 ポリ粉体鋼管とプレシールコア継手を採用した転造ねじのねじ込み作業の例

その後、下記の代表的な現場（採用順不同）で次々と採用されている。
和歌山市小・中学校耐震補強工事30校／長崎大学病院／
京都大学iPs細胞研究所／京都大学図書館改修／

第5話 「切削ねじ接合」から「転造ねじ接合」の時代へ

新潟県立野球場／新潟県立大学改修工事／新潟県立高田高校／仙台法務局庁舎／陸上自衛隊帯広駐屯地／防衛庁本庁舎市ヶ谷／新中央合同庁舎2号館霞が関／山梨県立図書館／阪神・淡路大震災メモリアルセンター／香川大学付属病院
　等々
　なお、レッキス工業㈱から入手した情報によると、転造ねじは、主に大震災を経験した、官公庁関連物件や学校施設・大学法人などを中心に普及しているようである。そして、2009年（平成21年）9月までに、官民合わせて350以上の物件に採用されているという。そのうち「転造ねじ」と「ポリ粉体鋼管」の組み合わせによる「給水配管系統」への適用事例は、すでに48件に達している由。

10. 技能五輪国際大会と転造ねじの世界中への発信

　2007年（平成19年）11月に、静岡県沼津市で「第39回技能五輪国際大会」が開催された。筆者は、英語が話せて、かつ配管技術にも多少の知識があるという経歴を買われ、ホスト国の「配管職種（plumbing）」の「VSSP（ワークショップ・スーパーバイザー）」という大役を引き受けることになった。
　VSSPとは、わかりやすくいえば、「競技会場設営の責任者」（競技管材料などの準備手配を含む）である。配管競技（plumbing）の内容は、鋼管（白ガス管・黒ガス管）・銅管・ポリ塩化ビニル管（塩ビ管）を駆使して課題図に基づき、4日間（72時間）にわたり、以下のような配管技能を競う競技である。
①鋼管：白ガス管は、「オスター」などの「手動ねじ切り機」でねじを切り、黒ガス管は、「酸素アセチレン溶接」を行う。
②銅管：「ハンダ付け」と「ろう付け」の両方を使い分ける。
③塩ビ管：「差し込み接続」の作業を行う。ただし、東欧では、「有機溶剤（solvent）」を用いての塩ビ管の接着は禁止されているので、差し込み作業だけで済ませる。
　ちなみに、写真—10は、第39回技能五輪国際大会：配管職種で、銀メダルを

註：上記の件数などは2010年（平成22年）7月〜8月時点であるので、現在ではもっと数多くの建物に採用されているはずである。

第5話 「切削ねじ接合」から「転造ねじ接合」の時代へ

獲得した日本の代表選手:遠間潔寿選手(千代田設備)とその完成作品である。

写真—10　遠間潔寿選手(㈱千代田設備)と完成した作品

　配管職種競技としては、1975年(昭和50年)にスペインで開催された、第22回技能五輪国際大会での「銅メダル獲得」以来、32年ぶりとなる快挙であった。
　現在の日本では、あまりポピュラーでない「配管技術競技」であることもさることながら、筆者はどうせなら配管技能競技会場の一スペースを借用して、「転造ねじデモコーナー」を設けて、世界中から集まった「配管技能関係者」に、日本の独創的な「転造ねじ」をこの機会に是非紹介したいと考えた。
　しかしながら、筆者のアイデアは、誠に残念ながら「棚上げ」されてしまった。その代わりに、レッキス工業㈱大西規夫氏にお願いして、「切削ねじ」と「転造ねじ」のサンプルを作成し、各国の「配管エキスパート」に配布し、そのPRに努めることになった。この中で反応を示したのは、ただ一人、2009年(平成21年)に技能五輪国際大会の開催国に決まっている、カナダのVSSP:チャーニー氏であった。彼は帰国後、「転造ねじ」をカナダにも導入したいと申し出たのだが、既述のように、日本は「ウイット系管用ねじ」を採用しているのに対し、カナダはアメリカと同様、「ユニファイ系管用ねじ」を採用しているので、結局

第5話 「切削ねじ接合」から「転造ねじ接合」の時代へ

この話は未成立に終わってしまった。
　しかしながら、日本独自の「転造ねじ技術」を世界中にアナウンスしたことで、筆者としては、多少の満足感が得られた。近い将来、日本発信のこの「転造ねじ技術」が、世界中でねじ配管の「普遍化技術」として認知され採用されることを期待している。

11. 国土交通省と転造ねじの認知過程

　1997年（平成9年）に国土交通省が発行する「機械設備工事共通仕様書（平成9年度版）」上に、「切削ねじ」に加え、「転造ねじ」も選択できるように初めて記載された。その後、1999年（平成11年）にJIS管用テーパねじ（JIS B 0203）の付属書2にも、転造ねじが記載された。さらに、2001年（平成13年）の「機械設備工事共通仕様書（平成13年度版）」の機械設備工事管理指針（205ページ）では、第2章の配管工事で、①ねじ接合、②フランジ接合、③溶接接合、④ハウジング形継手による接合が掲載されており、その中で「ねじ接合」の項には、従来の「切削ねじ」に加えて、「転造ねじ」が記載されるようになった。
　それはそれで喜ばしいことではあるが、その程度では、筆者にとってはもの足りない、満足できない、すなわち進歩がないと思っている。
　換言すれば、"耐震的に重要な建築設備（設備耐震クラスS）で、ねじ配管を採用する場合は、転造ねじを採用することが望ましい（できれば、転造ねじを適用すること！）"くらいの仕様記載がほしいのである。
　ところで、転造ねじの認知度は、ここ数年大幅に向上し、2010年（平成22年）には、2007年（平成19年）の標準仕様書が大幅に改訂され、表—4に示す内容が平成22年度版に反映されるであろうと耳にしている。

第5話 「切削ねじ接合」から「転造ねじ接合」の時代へ

表—4 標準仕様書：転造ねじと管端防食管継手の項目（抜粋案）

標準仕様書　平成22年度版(案)

第5節　管の接合
2.5.1　一般事項
　(d) ねじ加工機は、自動定寸装置付きとする。また、ねじ加工に際しては、ねじゲージを使用して、JIS B 0203(管用テーパねじ)に規定するねじが適正に加工されているか確認する。
　　なお、ポリ塩ビライニング鋼管等の防食装置を施した配管と管端防食管継手との接合部は、切削ねじとする。ただし、ポリ粉体鋼管の呼び径50以下は、転造ねじ接合としてもよい。
　(e) 管は、接合する前にその内部を点検し、異物のないことを確かめ、切りくず、ごみ等を十分除去してから接合する。
　(f) 配管の施工を一時休止する場合等は、その管内に異物が入らないように養生する。
2.5.3　ポリ塩ビライニング鋼管、耐熱性ライニング鋼管及びポリ粉体鋼管
　(a) ポリ塩ビライニング鋼管、耐熱性ライニング鋼管及びポリ粉体鋼管は、原則として、呼び径80以下はねじ接合、呼び径100はねじ接合又はフランジ接合、呼び径125以上はフランジ接合とする。
　(b) ねじ接合の場合は、2.5.2「鋼管」のねじ接合によるほか、次による。ただし、ねじ接合材は防食用ペーストシール剤とする。
　　(1) 管の内面の面取りは、次によるものとし、継手形式ごとに適切に行う。
　　　(イ) 切削ねじの場合は、スクレーパー等の面取り工具を用いるものとする。
　　　(ロ) 転造ねじの場合は、加工機に組込まれた専用リーマを用いて面取りするものとする。
　　(2) JIS B 0203(管用テーパねじ)に規定するねじが適正に切られていることを、ねじゲージにより確認後、ねじ込む。
　　　なお、ねじ込みは、適正な締付け力で継手製造者が規定する余ねじ山数又は余ねじ長さによりねじ込む。
　　(3) ポリ粉体鋼管に転造ねじ接合を行う場合の管端防食管継手の保護は、次による。
　　　(イ) ねじ込み前に、転造ねじ部の管の内径を専用内径ゲージで確認し、継手製造者が規定する最小内径以上であること。
　　　(ロ) 継手製造者の規定によりねじ込みを行い、締めすぎによる管端コアの破損に注意する。なお、余ねじ山数又は余ねじ長さは、切削ねじと異なるため注意する。
　　(4) 管端防食管継手の再使用は禁ずる。
　(c) 外面樹脂被覆を施した管端防食管継手の場合は、切削ねじとし(b)による。ただし、継手の外面樹脂部と管の隙間及び管ねじ込み後の残りねじ部をブチルゴム系コーキングテープ又はゴムリングで完全に密封させる。また、密封後コーキングテープ又はゴムリング露出部は、プラスチックテープ1回巻きとする。
　　なお、ゴムリングの場合は、管材との接続が終了した後でゴムリングの装着が容易に確認できるものとする。
　(d) 塩ビライニング鋼管のフランジ接合の場合で、やむを得ずフランジを現場付けする場合は、監督職員の承諾を受け、標準図(塩ビライニング鋼管及びステンレス鋼管の施工要領)により取り付ける。

追記：その後、「平成25年度版」が発行され、"50A以下の「ポリ粉体鋼管」には、転造ねじ接合の使用"が認可された。

第5話　「切削ねじ接合」から「転造ねじ接合」の時代へ

12. 転造ねじによる「薄肉鋼管」への開発・採用に向けて
（1）設計段階での転造ねじのスペック

　耐震性・耐久性・環境性・経済性において、「切削ねじ配管」より効果の高い「転造ねじ配管」を普及させるためには、ビルの所有者やデベロッパー、設計事務所の方々に、転造ねじの優れた特徴を理解していただき、「仕様書（specification）」などに盛り込んでもらう方法がベストであると思われる。

　転造ねじの知名度は、「アトリエ系設計事務所」は当然ながら、大規模な「組織設計事務所」においても、一部の人を除いてまだまだ低いのが現状である。

　ところで、既存の配管用炭素鋼鋼管（SGP）・圧力配管用炭素鋼鋼管（STPG）に転造ねじ加工ができるようになったが、もともと"SGP配管の肉厚は、切削ねじ配管のためにある！"とまでいう人もいる。

　大分古い話になってしまったが、2005年（平成17年）2月には、「京都議定書（COP3）」が発効となった背景もあり、どうせ転造ねじを採用するなら、より肉厚の薄いSGPを開発し、「地球環境負荷の低減」を図るべきだと筆者は考える。

　現に、（一社）日本鉄道車両工業会の会員である㈱渡辺工業では、軽量化を主目的とした新幹線の「エアブレーキ用配管」に、「配管用薄肉炭素鋼鋼管（SGP－M）」を鋼管メーカーと開発し、採用している。これは「JIS規格」ではなく、「RIS規格」という特殊規格の鋼管であり、m当たりの単位重量は、従来のSGPに比べて、2〜3割少なくなっている製品である。

　ちなみに、使用継手は「ねじ込み式可鍛鋳鉄製継手（JIS B 2301）」でなく、「マレアブル製継手」を採用しているとか・・・。

　建築設備用配管でも、SGPに転造ねじを採用する場合、従来の肉厚なSGPでなく、少しでも薄い肉厚のSGPを開発して、「資源の有効活用」および「地球温暖化の防止」に寄与すべきではないであろうか？

　しかしながら、どれくらいの「鋼管薄肉化」が図れるかに関しては、鋼管メーカーとユーザー（建築設備会社）とで共同して、あらゆる角度から入念に研究しチェックする必要がある。管肉が薄くなればなるほど、また管径が大きくなれば

第5話 「切削ねじ接合」から「転造ねじ接合」の時代へ

なるほど、転造加工によって管が座屈（buckling）しやすくなるからである。

韓国の某配管工事会社の方が、韓国で「韓国製鋼管」に転造ねじ加工を試みたところ、鋼管がつぶれてしまい、使いものにならなかったという話を、筆者が韓国の配管工事会社を訪れた時、たまたま耳にしたことがある。

表—5は、転造ねじ配管を「期待される薄肉鋼管（JIS B 3453 ?）」に適用した場合、どの程度のメリットが生まれるかという視点から、筆者が現存の「SGP鋼管（JIS G 3452）」と切削ねじ配管との組み合わせに対して、その定性的な比較を行ってみたものである。

表—5 現存SGP鋼管（JIS G 3452）に切削ねじ適用の場合と期待される薄肉鋼管（JIS G 3453 ?）に転造ねじを適用した場合の比較対照

	現存SGP鋼管（JIS G 3452)と切削ねじ加工	期待される薄肉鋼管（JIS G 3453(?)）と転造ねじ加工
①イメージ		
②鉄使用量	多い a. 資源使用 b. エネルギー消費量 c. CO_2排出量 d. その他の資源使用料(用水・オイル)	少ない a. 資源使用 b. エネルギー消費量 c. CO_2排出量 d. その他の資源使用量(用水・オイル)
③流通経費	大きい a. エネルギー b. 副資材 c. 人件費	小さい a. エネルギー b. 副資材 c. 人件費
④加工・施工	マテリアルハンドリングおよび取付作業に要する労力が大きい	マテリアルハンドリングおよび取付作業に要する労力が小さい
⑤ねじ加工	a. 切削油が必要で、廃油処理にコスト・手間がかかる b. 切粉処理にコスト・手間がかかる	a. オイルはほとんど不要 b. 切粉が出ない
⑥ねじ接合品質	折損しやすく、ねじ部がさびやすい	折損せず、ねじ部がさびにくい

ちなみに、「JIS G 3453」というJIS番号は現在ないが、これは将来SGPの薄肉鋼管が開発された時のために空けてある番号と筆者は耳にしたことがある。

仮に、「薄肉鋼管の開発」に時間とコストがかかり過ぎるというのであれば、既述の「RIS規格」を「JIS規格」に昇格させることも一案だと思う。

第5話 「切削ねじ接合」から「転造ねじ接合」の時代へ

（2）鋼材の省資源と地球温暖化の防止

　何年か前、筆者の所へ某大手メーカーの営業マンが、"今後の鉄鋼業界は、どのような方向を志向すればよいのか？"という問題意識をもって訪ねてきたことがあった。筆者は、即座に"貴社は、鋼管メーカーのリーデイング・カンパニーとして、JIS G 3453：薄肉鋼管の開発に取りかかることをお薦めします。"とアドバイスさせていただいた。

　しかしながら、筆者のこのアドバイスに対する答えは、残念ながら一向に戻って来なかった。2008年（平成20年）の北京オリンピックを迎え、中国市場は活気にあふれ、鋼材を作れば中国ではすぐ売れるという時代背景があったから、当時の日本の鋼管業界は、「薄肉鋼管」などには見向きもしないのであったと思う。

　1997年（平成9年）12月開催のCOP3（京都）から現在まで、「地球温暖化防止」を主なテーマとして、COP（締結会議：Conference Of the Parties）が2年ごとに、継続開催されているのは衆知の通りである。そして、京都議定書から18年目にあたる2015年12月12日、気候変動枠組条約第21回締約国会議（COP21）で「パリ協定（Paris Agreement）」が採択された。

　このような時こそ、「省資源」と「地球温暖化防止」の具体策として、官（特に国土交通省）の強力指導のもとで、「官民一体」となって「JIS G 3453（?）：薄肉鋼管」の開発を推進してほしいと思うのは、筆者一人であろうか？

おわりに

　筆者が「管用転造ねじ」の存在を知ったのは、1990年（平成2年）4月に高砂熱学工業㈱名古屋支店から、本店の技術部施工技術センター長として、東京に転勤してきた頃だと思う。その出会いは、故原田洋一氏（原田（仮）事務所）に連れられて、レッキス工業㈱東大阪工場を見学した時のことである。

　その際に、たまたま「転造ねじ加工機の開発」に熱心に取り組まれていた円山昌昭氏にお会いする奇遇を得た。その後、転造ねじ加工機開発のルーツともいえる㈱渡辺工業にもお伺いし、故渡辺隆社長や柴田良治取締役とも知遇を得た。

第5話 「切削ねじ接合」から「転造ねじ接合」の時代へ

　しかしながら、筆者が社内人事で高砂熱学工業㈱の施工技術センター長の職を退いた1994年（平成6年）以来、転造ねじ配管は一部の会社を除いて、それほど普及していないと聞いていた。

　そんな理由から、転造ねじを普及させるのが筆者の責務と考え、某建築設備雑誌上に寄稿させていただいたものがこの報文であるが、転造ねじに対する認識・評価は、最近高まりを見せているようだ。

　ここでこの件に関し、レッキス工業㈱大西規夫氏からいただいた最新情報を以下に紹介しておきたい。

　「転造ねじの認知活動」は、その後も地道に継続されていた。ゼネコン・サブコン・消火設備専門業者・高炉メーカー・継手メーカー・シール剤メーカー・加工管メーカー・加工機メーカーの17社が参加している「転造ねじ普及研究会」が、2015年（平成27年）に「活動6周年記念プレス発表」を行った。

　もう一つ追記しておきたい事項は、元WSPの事務局長が、「ミスター鋼管」として、長年の活動に敬意を評して、「鋼管技術フォーラム」を6年間で13回全国で開催していることである。上記の活動で、都市部の大型商業施設や緊急対応の病院、データーセンター、学校での「転造ねじ採用」が拡大している。

　ところで、故渡辺隆社長は、2004年（平成16年）8月に逝去をされたが、非常に惜しまれる根っからの技術屋さんであった。この紙面をお借りして、筆者と転造ねじとの出会いを作っていただいた、故渡辺隆社長と故原田洋一氏への追悼の意を表させていただくと共に、元レッキス工業㈱円山昌昭氏、および関係各位に厚く御礼を申し上げます。

　また、本報文の執筆に当たっては、貴重な資料類やアドバイスを頂戴しました、㈱渡辺工業の柴田良治取締役およびレッキス工業㈱の大西規夫氏にも厚く御礼を申し上げます。

第5話 「切削ねじ接合」から「転造ねじ接合」の時代へ

【引用・参考文献】
(1)「ねじのお話」，山本晃，日本規格協会，1992年
(2)「ダクト／配管工事の省人・省力化計画―ダクト／配管工事の過去・現在・未来―」安藤紀雄，理工図書㈱，1997年
(3) ㈱渡辺工業会社案内リーフレット
(4)「ねじ施工マニュアル第1編：鋼管配管ねじ施工の基礎（完成・改訂版）」，ねじ施工研究会，2005年
(5) レッキス工業㈱各種転造ねじ資料
(6)「水道用ポリエチレン粉体ライニング鋼管への転造ねじの適用」，宮田志郎，日本工業出版「建築設備と配管工事」pp.7-12，2010年
(7) 厚生大臣登録「空調給排水管理者：講習会テキスト」（第3版），（財）ビル管理教育センター，2009年
(8)「100万人の給排水衛生設備」，小川正晃，㈱オーム社，2005年
(9)「設備と管理」第39回技能五輪国際大会配管職種競技レポート，技能五輪国際大会検討委員会（配管職種），オーム社pp.96-106，2008年
(10)「配管・バルブべからず集－保全マン必携」安藤紀雄・小岩井隆・瀬谷昌男，JIPMソリューション，2010年
(11)「よく解る配管用転造ねじ・地震に強い接合」，転造ねじ普及研究会，日本工業出版㈱，「建築設備と配管工事」別冊，平成27年5月
(12) パンフレット「地震に強い転造ねじ配管のご提案」，監修：転造ねじ普及研究会，発行：レッキス工業㈱
(13) パンフレット「CKプレシールコア」，日本総合住生活㈱・シーケー金属㈱共同研究・開発品

はじめに

漏水のない「管用テーパねじ（JIS B 2301）接合」を行うポイントは、次の3点に要約することができる。

①ねじは、『正しいおねじ』と『JIS規格品のめねじ』を使用すること。
②用途に合った『シール剤』または『シール材』を使用すること。
③適正な締め込み（ねじ込み）を行うこと。

ここでは、②の要点について詳述することにするが、「ねじ配管のシール法」については、プロの配管工といえども、その本質（essence）をあまり熟知していない分野なので、小生の知見や体験を是非披露しておきたい。

1.ねじ配管にシールは不可欠？
（1）ねじ山の種類

ねじ山の種類については、「ねじ用語（JIS B 0101）」の形式の中で、ねじ山の形により図—1に示すように分類されている。

第6話 ねじ配管とそのシール法

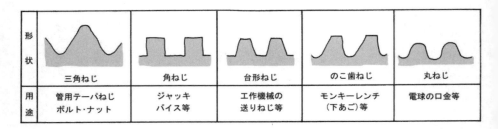

形状	三角ねじ	角ねじ	台形ねじ	のこ歯ねじ	丸ねじ
用途	管用テーパねじ ボルト・ナット	ジャッキ バイス等	工作機械の 送りねじ等	モンキーレンチ （下あご）等	電球の口金等

図—1 ねじ山の種類

　その種類としては、①三角ねじ、②角ねじ、③台形ねじ、④のこ歯ねじ、⑤丸ねじなどがあるが、これらのねじの中で、「三角ねじ」・「台形ねじ」は、求心性（用語解説参照）があり、主として精度の要求されるねじとして使用される。

【用語解説】
求心性（centripetal property）
　　締付ける時、めねじ・おねじの軸心を中心によせる働き。

　一方、力（force）を伝えることを主目的にする場合には、ねじ山の丈夫な「角ねじ」が使用される。ここで、我々が対象とする配管用ねじ:「管用（くだよう）テーパねじ」は、「三角ねじ」に該当する。

第6話 ねじ配管とそのシール法

(2) 三角ねじの種類

三角ねじには、二種類:「平行ねじ」と「テーパねじ」とがある。

①平行ねじ(図―2参照)

平行ねじは、外面または内面に「ねじ山」があり、ボルト・ナット・小ねじといったねじで、一般に多く使用されている。部品を締付けたり、部品を送ったりする所で使用されている。

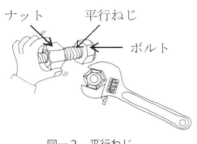

図―2 平行ねじ

②テーパねじ(図―3参照)

テーパねじは、「円錐(circular cone)」の外面または内面にねじがあり、「管用テーパねじ」等に使用されている特殊なねじである。おねじ(male thread)とめねじ(female thread)の締付けと同時に、ねじ部の「耐密性(tightness)」が必要な箇所に使用される。

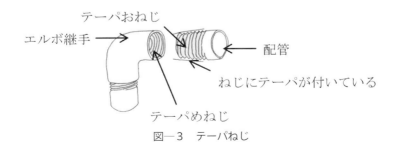

図―3 テーパねじ

第6話 ねじ配管とそのシール法

③「平行ねじ」と「テーパねじ」の耐密性の違い

・平行ねじ

　ボルト・ナット用の平行ねじは、締め付けると、図―4に示すように、ねじ山の「フランク面」の片面は密着するが、反対の「フランク面」には、隙間（gap）ができるため、「ねじ山部」での耐密（tightness）を必要とする箇所には使用できない。そのため、「平行ねじ」に耐密性を持たせるためには、「シール剤（sealant）」等を使用しなければならない。

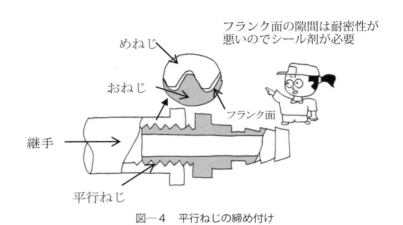

図―4　平行ねじの締め付け

・テーパねじ

　管用テーパねじの継手（fittings）とおねじを締付けると図―5に示すように、ねじ山の「フランク面」の両面は、完全に密着する。

　しかしながら、山の「頂部」と谷の「底部」との間に、ねじの施工精度上、わずかな隙間（gap）ができ、この隙間を「シール剤」・「シール材」などで埋めることにより、はじめて耐密性の高い「ねじ接合」の実現が可能となる。

　ねじ山の「フランク面」が密着するのは、ねじ山形が「三角ねじ」で、求心性があり、「テーパねじ」になっているからである。

第6話 ねじ配管とそのシール法

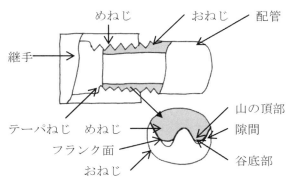

図—5 管用テーパねじの締付け

2．クラシックなねじ配管シール法

　"なぜねじ配管にシールが不可欠か？"という説明に、大分時間をかけてしまったが、まず最初に現在の日本では、過去のねじ配管シール法として今ではすっかり、「死語（obslete words）」となってしまっている「ヤーンシール（yarn seal）法」について、温故知新の話題としてせっかくの機会であるので、ここで紹介しておきたい。

　ヤーンシールの"yarn"の原義は、紡績糸・織り糸・編み糸・より糸などの意味があり、その発音も、"ヤアァン"と"ヤーン"の二通りがあるようである。この本論に入る前にちょっと紹介しておきたいエピソードがある。

　このヤーンシールに関しては、小生の知人：横手幸伸氏（清水建設：設備技術部）が非常に関心を持っておられ、数年以上前に小生のもとに電話で、連絡してこられたのである。"ヤーンシールについて知っていることがあれば何でも教えて欲しい。またこのシール法の施工経験者がいれば、是非紹介してほしい。"・・・と。小生は、その際"確約はできないが、期待しないで待っていて欲しい！"とだけ返事をしておいた。

　そして、日本工業出版から、2013年（平成25年）10月に『ねじ配管施工マニュアル』を発刊する際に、そのp26：【知っておきたい豆知識！】の「ねじ配管とシール材」というコーナの一角に、以下のような一文を記載しておいたのであ

第6話 ねじ配管とそのシール法

る。
　"・・・かって日本でも「ねじ込み配管」の「シール材料」として、「ヤーン（麻の織り糸：yarn）」が使用されていた時代がある。小生は、今のうちに、その「ヤーンシール材」の使用経験者の日本人から、ヤーンシール材の「施工体験談（施工方法）」を是非お聞きして記録しておきたい思って捜しているのだが、今ではその経験者は、なかなか見つからない。現在でも、東南アジアの国（中国・ベトナムなど）では、盛んに使用されている。できるだけ早い内に、日本の「現在のシール技術」の技術移転（techinical transfer）をしてあげるべきだと思う。・・・"と。
　このような記述を残した事も忘れかけていた、2015年（平成27年）7月になって、『ねじ配管施工マニュアル』の購読者の一人、大阪在住、杉本貞次郎商店の杉本貞雄氏という78歳の先輩自身から、"私は、ヤーンシールの施工体験者です。"という朗報が、小生のもとに届いたのである。
　その後の先輩とのやりとりで、次のような貴重な情報を入手することができたので、その骨子を要約しておくことにする。
・1958年（昭和33年）代半ばごろで、対象は「油圧配管」でした。
・ヤーンを「ねじ目」に沿って一筋、二筋巻き付けました。[注]
・その上から「液状シール剤」を塗って巻き付けた「ヤーン」を落ち着かせてねじ込んでいました。
・「液状シール剤」の代わりに、「ペイント」を薄めないで、そのまま塗り付けることもありました。
・対象が「油圧配管」なので、「液状シール剤」の品種などには、あまりこだわっていないようでした。
・「ヤーン材」の代わりに、丈夫そうな「木綿糸」などで代用したこともありました。　　　　　　　　　　　　　　　　　　　　　　　　　　以上

注："過ぎたるは、及ばざる如し（too much of a good thing）"という日本の諺があるように、過度なヤーンシールは行わない方がいい。小生には、これが本シール法を採用する場合の「キーポイント」だと思われる。

ところで、"人間やる気になれば、何でもできる！（There is a will, there is a way！）"という諺があるが、女房殿が録画しておいた、テレビビデオを見ている時、偶然「ヤーンシール施工現場」を目撃することができたのである。この内容は、北イタリアのある小さな村に一人しかいない、若い水道工事屋さんの日常生活を記録したもので、小生にとっては、まさに"目から鱗が落ちる"とも形容すべき、非常に貴重な影像資料となった。

詳しい調査をした訳ではないが、このテレビビデオからみても、ヨーロッパでも、まだまだ「ヤーンシール」が多用されているのではないだろうか？

【ちょっと一息】

「管端防食継手研究会」の一行に随行して、中国を訪れた時の見聞録であるが、上海のダイキン工業㈱の工場を訪問した際に、竣工して間もない工場を見学させていただいたことがある。すると、新工場の片隅に敷かれたブルーシートの上に、見事（？）なほど多数の40A〜50Aのゲート弁類が山積みとなって放置されているのを発見したのである。その理由を尋ねると、バルブの「製品不良」ですという答えが返ってきたが、小生には納得がいかなかった。

というのは既述の"過ぎたるは、及ばざるが如し"という諺通り、不良品とされる全てのバルブのめねじ部周辺に、"テンコ盛り"とも形容すべきほどの「ヤーンシール材」がこびり付いていたからである。

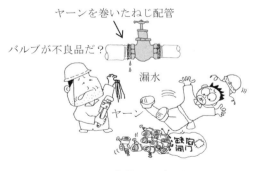

不良品バルブの山

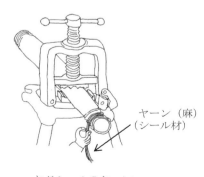

ねじシールのヤーン

第6話 ねじ配管とそのシール法

　小生には、これは決して、「バルブの製品不良」によるものではなく、「切削ねじの加工不良（用語解説参照）」か、「ヤーンシールの施工ミス」によるものと思われた。

【用語解説】
中国で採用しているねじ切り用切削油

　実は、既述の『ねじ配管施工マニュアル』のp126：「切削ねじ切り機と切削油」の項でも書かせていただいたが、中国蘇州工場の日本人駐在員であった円山昌昭氏（元レッキス工業）にお聞きした談話として、触れさせていただいているのだが、中国では品質より、コスト優先のためか、驚いたことに「ねじ切削油」の代わりにいまだに「マシーン油」を使用しているので、「ねじ仕上がり」も極端に悪いとか・・・。

マシーン油でねじ加工？

　現在の日本では、ねじ切り機として、「自動切り上げダイヘッド付ねじ切り機」とメーカー指定の「切削油」が使用されており、「ねじ加工不良ねじ」の発生は、ほとんど皆無と言っていいほどである。

3．ねじ配管：液状シール剤

　ねじ配管のねじには、現在日本において「切削ねじ（cutting thread）」と「転造ねじ（rolling thread）」とがあるが、この項で対象にするのは「切削ねじ」のことである。
　このシール剤として、日本でよく使用されているのが、「液状シール剤」（thread compound）である。

（1）液状シール剤の種類
　このシール剤は、配管用途によりそれぞれ使い分ける必要がある。
①上水配管用（管端防食継手使用の場合）
　衛生的に無害であり、かつ水質に害を与えないものであること。まず、ねじ配管施工の前に、このシール剤の容器に、「日本水道協会規格品（JWWA K 135）」、「国土交通省機械設備共通仕様書適合品」等の表示がしてあるかどうかの確認をすることが重要である。
②給湯配管用
　給湯配管専用のものか、または給湯配管使用を明記してあること（使用例：ヘルメシール55・ヘルメシールCHなど）。
③排水配管・通気配管・消火管・空調配管関係用
　容器に「一般配管用」（通称：「黒ヘル」と呼ばれる）と表記されているため、これを「上水用」に使用すると、"飲用不適"となるので注意を要する。
　排水管、通気管等で「誤用」を避ける目的から、できれば「上水配管用」に統一して使用することが推奨される。
④蒸気配管用
　流体が高温なので、専用のものを使用すること（使用例：ヘルメシールH-2など）。

（2）液状シール剤：取り扱い注意点
　「液状シール剤」には、有機溶剤（organic solvent）が含まれているものが多

第6話 ねじ配管とそのシール法

いので、「危険物の規制に関する法律」（火気注意・換気など）、「有機溶剤中毒予防規則」（中毒注意など）に関する留意が不可欠である。

（3）液状シール剤：塗布方法
①上水・給湯配管
・ねじ山が浮き出る程度に、「ねじ山全面」へムラなく丁寧に塗布すること。
・更に、「ねじ先端：2〜3山」へは「ねじ山」が隠れる位、そして「ねじ先端部（鋼管部）」へは、薄く塗布すること。

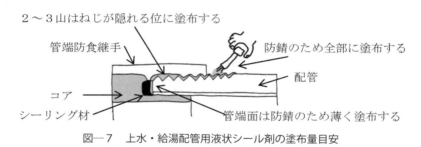

図—7　上水・給湯配管用液状シール剤の塗布量目安

②排水配管・通気配管・消火配管・空調配管関係および蒸気配管関係
　「ねじ先端部：4〜5山」に、ねじ山が隠れる程度塗布すること。配管ねじ込み後、残ったねじ山部へは、「防錆剤（錆止めペイント等）」を塗布すること。

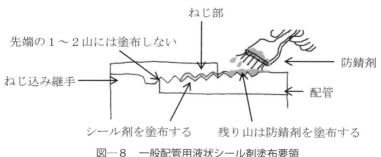

図—8　一般配管用液状シール剤塗布要領

（4）液状シール剤：塗布上の一般的留意点

　シール剤は、メーカーなどにより、製品特性が異なるので、使用するシール剤の「メーカー技術資料」を必ず精読しておき、以下の点に留意すること。

①よく攪拌（かくはん）し、液を均一な状態にしておくこと。

②「塗布量」が少ない場合は、「塗布厚」が薄くなり「塗りむら」ができ、漏れに繋がる可能性がある。

③逆に、「塗布量」が多すぎると"過ぎたるは及ばざるが如し"というように、配管内面に「たれ」が生じたり、「ストレーナ・メッシュ（用語解説）」等の詰まりの原因になり、特に「上水配管」の場合には「水汚れ」の原因ともなる。

【用語解説】

ストレーナ・メッシュ（strainer mesh）

　配管中の循環水に混入している、異物（ゴミ・泥・金属粒子など）を除去する目的で、ストレーナを設置する必要がある。この目的のためにストレーナの内部には、「メッシュ（金網）」が装着されている。メッシュ番号は、「○○メッシュ」という数字番号の呼び方をするが、これは1インチ当たりの網目数のことで、このメッシュ番号は、数が増えれば増えるほど"目が細かくなる"ことを意味している。

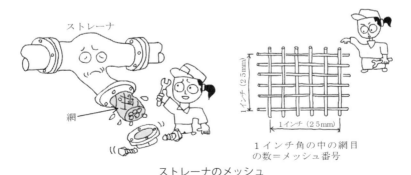

ストレーナのメッシュ

第6話 ねじ配管とそのシール法

　なお、ストレーナは定期的に「異物の除去・清掃」を行う必要がある。この役割は、工事が完成し「客先引き渡し」までの期間は、施工業者の責任であるが、以降はビル所有者の責任である。この点に関しては、ビルの「竣工引渡し」時に、文章および口頭でビルのオーナーにはっきりと伝達しておく必要がある。

④ねじに「液状シール剤」を塗布した後3分間程度放置し、「液状シール剤」に含まれる「有機溶剤（揮発性ガス）」の蒸発を待ち、「管継手」などにねじ込むこと。逆に、あまり長く放置すると「液状シール剤」が乾燥しすぎ、ねじ込みが難しくなり漏水の原因となる。

⑤「液状シール剤」は、開封後にはその品質管理上、蓋はこまめに「密閉状態」になるように閉めることが必要である。容器が缶の場合、内容量の半分程度使用した段階で使用不能となってしまう場合が多い。

　しかし、溶剤による「希釈調整（dilution control）」は難しいので、開缶後はできるだけ早く使い切ることが望ましい。

⑥図―9に示すようなチューブ入りの「嫌気性液状シール剤」の使用も増えてきている。

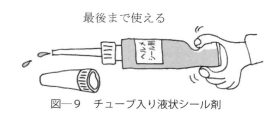

図―9　チューブ入り液状シール剤

⑦「有機溶剤系」の液状シール剤は、必ず密封し「冷暗所」・「換気の良い場所」に保管すること。

⑧「最適状態」の液状シール剤のみを使用すること。換言すると、よく攪拌し刷毛に付けたとき「たれにくい状態」になったものは、使用しないこと。状態の悪い液状シールの使用は、漏れの原因となる。

⑨「有機溶剤系」の液状シール剤は、シール剤が安定するまでの「養生期間

（cu1ring time）」が必要である。「養生期間」は、一般的に24時間程度であるので、24時間以内に通水しなければならない場合には、必ず「テープシール（後述）」、または短時間で通水が可能な「液状シール剤」を使用すること。

4．ねじ配管：テープ状シール材

前項の「液状シール剤」と同様に、日本でも頻繁に採用されているシール材が、「テープ状シール材」である。

（1）テープ状シール材の特徴

この「テープシール材（JIS K 6885）」には、「テフロン」（シール用四フッ化エチレン樹脂未焼成（生）テープ）が使用されている。

このシール材は、メンテナンスなどで、「配管の取外し」が必要な場合や、建築設備では、「小口径ねじ接合」や「水栓金具類」・「逃し弁類」・「排水弁」等々、また「配管末端」に器具付けする場合や「プラグの取付け」等に多用されている。その理由は、「テープ状シール材」を使用すると、一度配管した後でも、配管をバラし（外し）やすいからである。

（2）テープ状シール材の巻き方

①テープは、管継手のねじ込み方向（時計方向）に「管端面」から、はみ出さないように巻き付けること。

図—10　テープシールの巻き方

第6話 ねじ配管とそのシール法

②テープは、2/3～3/4幅ラップさせて、しっかりと巻き付けて、指で押さえてテープを「ねじ山」に馴染ませること。
③テープは、ねじの「切り上がり部：1.5～2山」には巻き付けないこと。
その理由は、テープシールには、「防錆効果」がないためである。

【ちょっと一息！】
国際技能五輪の思い出

　実は、現在でも「ユニバーサル技能五輪大会（通称：技能オリンピック大会）」が2年に一度の割合で、世界各国で「持ち回り開催」されている。この競技の中で、「ねじ接合配管」に使用される「シール材」として指定されたのが、実は「テープ状シール材」であった。

　筆者は、競技前に各国の競技選手各人に競技開始前に「テープ状シール材」を一巻き手渡した。ところがである。競技途中で「シールテープ」を使いきってしまって足りないので、もっと欲しいという選手が続出した。

　競技現場を見ると、彼らの「ねじ接合部」には、よくこのねじをねじ込めたな？と思われるほどに「てんこ盛りのシールテープ」が巻かれていたのである。

　もちろん、競技規則上、彼らに"そんなに巻いたらだめだよ！"と、「シールテープ」の施工法（巻き方）をその場で指導してあげたかったが、競技規則違反になるので、黙って追加の「シールテープ」を支給したが・・・。

図—11　五輪競技選手のシールテープの巻き方

どうやら、彼らは「シールテープ」の施工法を知らないのではと思われた。シールテープは、多く巻くほど、そのねじのシール性が増すとでも思っているように思われた。

5.「液状シール剤」と「テープ状シール材」の選択
　つい最近、『ねじ配管施工マニュアル』の一読者から次のような質問があった。"このマニュアルには、「液状シール剤」と「テープ状シール材」と二つのシール方法を紹介していますが、その採用基準をご教示下さい！"・・・。
　筆者は、ねじ配管からの漏洩防止が究極の目的であるので、どの方法を選択してもOKですと回答しておいたが、どちらかというと衛生設備配管では、「テープ状シール材」の適用が多いようですと付け加えておいた。
　その後、この読者から、「液状シール剤」と「テープ状シール材」を併用していますという返事が戻ってきた。
　ちなみに、インターネットの「Q&Aコーナー」で調べてみると、次のような興味あるコメントが掲載されていた。（原文のまま）
　"シールテープを確実に巻き付ければ、そうそう漏水を起こすことはありませんね。しかしながら、ご質問の「エコキュート」や「電気温水器」の接続口って、給水給湯・追い炊き等の離れが余り無いので、シールテープが巻きづらいのが実情です。ですから、私も「シールテープ」と「ヘルメ」を併用して、ねじ込んでますよ。要は、後々の面倒事を無くす為に、最善の方法を取れば良いのですから。でも、最近は「架橋ポリエチレン」や「フレキ管」で接続することが多いので、「パッキン」で十分止水出来ちゃいますから、滅多に「ヘルメ」の出番は無いですが・・・。"
　貴台の参考になれば誠に幸甚です。

6.転造ねじとそのシール法
（1）転造ねじの特徴
　現在日本では、配管ねじ接合の「ねじ」としては、既述のように「切削ねじ」

第6話 ねじ配管とそのシール法

と最近急速に普及しつつある「転造ねじ」が採用されているが、「転造ねじ」のシール法については、あまり知られていない。

そこで本稿では、「転造ねじ」のシール法について簡単に記してみたい。

今更ここで解説を加える必要もないであろうが、「転造ねじ」は、「切削ねじ」と同じ「テーパ（taper：傾斜度）ねじ」であるが、「切削ねじ」に比べ、ねじ山の「加工精度」が高く、安定して加工できるという特徴がある。また、「切削ねじ」に比べて、「フランク面」と「ねじ山」の形状が安定しているので、「めねじ」との「嵌め合い」は、非常に高い精度を確保することができる。

（2）転造ねじのシール法

転造ねじは、ねじ部の肉厚が厚く、「ねじ精度」が高くなっているため、どうしても、「締め込みトルク（thread tightning torque）」が「切削ねじ」に比べて大きくなる。したがって、そのシール法も「切削ねじのシール法」の延長として考えてはならない。すなわち、「締め込みトルク」を切削ねじの「締め込みトルク」に近づける目的で、必ず締め込み時の「潤滑性（lubrication）」を向上させた「転造ねじ専用シール剤」を使用する必要がある。

ちなみに、転造ねじに「切削ねじ用シール剤」を使用すると、ねじ締め込み時

図—12　転造ねじ専用シール剤：ZT

にねじが焼き付き、漏れの原因となるので絶対に使用しないこと！

換言すると、転造ねじのシール剤は、"シール剤（sealant）というより、むしろ「潤滑剤（lubricant）」"の役割を果たしているということができる。

なお、上述の転造ねじ専用シール剤：ZTは、転造ねじ専用の一般配管用で給水・給湯・排水・汚水・スプリンクラー・冷却水・冷温水などの配管に適用できる「乾性固着タイプ」のシール剤である。

おわりに

筆者が高校時代に一年間学習した、「日本史」では、「古代（縄文・弥生時代）」からスタートして、「明治維新」までたどり着くか着かないうちに、学期末となってしまった。最近、池上彰氏の「現代史」の企画研究がテレビで大人気になっている。これに鑑み、高校の歴史の学習は、「現代史」からスタートして、「古代史」までに逆行するのが、最善の歴史学習法だというのが、筆者の持論であるが、いかがなものであろうか？

ちなみに、ねじ配管工事は、通常「管（SGP）の切断作業」⇒「ねじ切削加工」⇒「ねじゲージによるねじ加工検査」⇒「シール材（またはシール剤）の適用」⇒「ねじの締込み（ねじ接合）」⇒「ねじ配管取付け」⇒「水密試験」という、施工手順を踏むが、その手順の中位に位置するのが、「シール材（またはシール剤）の適用」という「施工プロセス」である。

それと同じような趣旨で他のプロセスを割愛して、「管（SGP）の切断作業」からでなく、それらをスキップしていきなり、紹介させていただいたものが、この『ねじ配管とそのシール法』なのである。

第6話 ねじ配管とそのシール法

【引用・参考文献】
(1)「空気調和・衛生工学会便覧第13版」／5材料・施工維持管理篇／第8編材料とその耐久性／第1章管および継手，(社)空気調和・衛生工学会・2001年（平成13年）11月
(2)「Tea Breakを取りながらマスターできる－空調設備配管設計・施工の実務技術」，安藤紀雄，理工図書㈱，1992年（平成4年）2月
(3)「新版建築用ステンレス配管マニュアル」，ステンレス協会建築用ステンレス配管マニュアル委員会編，ステンレス協会，平成9年7月
(4)「改訂：ステンレスの初歩」ステンレス協会広報委員会編，ステンレス協会，平成15年9月
(5)JSPE：給排水設備研究会・人材育成研究会主催・配管技能講習会テキスト：「ステンレス鋼管の接合法『ステンレス鋼管メカニカル接合の基礎知識』」小池道広・佐藤貴司共著・2004年（平成16年）9月
(6)JSPE給排水設備研究会・人材育成研究会主催・配管技能講習会テキスト・「ステンレス鋼管の接合法『ステンレス鋼管の溶接接合の基礎知識』」，安藤紀雄，2004年（平成16年）9月
(7)「銅配管はんだ付けマニュアル」，(社)日本溶接協会貴金属ろう部会技術委員会，(社)日本銅センター，平成5年5月
(8)「銅配管ろう付けマニュアル」，(社)日本溶接協会貴金属ろう部会技術委員会・(社)日本銅センター，平成4年7月
(9)JSPE給排水設備研究会・「銅管の接合法『建築設備用銅配管の「はんだ付け・ろう付け』」原田洋一，2004年（平成16年）9月

第7話 衛生設備配管の現状とライニング配管の施工法

はじめに

　小生は、かつて「給排水設備研究会誌」上に、①「建築配管材料の雑知識」（Vol.22 No.1・2005年）、②「配管用炭素鋼鋼管（SGP）の接合法」（Vol.22 No.2・2005年）、③「ステンレス鋼管と銅管の接合法」（Vol.22 No.3・2005年）、④「樹脂管の接合法」（Vol.22 No.4・2006年）というタイトルで、配管工事の記事を4回シリーズで連載させていただいたことがある。これが、現在（2017年）まで16回も継続開催されている「JSPE：配管技能講習会」の参考テキストとして使用されているものである。

　その時は、残念ながら、衛生設備工事に不可欠な「ライニング鋼管の接合法」については、紙面の制約上一切触れることはできなかった。

　その後、「ライニング鋼管の接合法」についても、是非加筆して欲しいという要望があるにはあったのだが、多忙にかこつけて掲載する機会を逸していた。

　実は、これが今回本稿を改めて寄稿させていただくことになった直接の動機となっている。

第7話 衛生設備配管の現状とライニング配管の施工法

1. 衛生設備配管と配管材料

　空調設備では、一般的に言って「蓄熱槽」などを利用する「開放式配管」を除いては、「密閉式配管」・「半密閉式配管（例：冷却水配管）」がその大半を占めている。一方、給排水衛生設備工事では、使い捨て式の「一過式配管」や「開放式配管」や「半満流式配管」などが多いので、配管材料を選択する際も、どうしても配管腐食（piping corrosion）に対する考慮が不可欠となっている。

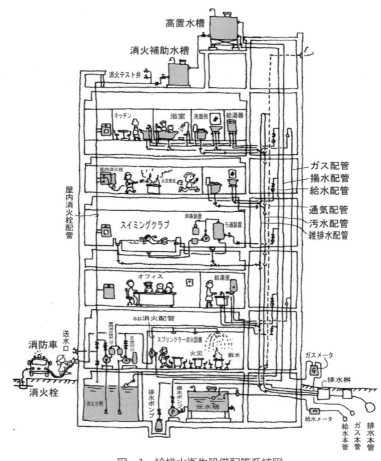

図—1　給排水衛生設備配管系統図

第7話 衛生設備配管の現状とライニング配管の施工法

　そのため、空調設備用の配管材料に比べて、衛生設備配管では、配管材料の種類も複雑多岐にわたっているので、今回は最近の給排水衛生設備の配管材料の特徴について、少し知見を披露しておきたい。

　まず、給排水衛生設備の配管全体像を掴んでもらうために、図－1に給排水衛生設備配管系統図を示しておく。

【ちょっと一息！】
配管の腐食トラブル

　上述の記述を裏付ける、次のような貴重な報告もある。
　□腐食トラブル率：
　①給水系：40％、②給湯系：33％、③冷温水系：16％、④冷却水系：10％。

（1）給水管

　建物に上水（飲料水）や雑用水を供給する際に使用する、いわゆる「一過性の配管」である。給水管用には、従来までは、「水道用亜鉛めっき鋼管（SGPW、通称：ダブダブ管）」が主として使用されていた。しかしながら、亜鉛の流出などにより「白濁（白水）現象（用語解説参照）」が起こることがある。

【用語解説】

白水（white rust water）

　亜鉛めっき鋼管を「給水配管」に使用した場合に、溶出した亜鉛（Zn）により、水が白濁する現象。腐食による「赤水」の発生が原因で、「錆こぶ」による配管閉塞が生じたり、また「切削ねじ部の腐食孔（ピッチング現象）」による漏水などの機能障害を起こし易いとの理由から、現在では「飲料水系統」には、使用されなくなっている。

第7話 衛生設備配管の現状とライニング配管の施工法

　JISでも、名称が「水道用亜鉛めっき鋼管」から、名称が「水配管用亜鉛めっき鋼管（JIS G 3442）」に変わって、飲料水用としては、適用しないことになっている。その「代替配管材料」として、最近では合成樹脂ライニング鋼管である「水道用硬質塩化ビニルライニング鋼管（JWWA K 116）」や「水道用ポリエチレン粉体ライニング鋼管（JWWA K 132）」、「一般配管用ステンレス鋼鋼管（JIS G 3448）」が主として採用されるようになってきている。

　近年では、給水方式として、従来の「高置水槽方式」に代わって、「直結直圧方式」と「直結増圧方式（ブースター方式（用語解説参照））」が多用される傾向にあり、特に「直結直圧方式」では、戸建て住宅などの3階以下の建物に使用され、3階を超える集合住宅（マンション）などの建物では、「直結増圧方式」が多用されるようになってきている。

【用語解説】
ブースター方式（booster system）

　ブースターとは、日本語では「増圧機器・昇圧機」とも呼ばれる。流体の流れの途中（管路）に設けてその流れの「圧力」を高める機械のこと。一例として、ブースターポンプ・ブースターコンプレッサ・ブースターファンなどの呼称がある。それに伴い軽くて錆びにくい「ステンレス鋼鋼管（SUS管）」が多用されるようになり、マンションの「専有部」などでは、現在「樹脂管」も多用されている。

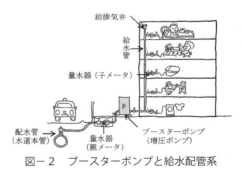

図-2　ブースターポンプと給水配管系

（2）排水管

　排水管材料には、鋼管・鋳鉄管・ライニング鋼管・塩ビ管など、その用途により多種多様なものが使用されている。かってよく使用されていた「鉛管（用語解説参照）」は、施工性に優れているが、毒性があるため現在使用されなくなった。

【用語解説】

鉛管（plumbing pipe）

　かって、衛生工事では、「鉛管」が盛んに使用されていた時代がある。そして、そのような背景のもとに、上下水道工事などの配管工は、現在でも「piping worker」ではなく、「plumber」と呼ばれている。

　実は、給排水設備研究会の略称は、「JSPE」となっているが、これは、"Japan Society of Plumbing Engineers"の略号である。なお、老婆心ながら、「plumbing」の発音は、「プランビング」ではなく、"b"の音は発音せず、「プラミング」であることに注意すること！

第7話 衛生設備配管の現状とライニング配管の施工法

①亜鉛めっき鋼管

②排水用鋳鉄管

③塩ビライニング鋼管

④排水用鉛管

⑤硬質ポリ塩化ビニル管

写真—1　多種多様な排水管材料

【ちょっと一息！】
排水管再生工法

　ここで、せっかくの機会であるので少し脱線して「排水管再生工法」について紹介しておく。

　近年では竣工から20年〜30年が経過した排水管の内面が腐食し、それを研磨後、排水管の内面に「樹脂管」を成形する「再生工法（インパイプフェニックス）」も使用されている。なお、その他の排水管の再生工法には、さまざまな工法があるが、下記の方法がよく知られている。

[床排水トラップ再生工法]：

　マンションや団地の浴室などの排水で、20年〜30年経過した「封水部分」が破損した個所などをコンクリートパテで「封水部」を新たに成形し、管内部に塩ビ製の「形状記憶樹脂（shape memory resin）」を内貼りし再生する方法。

[反転工法]：

　研磨した雨水排水・雑排水・汚水管などの内面に、「エポキシ樹脂」を含浸させ、「ポリエステル樹脂」を空気圧で反転させ内貼りする工法。

既存の排水管の内面に、1.2mm程度の新しいパイプ層が成形される。
　ただし、「エポキシ樹脂」が硬化するまでには、少なくとも3時間〜4時間程度の時間が必要となる。

[洗浄痕再生工法]：

　マンションの雨水管や雑排水管を年1回程度「高圧洗浄」すると、洗浄ホースが擦れて、排水立管と排水枝管の接続部の下部に「洗浄痕」が発生する。排水枝管部から、塩ビ製の「形状記憶樹脂」を内貼りし、洗浄痕を塞ぎ再生する。

（3）給湯管

　給湯管には「耐食性」ある材料を使用する必要があるため、一般的には、銅管・ステンレス鋼鋼管・樹脂管などが使われている（注：中央式給湯設備で「返湯管」を採用している場合でも、「給湯栓」に至る「末端の給湯枝管」には、「一過式配管」を採用している。）

　この場合、「湯待ち時間」を最小にして「給湯の省エネルギー化」を図るためにも、配管口径は、極力「10A〜15A以下」に選定することが重要である。

　なお、樹脂管としては、「水道用硬質塩化ビニルライニング鋼管（JWWA K 116）」、「架橋ポリエチレン管（JIS K 6769）」、「ポリブテン管（JIS K 6778）」などが使用されている。

（4）通気管

　通気管は、排水設備の付属設備ともいえる配管で、一般的に「白ガス管（SGP）」が使用されている。

　ただし、最近では、民間物件では「排水・通気用耐火二層管（FPD）」と「硬質ポリ塩化ビニル管（JIS K 6741）」などが使用されるようになってきている。

（5）雨水管

　雨水管は、屋上などに溜まった雨水を流下し、屋外に排水する配管であるが、今でも一般的に「白ガス管（SGP）」が使用されている。

第7話 衛生設備配管の現状とライニング配管の施工法

ただし、最近では、民間物件では「排水・通気用耐火二層管（FPD）」や「硬質ポリ塩化ビニル管（JIS K 6741）」などが使用されるようになってきている。

近年では、「ゲリラ豪雨」を考慮し、雨水排水管の口径も太くなり、また、雨水排水横引き管には、「ライニング鋼管」や「塩化ビニル管」などの使用されるようになってきた。

（6）消火管

消火設備は、「水系消火設備」と「ガス系消火設備」とに大別されるが、一般的に「消火管」としては、長年「白ガス管（SGP）」が使用されてきた。

ただし、2006年（平成18年）10月に、消火管として「一般配管用ステンレス鋼鋼管（JIS G 3448）」が使用できるようになってからは、従来使用してきた「圧力用炭素鋼鋼管（STPG）」と比べ、管径のサイズダウン（用語解説参照）が可能になり、軽くて錆びにくいステンレス鋼管が「連結送水管」に多用されるようになってきた。

【用語解説】
SUS管によるサイズダウン

　この話はよく耳にすることで、小生の独断かも知れないが、以下の事実に起因すると思われる。

　すなわち、配管用炭素鋼鋼管（SGP）と一般配管用ステンレス鋼鋼管（SUS-TPD）の外径寸法とを比較した場合、一般配管用ステンレス鋼鋼管（SUS-TPD）は、25A（25Su）までは、外径寸法は鋼管サイズより小さいが、32A（40Su）以上では、外径寸法はまったくSGPと同じ寸法になっている。当然、一般配管用ステンレス鋼鋼管（SUS-TPD）の肉厚は、配管用炭素鋼鋼管（SGP）の肉厚より薄いので、SUS-TPDの方が「管内断面積」が大きく確保できるからである。

第7話 衛生設備配管の現状とライニング配管の施工法

表—1 「一般配管用ステンレス鋼鋼管（SUS-TPD）」と「配管用炭素鋼鋼管（SGP）」の寸法・質量比較

呼び径			一般配管用ステンレス鋼鋼管					配管用炭素鋼鋼管				
Su	A	B	外径(mm)	肉厚(mm)	実内径(mm)	断面積(cm²)	質量(kg/m)	質量比	外径(mm)	肉厚(mm)	実内径(mm)	断面積(cm²)	質量(kg/m)	質量比
10	10	3/8	12.7	0.8	11.1	0.96	0.24	0.28	17.3	2.3	12.7	1.26	0.85	1
13	13	1/2	15.88	0.8	14.28	1.6	0.3	0.23	21.7	2.8	16.1	2.03	1.31	1
20	20	3/4	22.23	1	20.23	3.21	0.53	0.32	27.2	2.8	21.6	3.66	1.68	1
25	25	1	28.58	1	26.58	5.54	0.69	0.28	34	3.2	27.6	6	2.43	1
30	—	1	34.0	1.2	31.06	7.57	0.98	—	—	—	—	—	—	—
40	32	1 1/4	42.7	1.2	40.3	12.7	1.24	0.37	42.7	3.5	35.7	10	3.38	1
50	40	1 1/2	48.6	1.2	46.2	16.7	1.41	0.36	48.6	3.5	41.6	13.6	3.89	1
60	50	2	60.5	1.5	57.5	25.9	2.2	0.41	60.5	3.8	52.9	21.9	5.31	1
75	65	2 1/2	76.3	1.5	73.3	42.1	2.8	0.38	76.3	4.2	67.9	36.1	7.47	1
80	80	3	89.1	2	85.1	56.8	4.34	0.49	89.1	4.2	80.7	51	8.79	1
90	90	3 1/2	101.6	2	97.6	74.8	4.96	0.49	101.6	4.2	93.2	68	10.1	1
100	100	4	114.3	2	110.3	95.5	5.59	0.46	114.3	4.5	105.3	87	12.2	1
125	125	5	139.8	2	135.8	144.8	6.87	0.46	139.8	4.5	130.8	135	15	1
150	150	6	165.2	3	159.2	199	12.1	0.61	165.2	5	155.2	189	19.8	1
200	200	8	216.3	3	210.3	347	15.9	0.53	216.3	5.8	204.7	328	30.1	1
250	250	10	267.4	3	261.4	536	19.8	0.47	267.4	6.6	254.2	508	42.4	1
300	300	12	318.5	3	312.5	766	23.6	0.45	318.5	6.9	304.7	730	53	1

図—3 SUS管（100A）と鋼管（100A）の内径の違い

また、「スプリンクラー配管」では、最近「巻出し配管」のヘッド付近で、銅管・樹脂管・ステンレス鋼管などが使用されるようになっている。

(6) 都市ガス供給管

都市ガスの供給配管には、通常「黒ガス管（用語解説参照）」が使われている。

【用語解説】

「ガス管」という呼称

　配管用炭素鋼鋼管（SGP）が現在でも通称：「ガス管」と通称されるのは、配管用炭素鋼鋼管（SGP）が長年の間、「都市ガス配管材料」として使用されてきた経緯があるからである。

図－4　ガス管

（7）中水管（再生利用水管）

　節水目的で、雨水・雑排水などの排水を地下に集水し、ろ過浄化して滅菌した水（中水）をトイレの排水用として、再利用する方法が増えてきている。「中水（reclaimed water・grey water）」は、滅菌目的で塩素を多く使用するため、一般的には「水道用硬質塩化ビニルライニング鋼管」が使用されている。

　なお、薬液注入している「薬注配管」にステンレス鋼管を使用する場合には、薬液による腐食に対し、特別の注意が必要である。

　ここで参考までに、表―2に「建築設備用配管材料とその使用区分」を掲載しておく。

表—2　建築設備用配管材料とその使用区分

区分	管種	名称	規格	蒸気	高温水	冷温水	冷却水	油	冷媒	給水	給湯	排水	通気	消火	備考
金属管	鋳鉄管	ダクタイル鋳鉄管	JIS G 5526							○				○	
		水道用ダクタイル鋳鉄管	JWWA G 113							○				○	
		排水用鋳鉄管	JIS G 5525									○	○		
		下水道用ダクタイル鋳鉄管	JSWAS G‐1									○	○		
	鋼管	水道管用亜鉛めっき鋼管	JIS G 3442			○				○				○	
		配管用炭素鋼鋼管	JIS G 3452	○	○	○	○	○		○			○	○	蒸気・高温水・油・冷媒用は黒管、その他は白管。●はスケジュール40。
		圧力配管用炭素鋼鋼管	JIS G 3454	○	●	○	○	○		○				○	
		高圧配管用炭素鋼鋼管	JIS G 3455	○											黒管
		配管用アーク溶接炭素鋼鋼管	JIS G 3457											○	白管
		一般配管用ステンレス鋼管	JIS G 3448			○				○	○				
		配管用ステンレス鋼管	JIS G 3459												
		水道用ステンレス鋼管	JWWA G 115							○					
		水道用硬質塩化ビニルライニング鋼管	JWWA K 116							○					SGP-VA、VB、VD（地中配管用）
		フランジ付硬質塩化ビニルライニング鋼管	WSP 011							○					FVA、FVB、FVC
		水道用ポリエチレン粉体ライニング鋼管	JWWA K 132							○					SGP、PA、PB、PD（地中配管用）
		フランジ付ポリエチレン粉体ライニング鋼管	WSP 039							○					FPA、FPB、FPC
		水道用耐熱性硬質塩化ビニルライニング鋼管	JWWA K 140								○				SGP-HVA
		排水用ノンタールエポキシ塗装鋼管	WSP 032									○	○		SGP‐NTA
		排水用硬質ポリ塩化ビニルライニング鋼管	WSP 042									○	○		D‐VAV
		消火用硬質塩化ビニル外面被履鋼管	WSP 041											○	VS地中配管用
	鉛管	一般用工業用及び鉛合金管	JIS H 4311												
		水道用ポリエチレン複合鉛管	JIS H 4312							○					
		排水・通気用鉛管	SHASE‐S 203									○	○		
	銅管	銅及び銅合金継目無管	JIS H 3300	○	○	○	○		○	○	○	△	△	◇	C1020またC1220のKLM（ただし、冷却水は1220、Kは冷媒のみ）。△小便器系統は除く◇スプリンクラ系統の呼び径65A以下に限定使用
		水道用銅管	JWWA H 101			○				○	○				
非金属管	プラスチック管	硬質ポリ塩化ビニル管	JIS K 6741							○					VP
		水道用硬質ポリ塩化ビニル管	JIS K 6742							○					
		水道用ポリエチレン二層管	JIS K 6762							○					
		水道用架橋ポリエチレン管	JIS K 6787							○	○				
		水道用ポリブテン管	JIS K 6792							○	○				
		架橋ポリエチレン管	JIS K 6769			○				○	○				
		耐熱性硬質ポリ塩化ビニル管	JIS K 6776								○				
		ポリブテン管	JIS K 6778			○				○	○				
		下水道用硬質塩化ビニル管	JSWAS K‐1									○			外圧管
		排水用耐火二層管	FDPA									○	○		
		強化プラスチック複合管	JIS A 5350							○					
		下水道用強化プラスチック複合管	JSWAS K‐2									○			
	コンクリート管	プレキャスト鉄筋コンクリート製品	JIS A 5372									○			外圧管1種のB形
		プレキャストプレストレストコンクリート製品	JIS A 5373							○					
		下水道用鉄筋コンクリート管	JSWAS A‐1									○			
	陶管	陶管	JIS R 1201									○			
		下水道用陶製卵形管	JSWAS R‐1									○			外圧管

[注]　SHASE‐S：空気調和・衛生工学会規格　　JSWAS：日本下水道協会規格　　WSP：日本水道鋼管協会規格
　　　JCDA：日本銅センター規格　　　　　　　JWWA：日本水道協会規格　　　　FDPA：耐火二層管協会規格
　　　JBMA：日本伸銅協会規格　　　　　　　　MDJ：排水鋼管継手工業規格
　　　JPF：鉄管継手協会規格　　　　　　　　　SAS：ステンレス協会規格

2.内面ライニング鋼管の種類

ここでは、代表的な「ライニング鋼管」を種々紹介しておく。

ここで特に注意してほしいのは、「ライニング鋼管」は母材が鋼管（SGP）で、他の管材との複合管であるため、JIS規格でなく、JWWA規格（日本水道協会規格）やWSP規格（日本水道鋼管協会規格）になっていることである。

（1）水道用硬質塩化ビニルライニング鋼管（図—5）

（JWWA K116、記号：SGP-VA・SGP-VB・SGP-VD）
①母管には、JIS G 3452配管用炭素鋼鋼管（SGP）が使用されている。

種類の記号 色相	被膜の構成	原管（鋼管）
SGP-VA 茶色	一次防せい塗装／鋼管／硬質塩化ビニル	JIS G 3452 (配管用炭素鋼管)の黒管
SGP-VB 亜鉛めっき	亜鉛めっき／鋼管／硬質塩化ビニル	JIS G 3442 (水道用亜鉛めっき鋼管)
SGP-VD 青色	硬質塩化ビニル被膜／鋼管／接着剤／硬質塩化ビニル	JIS G 3452 の黒管

← 外面防食塗装
← 外面亜鉛めっき
← 外面硬質塩ビ

図—5　水道用硬質塩化ビニルライニング鋼管の断面図および写真

②硬質塩化ビニルライニングの厚さは
　15A～65A：1.5mm
　80A～125A：2.0mm
　150A：2.5mmである。
③外面仕上げ方法
　VA：一次防錆塗料仕上げ
　VB：亜鉛めっき仕上げ（水配管用亜鉛めっき鋼管と同様）
　VD：硬質ポリ塩化ビニル管（JIS K 6741）

（2）水道用ポリエチレン粉体ライニング鋼管（図－6：次頁）

　（JWWA K 132、記号：SGP-PA・SGP-PB・SGP-PD）
①母管には、JIS G 3452配管用炭素鋼鋼管（SGP）が使用されている。
②ポリエチレン粉体ライニングの厚さは
　15A～25A：0.3mm
　32A～50A：0.35mm
　65A～100A：0.40mmである。
③外面仕上げ方法
　PA：一次防錆塗装仕上げ
　PB：亜鉛めっき仕上げ（水配管用亜鉛めっき鋼管と同様）
　PD：硬質ポリ塩化ビニル管（JIS K 6741）

（3）水道用耐熱性硬質塩化ビニルライニング鋼管（図－7：次頁）

　（JWWA K 140、記号：SGP-HVA）
①母管にはJIS G 3452配管用炭素鋼鋼管が使用されている。
②耐熱性塩化ビニルライニング厚さは
　15A～25A：2.5mm
　32A～50A：3.0mm
　65A：3.5mm

第7話 衛生設備配管の現状とライニング配管の施工法

80Aと100A：4.00mmである。
③HTLPとも呼ばれている。

種類の記号 色相	被膜の構成	原管（鋼管）
SGP-PA うすい 茶色	一次防せい塗装／鋼管／ポリエチレン	JIS G 3452 （配管用炭素 鋼鋼管）の黒管
SGP-PB 亜鉛 めっき	亜鉛めっき／鋼管／ポリエチレン	JIS G 3452の 黒管の外面に 同規格相当の 亜鉛めっきを 施した管
SGP-PD 水色	ポリエチレン被覆／鋼管／接着剤／ポリエチレン	JIS G 3452 の黒管

図—6　水道用ポリエチレン粉体ライニング鋼管断面図および写真

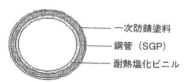

HVA（外色：濃い灰色）
図—7　水道用耐熱性硬質塩化ビニルライニング鋼管

（4）排水用ノンタールエポキシ塗装鋼管
　（WSP 032、記号：SGP-NTA）
①母管には、JIS G 3452配管用炭素鋼鋼管（SGP）が使用されている。
②ノンタールエポキシ樹脂を鋼管内面に、0.3mm以上塗装してある。

（5）排水用硬質塩化ビニルライニング鋼管
　（WSP 042、記号：D-VA）
①配管用炭素鋼鋼管（SGP）の外径に合わせ、肉厚を薄くした鋼管内面に、硬質ポリ塩化ビニル管をライニングした複合管でDVLPと呼ばれている。
②DVLPは肉厚が薄いので、「切削ねじ加工」はできない。

3．ペインティング管・ライニング鋼管・コーティング鋼管
　配管用炭素鋼鋼管（SGP）を原管として、その内面に何らかの加工（processing）を施した「複合管」のことを通称「ライニング鋼管」と呼んでいる。実は、このライニング鋼管には、以下の3種類がある。

（1）ペインティング鋼管（inner painting steel pipe）
　「ペインティング鋼管」とは「防錆」を目的として、外気に暴露されている配管内部に、表面処理の一種である、塗装を施した鋼管のことである。
　「塗装膜厚」は、比較的薄く、100ミクロン（0.1mm）前後となる。

（2）コーティング鋼管（inner coating steel pipe）
　「コーティング鋼管」とは防錆目的でなく、主として防食目的で行うもので、「ピンホール（用語解説参照）腐食」に対する耐久性が期待できる配管である。

第7話 衛生設備配管の現状とライニング配管の施工法

【用語解説】

ピンホール（pin hole）

　塗膜やめっき層などの「被覆層」を貫いて素地に達する微小な穴のこと（JIS Z 0103）。

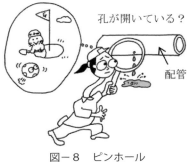

図－8　ピンホール

　ちなみに、施工塗膜厚：0.3mm未満の鋼管を「コーティング鋼管」、0.3mm以上の鋼管を「ライニング鋼管」と言われている。

(3) ライニング鋼管（inner lining steel pipe）

　ライニングとは、本来「内貼り」のことで、洋服の裏地のことを「ライナー（liner）」ということが、どうやら語源のようである。

　そこから、基材の鋼管に対して「内貼り」・「外貼り」などを行い、「重防食」の目的を達成した鋼管のことを「ライニング鋼管」と呼んでいる。

　ちなみに、俗に「防食力」は膜厚の二乗に比例すると言われ、膜厚が二倍であれば、4倍の「防食力」を発揮すると言われている。

図—9　ペインティング鋼管とコーティング鋼管の違い

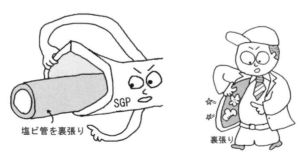

図—10　ライニング鋼管とは？

4．管端防食継手の開発

「ライニング鋼管」は、1968年（昭和43年）に当時の「日本住宅公団」が、給水管用に使い始め、1972年（昭和47年）には、「日本水道協会規格（JWWA）」が制定されて、給水管として一般に使用されるようになった。

しかし、直管部は「防食ライニング」されているものの、管の端部は「鉄部」が露出したままの状態であり、さらにねじ部は腐食されやすい状態になっているために、当初は「管端防食コア」という樹脂製の保護部品を配管に挿入して配管接合をしていた。

しかし、「管端防食コア」の挿入を忘れたり、止水が十分でなかったりして、接合継手箇所に「集中腐食（錆）」が発生した。

このために、継手に「防食コア」を取り付けた「管端防食継手」が1980年（昭和55年）に発売されようになり、現在では「管端防食継手」や「管端防食コア付きバルブ」を使うようになっている。

したがって、1970年代以降に建てられた建物で給水管から「赤水（用語解説参照）」が出るのは、ほとんどの場合上記のように、「管端の処理」が不十分な場合なのである。

【用語解説】

赤水（rusty water）

水道水質の異常の一つで、「赤色（褐色）」の水道水のこと。原因は、①鉄管の錆、②鉄バクテリア、③マンガンと鉄錆の混入によるものと考えられている。

「管端防食継手」は、内面を「ライニング防錆処理」し、「管端コア」（鋼管ねじ部を防食する役目を持つ）を有する鋼管ねじ接続用の管継手である。「管端防食継手」には「給水用」と「給湯用」とがあり、管継手外面が「一次防錆形」

と「外面ライニング管対応形」がある。

（1）「管端防食継手」の種類

継手メーカーによって、以下の図に示すように、現在4種類のものがある。

①コア挿入型

　JFE継手・シーケー金属などが製造。

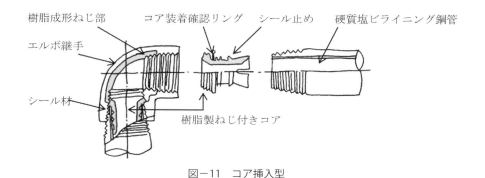

図-11　コア挿入型

②コア内蔵形ゴムリングタイプ

　三菱樹脂・日立金属・リケン・東亜高級継手バルブ製造などが製造。

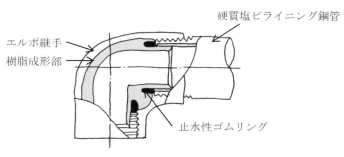

図-12　コア内蔵形ゴムリングタイプ

第7話 衛生設備配管の現状とライニング配管の施工法

③コア内蔵形シーラントタイプ

積水化学工業・東尾メック・帝国金属などが製造。

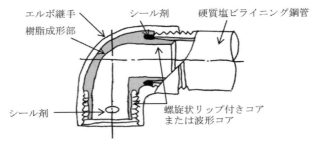

図-13　コア内蔵形シーラントタイプ

④コア組込形

吉年などが製造。

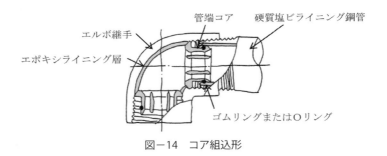

図-14　コア組込形

（2）コーティング継手

次の2種類がある。

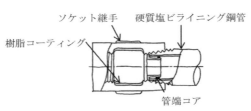

図-15　管端コア使用型

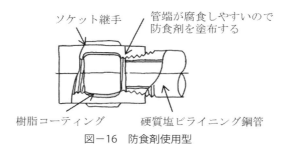

図−16　防食剤使用型

5．ライニング鋼管用管端防食バルブ

　配管工事に「バルブ（弁）」は付きものであるが、ライニング鋼管を「ねじ込み形バルブ」に接続すると、「管端（むき出しの鉄）」が流体に晒されるために、この部分に錆が集中して発生しやすくなる。

　したがって、この管端部を保護・防錆するためには、種々の「管端コア」または「管端コア付きバルブ」を採用する必要がある。

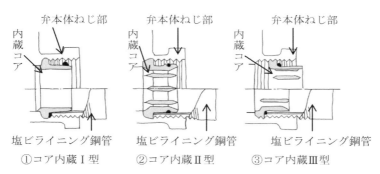

図−17　管端防食込み型バルブの構造例

第7話 衛生設備配管の現状とライニング配管の施工法

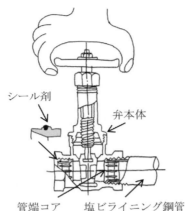

図－18 管端防食ねじ込み形仕切り弁

6．ライニング鋼管の取扱い・保管等

ライニング鋼管は、「塩ビ管（VP）」に準じて、その取扱い・保管等に関し以下に示すような注意が不可欠である。

（1）保管場所

ライニング鋼管は、屋内に保管すること。やむを得ず屋外に保管する場合には、「直射日光」や「雨」を避けるため、「防護シート」などで遮蔽すること。

「野積み状態」で、絶対に保管しないこと。この「ライニング鋼管の保管」に関しては、現場施工管理者の中にも、無神経（無頓着）なひとが多いので、十分に留意する必要がある。

①直射日光を避ける（良）　②日光が当る(悪)　③可燃物の近く（悪）

図－19　ライニング鋼管の保管状態（良・悪）

（2）高熱に注意！

火（トーチランプ・たき火など）を近づけたり、近くの「溶接作業」などで高熱に晒されないようにすること。ライニング鋼管が、高熱に晒されるとライニング鋼管の「樹脂被覆層」が変質する恐れがあるからである。

（3）運搬および取扱い

運搬・取扱いは、ライニング鋼管内に棒などを入れて運搬しないこと。

必ず、「ナイロンスリング」や「クッション材」などを使用し、「ライニング鋼管内外面の被覆層」に、傷を与えないよう注意すること。

ライニング鋼管を落下させ「異常なショック」を与えてしまった場合には、そのライニング鋼管の状態を再確認してから、必ず使用する必要がある。

万一、そのライニング鋼管が変形などしてしまった場合には、その部分を切断除去した上で、使用すること。

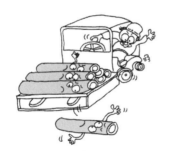 

①乱暴な運搬は良くない　　②内部に傷がつく作業は良くない

図－20　運搬・取扱い上の留意事項

（4）鋼管外面塗装の必要性

ライニング鋼管の中で、VA・PAの外面は「一次防錆塗装」である。

したがって、必要ならその使用環境に応じて、更に「適切な外面塗装仕上げ」を行うこと。

第7話 衛生設備配管の現状とライニング配管の施工法

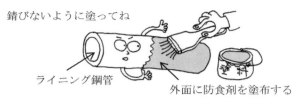

図-21　埋設管の養生

（5）埋め戻し

　外面被覆ライニング鋼管を埋設配管する場合には、「外面被覆層」を傷つける恐れのある石などに、直接触れないように、「埋め戻し作業」を行うこと。

（6）解氷

　万一、ライニング鋼管内部の解氷作業を実施する場合には、「電気解氷器」・「蒸気解氷器」あるいは「熱湯」で解氷し、絶対に「トーチランプ」による「直火」は使用しないこと。

7．ライニング鋼管のねじ接合法

　ここでは、本稿の核心部である、ライニング鋼管のねじ接合法について、時系列順に解説することにしたい。

（1）塩ビライニング鋼管の切断

　まず、最初にやるべき作業は、「ライニング鋼管」を所要寸法に切断する作業である。切断作業を行う際、留意すべき事項は、切断部に「高温を生じさせる作業」を絶対に行ってはならないということである。切断部が高温になる管切断を行うと、ライニング部に、「焼け」・「変質」・「鋼管とライニング部の剥離」等々の欠陥が生じる。一般に、「ライニング鋼管」の切断作業は、鋼管（SGP）の管に準じて、管軸に対して直角に切断する。その切断工具としては、「バンドソー切断機」と「メタルソー切断機」の2種類がある。

第7話 衛生設備配管の現状とライニング配管の施工法

①バンドソー切断機による切断

バンドソー切断機は、「帯のこ盤」とも呼ばれ、「のこ刃」で管を切断する切断機で、鋼管以外の鋼材の切断にも使用されている。バンドソー切断機には、材料を掴む「バイス（vice）」により、「チェーンバイス」と「平バイス」があり、「チェーンバイス」は「丸材」、「平バイス」は「角材」を掴むのに適している。

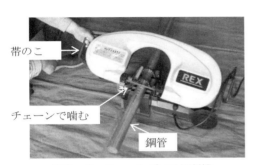

写真－2　チェーンバイス切断機

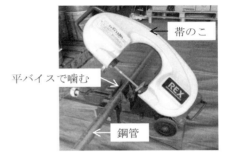

写真－3　平バイス切断機

また、バンドソー切断機は、「切断荷重」を選択できるようになっており、その目安（メーカーによって異なる場合がある）を下表に示す。

表－3　バンドソーの切断荷重

切断荷重	軽（L）	中（M）
鋼管	40A以下	50～100A
鋼材（肉厚）	3mm以下	3.1～6mm

「のこ刃」の種類には、「鋼管用の合金刃」と「ステンレス鋼管用のバイス刃」の2種類がある。「のこ刃」には、一般に「14山」と「18山」があるが、直角切断性能に優れた「18山」を使用することをお薦めする。

ここで、是非注意してほしいことは、管軸に直角に管切断が行われないと、「斜め切れ」や「段切れ」などの、管加工上の不具合が生じることである。

第7話 衛生設備配管の現状とライニング配管の施工法

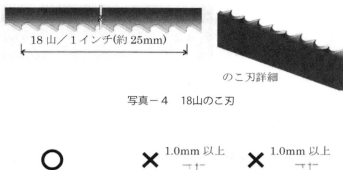

写真－4　18山のこ刃

①正しい切断　　②斜め切り　　③段切り
図－22　正しい管切断と悪い管切断

② メタルソー切断機による切断

「メタルソーカッタ」は、「超鋼カッタ」とか「丸のこ」とか呼ばれており、金属製の「丸のこ刃」の回転による切断機である。

ただし、建築設備では、「ねじ切り機」に搭載された「メタルソー切断機」に採用されている。刃の材質に「超鋼合金」を使用し、切れ味が鋭いものが多く、切断時期が早いのが特徴である。また、刃の回転と逆方向へ鋼を回転し、切断機の自重で、直角に管切断をすることができる。

ここで、是非注意しておきたいことがある。「塩ビライニング鋼管」の管切断には、「ねじ切り機搭載型押切りカッター」は絶対に使用してはならないということである。その理由は「押切パイプカッター」で切断した「管切断面」には、塩ビ鋼管内に必ず「まくれ（かえり）」ができたり、管が変形したり、「塩ビ管の剥離現象」が生じる可能性があるからである。

ちなみに、国土交通省公共建築工事標準仕様書（機械設備工事編）2016年（平成28年）には、"塩ビライニング鋼管、耐熱性ライニング鋼管、ポリ粉体鋼

第7話 衛生設備配管の現状とライニング配管の施工法

写真-5　メタルソー搭載型ねじ切り機

写真-6　メタルソー切断機

写真-7　メタルソーカッタの刃の種類

第7話 衛生設備配管の現状とライニング配管の施工法

管及び外面被服鋼管は、帯のこ盤、ねじ切り機搭載形自動丸のこ機などで切断し、<u>パイプカッターによる切断は禁ずる</u>。また切断後、適正な内面の面取りを施す。"と特記されている。

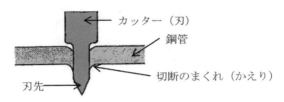

図-23 押し切りカッター切断による「まくれ（かえり）」

（2）ライニング鋼管の内面取り

「ライニング鋼管」の切断作業が終了したら、「ライニング鋼管用リーマー」または「スクレーパー（scraper）」を用いて、「内面取り作業（バリ取り作業）」を実施する。

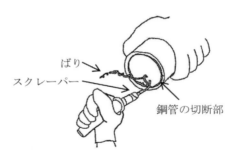

図-24 スクレーパーによる切断面のバリ取り作業

その場合、「塩ビライニング鋼管」に、ねじ切り機による「リーマー（reamer）作業」だけは絶対に適用してはならない。

第7話 衛生設備配管の現状とライニング配管の施工法

【注意】

　塩ビライニング鋼管に「管端防食継手」を接続する場合には、塩ビ管肉厚の1/2～2/3を目標にした「面取り」を行うこと。

　「リーマー作業」とは、管内面の「バリ（管端のめくれ：用語解説参照）」などを取り除く、一連の「面取り作業」のこと。

　二重管である「塩ビライニング鋼管」に、ねじ切り機に装備されている「バーリングリーマ」で「リーマー作業」を行うと、内管（塩ビ管）が薄くなってしまうので、絶対に適用してはいけない。

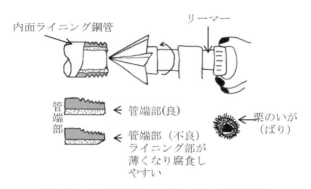

図-25　ねじ切り機によるリーマー作業の禁止

第7話 衛生設備配管の現状とライニング配管の施工法

【用語解説】
「バリ」と「バリ取り」

　配管工同士の間では、「バリ」とか「バリ取り」という言葉が、今でもよく使われている。この日本語らしくない「バリ」という用語は、一体何のことでしょうか？「バリ」とは配管材料を切断機で直角に切断した際に、配管切り口内面に生じた「管端のめくれ（ささくれ）」を意味する。

　どのような経緯でこの「バリ」という用語が、日本の配管工事業界に定着したのか不明であるが、そのルーツは英語なのである。

　「バリ」は英語で「bur（r）」と綴り、「栗やごぼうの実の毬（いが）」のことを意味し、これから転じて配管切断時に配管の内面に生じた「ささくれ」を「バリ」、ささくれを取り除く作業を「バリ取り」と呼び、日本の配管工事業界に残ったものと思われる。

（3）ライニング鋼管のねじ加工

　ライニング鋼管の「ねじ加工」には、管の外面樹脂被覆を傷つけない「治具（治工具）」（チャック爪・チェーザー）を使用して、不良ねじ：「多角ねじ」・「山やせ」・「山かけ」等のない、正常なねじ切り作業を行う。

　なお、「ねじ切り加工」をする場合軍手などをして作業してはいけません。ねじ切り作業で「軍手」や「作業手袋」を使用すると、ねじ切り機に手指が巻き込まれるおそれがあり、大変危険だからである。

第7話 衛生設備配管の現状とライニング配管の施工法

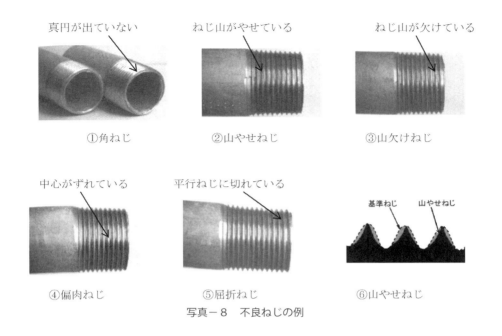

写真－8 不良ねじの例

（4）ねじゲージによるねじ検査

「JIS B 0203管用テーパねじ」が規格化されている。この規格に適合する「ねじ精度」が確保されているかどうかを、節目節目（注）で、「ねじゲージ」により検査すること。水道配管業者の中には、「ねじゲージ」の存在すら知らない無知な配管業者もいるので、業者の採用に当たっては、工事管理者としては十分注意する必要がある。

【注意】
ねじゲージによる「おねじ検査」

おねじ検査の中でも最も重要な検査である。この検査は、「全数検査」を実施するのは大変なので、①初めて作業を開始する前、②ねじ切りを行う管のロット、またはライニング鋼管メーカーが変わった場合、③ねじ切り機のチェーザーの交換時の節目節目で「抜き取り検査」を実施する。

第7話 衛生設備配管の現状とライニング配管の施工法

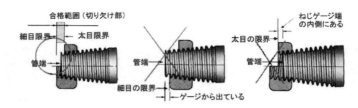

①ねじゲージによる判定基準

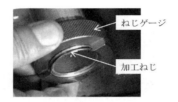

②ねじゲージと正しいねじ

図-26　ねじゲージによるねじ検査

（5）防食シール剤の塗布

　ねじ接合の場合、必ずねじ部に「シール材」を施す必要がある。この場合、代表的な「シール方法」としては、「スレッドコンパウンド（thread compunds、商品名で"ヘルメシール"や"ヘルチック"と呼ばれている）」を塗布。あるいは、「テフロン（用語解説参照）製シールテープ（Teflon seal tape）」を巻き付ける等の2種類がある。鋼管のねじ接合用の「シール材」としては、「テフロ

【用語解説】

テフロン（Teflon）

　フッ素を含む「オレフィン」の重合で得られる合成樹脂（synthetic resin）。「ポリテトラフルオラエチレン」からとった米国デュポン社の商品名のこと。

ン」がよく使用されるが、塩ビライニング鋼管のねじ接合用の「シール材」を使用すること。

　ここで、念頭に入れておいてほしいことは、「テフロン」には、「防錆効果」は一切ないということである。ねじ部の油を除去した後、「防食シール剤（JWWA K 137）」を「ねじ部」および「管端部」に塗布すること。

（6）ライニング鋼管の接合継手
　一般配管用の継手類は、絶対に使用せず、「専用継手」を使用すること。「専用継手」には、管端防食継手・コーティング継手（前述）があり、使用環境に応じて、前述の最適な継手を選定して、使用する必要がある。

（7）ライニング管のねじ込み
　「外面被覆鋼管」および「同継手」をねじ込む場合には、「外面被覆層」を傷つけないように、「被覆鋼管用パイプレンチ」・「万力歯」を使用するなど、特別の配慮をすること。また、管のねじ込みに際しては、「過剰なトルク」でねじ込むことは避けること。

図−27　パイプレンチの種類

第7話 衛生設備配管の現状とライニング配管の施工法

（8）施工後の確認等

①屋内・屋外に配管する場合

　パイプレンチ等でねじ込んだ際にできた「傷」や「露出している部分」は、「防食剤」や「防食テープ」などで、必ず補修すること。

図－28　配管の傷部・露出部の補修

②地中に埋設配管する場合

・「外面樹脂被覆継手」を使用する場合、ねじ込んではみ出した「コーキング剤」は、押さえつけること。
・「外面樹脂被覆継手」以外の継手を使用する場合、必ず継手との「段差の箇所」を「マスチック」、または「ペトラタム系テープ」により「外面防食」を行うこと。
・万一、鋼管面に達する傷が生じた場合、上記手順に準じて補修後に、埋設配管すること。

図－29　防食テープ巻き仕上げ

（9）「管端防食バルブ」の採用

「異種金属接続部」は、「異種金属接触腐食（用語解説参照）」が生じ易い場所となる。したがって、「バルブ接続」する場合には、必ず既述のライニング鋼管用の「管端防食バルブ」を使用すること。

【用語解説】

異種金属接触腐食

この腐食は、異種金属が電気的に接している時に、「卑な方の金属」の腐食が促進され「貴の方の金属」の腐食が抑制される現象で、「ガルバニックコロージョン（galivanic corrosion）」とも呼ばれる。

図-30　異種金属接触腐食

（10）不断水分岐工事の施工

ライニング鋼管から、配管内の水を抜かないまま、枝管を取り出す、いわゆる「分岐工事」を実施する際には、必ず「鋼管用分岐サドル」を用いて実施すること。「せん孔用きり」は鋼管用カッターを使用し、「ホルソー型」のものが適している。

第7話 衛生設備配管の現状とライニング配管の施工法

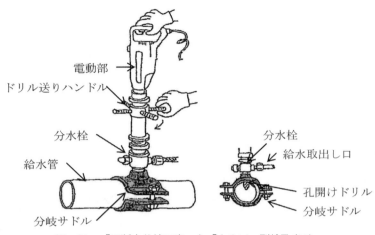

図-31 「不断水分岐工事」と「ホルソー型栓孔きり」

8. ライニング鋼管と転造ねじ接合法

　1996年（平成8年）に、㈱レッキス工業が「可搬式管用転造ねじ加工機」の発売を開始して以来、徐々にではあるが、「切削ねじ接合法」に代わって「転造ねじ接合法」が、特に官公庁物件を中心に、積極的に採用されるようになってきているのは、非常に喜ばしいことである。

　当然の成り行きとして、「ライニング鋼管」に対しても「転造ねじ加工」の適用が可能かどうかという考えが浮かんでくるが、「塩ビライニング鋼管」に対してだけは、「転造ねじ加工」は適用できない。その理由は、「テーパねじ加工」のため、「塩ビライニング鋼管」に「転造加工」を施すと、「塩ビ管」の断面が管内面に出て来てしまうからである。

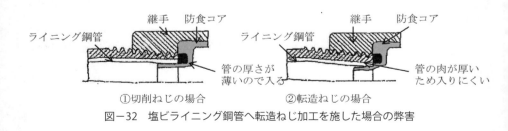

図-32　塩ビライニング鋼管へ転造ねじ加工を施した場合の弊害

一方、同じ「ライニング鋼管」でも「ポリエチレン粉体ライニング鋼管」に対しては、2001年（平成13年）に兵庫県で初めて、「転造ねじ加工」に採用され、2010年（平成22年）には、国土交通省の「公共建築工事標準仕様書」で「転造ねじ加工」が認定されるようになった。
　なお、ポリエチレン樹脂は、①耐寒性にすぐれている、②対曲げ性に優れている、③リサイクル性に優れているなどの特性を具備している。

9．塩ビライニング鋼管と溶接接合法
　口径：65A〜125A程度までの鋼管も、「ねじ加工」をしようと思えばできないことはないが、一般的には（常識的には）「大口径の鋼管（口径65A以上）」には、「ねじ接合法」ではなく、「フランジ接合法」を採用している。

【注意】
　「塩ビライニング鋼管同士」の「直接直付け溶接接合」は、内部の塩ビ管が変質してしまうので、絶対に行ってはならない。
　ちなみに、以下に述べる「塩ビライニング鋼管溶接接合法」の施工手順は、ジャパン・エンヂニアリング㈱の資料提供に基づくものである。

（1）塩ビライニング鋼管の切断
　鋼管の切断は、ねじ接合の場合と同様に、①バンドソー切断機や②メタルソー切断機を用いて、管軸に直角に管切断を行う。

（2）接合用フランジの溶接
　塩ビライニング鋼管の「フランジ接合」を可能にするためには、まず、塩ビライニング管に「フランジ溶接」を行う。図－33に示すように、まずフランジをボルト穴での位置に合わせた上、「隅肉（すみにく）アーク溶接」を行うこと。この場合、内面の「塩ビ部」は溶接熱によって、焼けて変質するので、その部分をできるだけ小範囲に抑えるため、管内に「水に濡らしたウエス」を挿入して行うこと。

第7話 衛生設備配管の現状とライニング配管の施工法

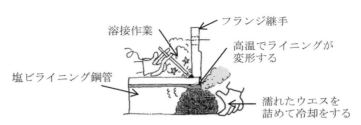

図－33　塩ビライニング鋼管へのフランジ溶接

（3）変質した塩ビ管部分の除去

　変質した塩ビ部は、軟化しているうちに、ナイフなどで切除するか、グランダーなどで切除すること。この際管軸に直角に切り取るように注意し、切り取り面には、「補修ライニング」を行いやすいように、「面取り」を施しておく。
　塩ビライニング鋼管のフランジ溶接時の「塩ビ管部の焦げ長さ」は、おおよそ表－4の通りである。

表－4　塩ビ管部の焦げ長さ範囲

管サイズ	焦げ長さmm	管サイズ	焦げ長さ
65A	30〜50mm	200A	70〜100mm
80A	40〜60mm	250A	70〜100mm
100A	40〜60mm	300A	80〜120mm
125A	50〜80mm	350A	80〜120mm
150A	50〜80mm		

（4）研磨および面取り

　塩ビ管を削除した「鋼管内面」は「グラインダー」で地肌がよく出るまで研磨すること。また、管端は、「ねじフランジ接合」の場合と同様、フランジ面より突起した「ビート部」は、削り取り、同一面に仕上げた上、「面取り加工」を実施しておくこと。

（5）前処理

　研磨・面取り時に付着した「錆」は、「工業用アルコール」、または「アセト

ン」で十分拭き取っておくこと。この工程を怠り、必ず実施しないと、「接着効果」を妨げ、後々トラブルの原因となる。

（6）短管の寸法合わせ

用意した「スリーブ短管」を管内に軽く挿入し、図－34に示すように止まった位置を決めて、そこに「標線（mark line）」を入れること。

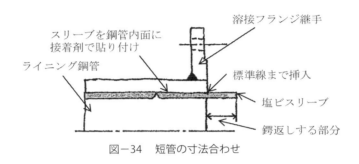

図－34　短管の寸法合わせ

（7）接着剤塗布と短管挿入

鋼管内面、フランジ面および短管部の鍔返し面に「ゴム系接着剤」を塗布し、十分に乾燥させて後、「標線」まで素早く挿入する。

（8）短管部加熱と内面圧着

塩ビライニング鋼管の外面および短管部内部を「トーチランプ」か「ガスバーナー」で徐々に加熱すること。加熱は、短管部を焦がさないように注意し、図－30に示すように、短管部が膨張し、指で押さえてゴム状になるまで行うこと。

短管部自身は、加熱により膨張する性質があるが、鋼管内面は、手で押さえて十分に圧着させながら、「ライニング」を行う。

第7話 衛生設備配管の現状とライニング配管の施工法

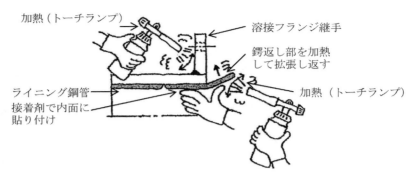

図-35 短管部の加熱と内面圧着

(9) 短管部切断

次にはみ出している「短管部」は、フランジ面への「鍔返し代」を残して切断する。切断は再度短管部を軟化させ、表-5の「カッテイング寸法」に準拠してカッテイングすると、現場でも簡単にこの作業を実施することができる。

表-5 管端部塩ビ管の鍔返ししろ

管サイズ	鍔返ししろ㎜	管サイズ	鍔返ししろ㎜
65A	25㎜	200A	25㎜
80A	25㎜	250A	30㎜
100A	25㎜	300A	30㎜
125A	25㎜	350A	30㎜
150A	25㎜		

(10) 鍔返し作業および内面圧着

軟化した短管部が「冷却硬化」しないうちに、均一に拡大しながら「鍔返し作業」を実施するが、その際、鋼管内部にある部分も十分に圧着する。

なお、「鍔返し作業」は、素早く行う必要があるが、短管部が硬化しはじめ「ゴム状態」を失いつつある時に、無理に「拡大（expansion）」したりすると「亀裂（cracking）」が生じることもある。したがって、再度加熱軟化させながら、「鍔返し作業」を実施する必要がある。

（11）合フランジ固定

「鍔返し作業」を完了後は、速やかに「合フランジ（pair flange）」を取り付け、「自然冷却」させて「鍔返し部」の「ガスケットグランド面」を平滑に成型させる。約２０分程度で、「合フランジ」を取り外せるが、急激な水冷などは、絶対にさけるように注意すること。

（12）ビニル溶接による補修作業

「鍔返し作業」が終了した後、「原管の切断面」と「鍔返し管の切断面」の間を図－31に示すように「ホットジェットガン」にて「ビニル溶接」を実施する。

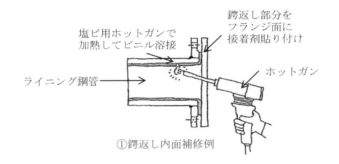

①鍔返し内面補修例

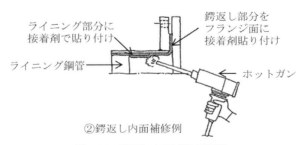

②鍔返し内面補修例

図－36　鍔返し内面補修の種類

（13）仕上げ

最後に「合フランジ」を取り外し、「鍔返し部分」に「ボルト孔」がかかっていないか、「亀裂」などが発生していないかどうかを点検し、欠陥（defects）が

あれば、修正して塩ビライニング鋼管の溶接作業は完了となる。

また、「ピンホール箇所」の有無については、「ピンホールテスター」にて検査する必要がある。

以上、建築現場などにおける「塩ビライニング鋼管の溶接接合法」の施工手順について紹介した。

しかしながら、本来塩ビライニング鋼管の溶接作業は、まず原管（鋼管）を工場にてその「プレハブ加工」を行った後、加工部材に「ライニング加工」を実施し、現場では「組立て作業」を実施するのが望ましい姿であろうと思われる（ジャパン・エンヂニアリング㈱南雲一郎氏談）。

10. 多層複合管の加工および接続法

これが、本稿の掉尾を飾るテーマとなりますが、近年「ライニング鋼管」に代わる、「多層複合配管材料」が開発され、市場に投入され、普及してきている。

既述の配管材料の規格（JIS・JWWA・WSPなど）には規定されていないが、さまざまな特徴（搬入に便利で、施工性に優れている等々）を具備しており、今後の給排水衛生設備配管工事には、非常に有効な配管材料と思われる。

それらの中で、代表的な2例だけを紹介することにする。

（1）金属強化ポリエチレン管（スーパーエスロメタックス）

この配管材料は、通称「エスロンパイプ」とも呼ばれ、積水化学工業㈱の開発製品である。その特徴は、「プラスティック」と「金属管」からなる「多層管」であるため、給水・給湯配管から空調配管に至るまで、幅広く使用されている。

高温・高圧領域で使用でき、優れた「耐食性」があり、「酸素透過」がない、取り扱いが簡単で施工性が良いなど、多数の長所を具備している。

この他に、保温材付きの「エスロンFC」もあり、複合管の専用圧縮継手やワンタッチ継手として、「メタキュット」や「メタッチ」がある。

第7話 衛生設備配管の現状とライニング配管の施工法

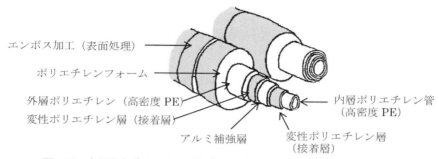

図-37 金属強化ポリエチレン管（スーパーエスロメタックス）の構造

（2）三層構造管（ドライフレックス）

　この配管材料は、通称「ドライフレックス」と呼ばれ、㈱タブチの開発製品である。この配管材料は、「高耐熱ポリエチレン」、「強化アルミパイプ（JIS H 4000）」、「高耐熱ポリエチレン」の三層で構成されており、「アルミ管」と「樹脂管」の特徴を備えた新しい配管材料で、従来の樹脂管に比べて、施工時間が短く、経済的かつ環境に優しいなどの特徴がある。配管工法には、「床配管工法」・「天井配管工法」・「先分岐工法」があり、また、ドライフレックス本体の他に、「ワンタッチ継手（ドライタッチ）」・「プレス式継手（ドライフィット）」などを使用して施工する。

　この施工法に関しては、現在JSPE配管技能講習会第3日目「樹脂管」の施工実習の時間で、受講生全員に体験してもらっている。

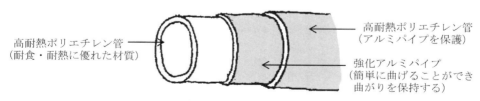

図-38 三層構造管（ドライフレックス）の構造

　なお、上記の両配管材料の施工方法（切断・加工・接続・施工手順など）につ

いては、それぞれメーカーで発行している「取り扱い説明書」を参照すること。
　現在、上記2社の他に、「アルミ複合ポリエチレン協会」が結成され、本配管材料の普及活動を積極的に推進している状況である。

おわりに

　一口に「ライニング鋼管」といえども、ここで話題にしたように、多種多彩な管種が存在する。「複合管」であるがゆえに、他の金属管・非金属管と異なり、その取扱いについては特別な留意が必要である。

　「塩ビライニング鋼管」は、耐食性があるのでステンレス配管と同様に、最近では「半密閉式配管」である「空調用冷却水配管」として空調設備にも、かっての「白ガス管」に代わって、スペック・インされるようになってきた。

　しかしながら、「ねじ込み配管」はともかく「溶接配管」となると、特別な配慮が不可欠となる。ここでは、塩ビライニング鋼管を「溶接接合」を実施するに当たっての留意事項につき紹介してみた。

　本稿が、配管施工の実学として、少しでも皆様のお役にたてれば幸甚である。

【引用・参考文献】
(1)「水道用ライニング鋼管：配管施工方法」（パンフレット），日本水道鋼管協会，平成3年8月
(2)「水道用ライニング鋼管：管端防食施工要領」（パンフレット），日本水道鋼管協会，平成3年6月
(3)「ねじ配管施工マニュアル」，ねじ施工研究会，日本工業出版㈱，平成25年10月
(4)「目で見てわかる配管作業 Visual Books」，安藤紀雄・瀬谷昌男・南雲一郎，㈱日刊工業新聞社，2014年8月
(5)「配管・バルブべからず集－保全マン必携」安藤紀雄・小岩井隆・瀬谷昌男共著・JMAC日本能率協会コンサルテイング・2011年5月
(6)「新・初歩と実用のバルブ講座」，新・バルブ講座編集委員会，日本工業出版㈱，平成24年12月
(7)「建築用ステンレス配管マニュアル－新版」ステンレス協会ステンレス配管マニュアル委員会，平成9年7月
(8)「図解 空調・給排水の大百科」，空気調和・衛生工学会，㈱オーム社，平成10年7月
(9)「100万人の給排水衛生設備」，小川正晃，㈱オーム社，平成26年10月

(10)「水道用ポリエチレン粉体ライニング鋼管への転造ねじ適用」,宮田志郎(JFEスチール㈱),日本工業出版㈱,「建築設備と配管工事」,第48巻 第1号,2010年1月
(11)「厚生労働大臣登録　空調給排水管理監督者講習会テキスト(第4版第1刷)」公益財団法人 日本建築衛生管理教育センター,平成26年7月

第8話 銅使用の歴史と銅管の深化知識

はじめに

　銅管は、建築設備配管材料として、「配管用炭素鋼鋼管（SGP）」・「ステンレス鋼管（SUS管）」・「水道用硬質ポリ塩化ビニル管（VPまたはHIVP）」などとともに、身近でかつ不可欠な配管材料として、昔から多用されている。また、「建築設備」と「銅管材料」というと、鋼管に比べ耐食性ある配管材料として、給排水設備の「給湯用配管材料」として、長年使用されてきた歴史がある。

　ただし、「中央給湯設備」に使用した場合、腐食（第12話参照）が発生する場合がある。配管用の「銅管とその接合法」については、「第1話建築配管材料の雑知識」および「第3話ステンレス鋼管と銅管の接合法」で、その概要をすでに簡単に紹介させていただいた。

　しかしながら、ここ第8話では、第1話および第3話などで触れることができなかった、銅管等に関する別の知見を紹介することにしたい。

第8話 銅使用の歴史と銅管の深化知識

１．人類と銅の歴史
（１）先史時代・原史時代・歴史時代

　世界歴史年表を紐解いてみると、「先史的年代」として、おおよそ
①旧石器時代（450万年前～3万年前）
②中石器時代（3万年前～9000年前）
③新石器時代（9000年前～5500年前）
　という区分けがされている。それに続く「原史時代」としても
④青銅器時代（5500年前～3500年前）」
　さらに「歴史時代」として
⑤鉄器時代（3500年前～3000年前）
　という区分が一般的のようである。

　「青銅器」や「鉄器」が使用されるようになった時代を「金属器時代」呼んでいるが、「自然金」や「自然銅」は「新石器時代末」から使用されていた。

　「青銅器」が発明されて「道具」として使用されるようになって、「金属器時代」が確立したと言われている。ここで是非認識しておいてほしいことは、「金属器時代」としては、「鉄器時代」より「青銅器時代」の方が先行しているという点である。

①青銅器時代　　　　　　　②鉄器時代
図―1　金属器時代：青銅器時代から鉄器時代へ

　ご存じのように、「青銅器（用語解説参照）」は「銅（copper）」と「錫（tin）」の合金である「青銅（bronze）」で作られた道具である。

第8話 銅使用の歴史と銅管の深化知識

【用語解説】
青銅器（bronze ware）
　青銅器でつくられた容器・楽器・利器・鏡・車馬具などを広く指す。青銅は、厳密には銅に対して10%の錫を含む合金。紀元前3500年頃から、銅器とともに「オリエント文明」・「インダス文明」・中国最古の「殷文明」などの諸文明で製作・使用されていた。

　初期の青銅器は、武器・祭器が主で、農具としては使用されなかった。少し重複するが、ここで以下に（社）日本銅センター発行：「銅と衛生」の「銅管と衛生」から、貴重な銅に関連する情報を紹介させてもらうことにする。

　古代文明の発達は、石器時代・銅器時代を経て「青銅器時代」に入ったと言われている。「石器時代」は、金属の存在は知る余地もなく、地表や川底に輝く鉱石も「特殊な石」としか考えられなかったようである。

　しかしながら、BC6000年頃、西アジアのメソポタミア地域の「スメリア人」・「カルデリア人」によって緑色の「くじゃく石」、青色の「藍銅鉱」が大量に発見され、「鉱石」と「金属」を区別する技術も発見された。

図—2　洞窟からの銅の採取

当時、木材を燃料にして生活していたが、偶然にも「炉壁の土」の中に含まれている「鉱石」から金属が遊離することを知った。この発見によって、彼らは「銅分の高い鉱石」をもとに、浅い穴の中で木材を燃料に銅を採取し始めた。

　その後、世の中は次第に進歩し、エジプトのナイル河流域を中心に、「青銅器文化」が栄え、青銅器が「生活の必需品」として、数多く使用されるようになっていった。

　さて、銅の給水管が初めて使われたのは、BC2750年頃で、筆者も訪れたことのあるエジプトの「アブ・シンベル神殿」において、銅で作った「給水管」が使用された事実が伝えられており、その銅管の一部を、現在も「ベルリン博物館」が所蔵しているという。

　その後、文明が進み古代ギリシャ・ローマ時代のBC600〜700年頃には、「鉄の精錬技術」が導入され、銅は一歩後退のきざしが見えたが、銅の耐食性・美観など鉄に優る特徴が注目され、また、新しい銅合金として「黄銅（brass）」を製造する技術が開発されたのもこの時代であるという。

　一方、水道が世界で初めて造られたのは、BC321年のローマ時代で、これは「ローマ水道（アッピア水道）」と呼ばれ、上水道だけではなく、農村や田畑まで水道を築く工事が行われたという。古代ローマ時代の遺跡で発見された巨大な「石造水道」は、歴史的にも有名で、当時細部の枝配管には、「木管」や「鉛管」が多く使用され、「銅」は高級品なので、水道用としては「水栓」・「ポンプ」・「弁」などに「青銅」が使用されたという。

　中世に入り、銅・銅合金の文化はイギリスを中心に栄え、「チューダー王朝時代（1485年〜1603年）」には、銅の給水管が使用され、「パンプトン・コート王宮（1539年）」にも銅管が使用されたという。

（2）日本における銅使用の略史

　日本で初めて銅が使われたのはBC300年頃（弥生時代）と言われている。日本における銅の歴史は、中国大陸から渡来したもので、北九州を中心に「銅剣」・「銅鉾」・「銅鏡」などの「青銅器文明」が栄え、その後次第に東日本に広ま

第8話 銅使用の歴史と銅管の深化知識

っていった。日本国内で「銅鉱石」が初めて産出したのはAD698年（文武2年）で、708年（慶雲5年）には、「武蔵国（現在でも健在の埼玉県秩父市黒谷：和銅鉱泉）」より銅鉱が朝廷に献上され、初めて「貨幣（和銅開珎）」が作られ、年号も「和銅」と改められことは有名な話である。

図―3　日本の銅銭：和同開珎

明治時代（1968年）に入って、近代設備による機械化された「伸銅工業」は、明治3年（1870年）には「大阪造幣局」で初めて「ロール圧延（用語解説参照）」が行われるようになった。

【用語解説】
ロール圧延（rolling）

回転する二つのロールの間に、材料を図―4のように摩擦によってかみ込み、各種の厚さ・形状・形材などに作る加工法のこと。

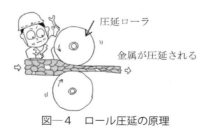

図―4　ロール圧延の原理

その後、日清戦争（1894年・明治27年）・日露戦争（1904年・明治37年）を契機として、各種形状の「伸銅製品」が生産され、銅管の国内製造が始まったのもこの頃である。以降、今日に至るまで銅管は他の素材と比べて、その優れた特性があることが、「建築設備配管」・「ルームエアコン」などの各種分野に利用されているのは衆知の通りである。

（3）日本における建築設備材料としての銅管の利用
　日本で銅管が建築設備用に使用されたのは、奇しくも「関東大震災」が発生した1923年（大正12年）の「大阪医大付属病院」に給湯用に使用されたのが初めてであったと言われている。水道用としては、東京都水道局が1932年（昭和7年）に、また大阪水道局が1937年（昭和12年）に水道用銅管を採用した。
　一般ビル関係では、1938年（昭和13年）11月に竣工した、東京日比谷の「第一生命館」に、給水・給湯用として銅管が採用されたという。建築設備用として、本格的に銅管が広く利用されるようになったのは、「超高層ビル」（ちょっと一息！参照）の曙となった、1964年（昭和39年）の東京「ホテル・ニューオータニ」や1978年（昭和43年）3月に竣工した「三井霞ケ関ビル」以降であるという。

【ちょっと一息！】
超高層ビル（Ultra High-rised Bldgs.）
　もともとは、わが国における建築高さ：100尺（31m）以上の建築物を指したが明確な規定はない。現在では、通常15階建て以上の建物を差したり、高さ：100m以上を指すことが多い。
　「建築基準法」上は、「高さ：60m以上」の建物。2005年（平成17年）には、98棟建設されたが、この数字は10年前の3倍で、そのうち半数以上は「超高層マンション」であると言われている。

第8話 銅使用の歴史と銅管の深化知識

表—1　昭和40年代の代表的な超高層ビルの空調方式

竣工年/月	建物名称	地上階数	熱源方式 冷熱	熱源方式 温熱	高層階空調方式 ペリメータ	高層階空調方式 インテリア
昭和39年8月	ホテルニューオータニ	17	T.A	B	ID	SD
昭和41年8月	富士銀行本店	16	T	B	DD	DD
昭和42年6月	日本不動産銀行	14	T.A	B	ID (3P)	SD
昭和43年4月	霞が関ビル	36	T	B	ID	SD
昭和44年6月	富士フィルム	18	T	B	FC	
11月	神戸貿易センター	26	T	B	ID (3P)	SD
昭和45年2月	世界貿易センター	40	T.A	B	ID (一部4P)	SD
3月	新日鉄ビル	20	T	B	ID (3P)	DD
昭和46年3月	京王プラザホテル	47	DHC	DHC	FC	SD
7月	朝日東海ビル	29	T	B	ID	SD
10月	日本IBMビル	22	T	HR	FC	FU
昭和47年10月	NHK放送センター	23	T	HR	FC (4P)	FU
12月	横浜天理ビル	27	T.A	B	ID	SD
昭和48年1月	大阪大林ビル	32	T, TGE	HR	FC (4P)	SD
2月	大阪国際ビル	32	AS	AS	FC	SD, FU
昭和48年11月	東京三和ビル	25	T	HR	FC (4P)	FU, VAV
昭和49年3月	東京海上火災ビル	25	S.T	HR	FC (4P)	SD
3月	AIUビル	15	T	B	SD	VAV
3月	新宿住友ビル	52	DHC	DHC	FC	FU
9月	新宿三井ビル	55	DHC	DHC	SD	VAV

注　・概要は竣工時点のもの
　・T：ターボ、A：呼吸、TGE：ガスエンジン駆動ターボ、AS：空気熱源ヒートポンプ、S：スクリュー
　　B：ボイラ、DHC：地冷、HR：熱回収式
　・ID：インダクションユニット、FC：ファンコイルユニット、SD：単一ダクト、DD：二重ダクト
　　FU：各階ユニット、VAV：可変風量、（　）：配管方式、3P：3—パイプ方式、4P：4—パイプ方式

　その後、世界貿易センタービル・帝国ホテル・京王プラザホテル・ホテルグランドパレス・大阪ロイヤルホテル・名古屋観光ホテル・札幌全日空ホテル・朝日東海ビル・NHK放送センター・新日鉄ビル・東京日産ビル・北九州市庁舎・阪急ホテル・横浜天理ビル・神戸市市民病院・新宿安田生命ビル・国際電電（KDD）・三井新宿ビル等、「新宿副都心超高層ビル群」や「横浜ランドマークタワー」などに銅管が採用されるようになった。

　一方この頃、スプリンクラーヘッド数：1200の「キャノン販売幕張ビル（1993）」や同：2500の「神戸神鋼病院（1993）」等の大規模な「消防スプリンラー設備配管」に銅管が使用されるようになった。給水・給湯・排水管およびこれらの銅管は、「工場加工（Off-site Prefabrication Methods）」で半製品化され、「プレハブユニット」として「作業工数の短縮」に貢献し、特に「パイプシャフトユニット」の採用は、従来からのビル配管施工法にとって代わり、「画期

的な配管工法」として注目を浴びるようになった。

　ちなみに、「皇居新宮殿」や「迎賓館」も「受水槽」以下の屋内給水管・給湯管のすべての配管材料に銅管が採用されている。また、一般の生活環境にも高層化の波が押し寄せ、各種の「超高層マンション」をはじめ、住宅・都市整備公団、住宅供給公社などの「分譲住宅」に広く銅管が採用されるようになった。

　この他に、銅管は給水・給湯・排水・医療用・冷凍機・空調機器・ガス器具・太陽熱収集温水用・床暖房用・灯油用・消火用・スプリンクラー配管用等、各種配管に広く採用・普及され大きな貢献を果たしている。

(4) 海外（欧米等）における銅管利用の実態

　ヨーロッパでは、1930年（昭和5年）代までは給水管・給湯管・排水管にはもっぱら「鉛管（lead pipe）」が使用されていたが、「鉛の毒性（用語解説参照）問題」が指摘されるようになり、それ以降は「亜鉛めっき鋼管（白ガス管）」の使用、そして「銅管」の使用へと移行していった。

【用語解説】

鉛の毒性

　鉛（Pb）は、その濃度が高いと「遅発性」ではあるが、子供のIQ（知能指数）が低下すると言われている。日本でも既設水道給水本管には、まだ鉛埋設管が残っている。

鉛レス弁を使い飲料水の水質基準を0.01mg/l 以下に確保する

図—5　飲料水の水質基準と弁の材質

第8話 銅使用の歴史と銅管の深化知識

　ちなみに、日本の「水道水の鉛基準」も2013年（昭和15年）4月1日より、従来の「0.05mg/l」から、欧米並みの「0.01mg/l」に改定された。この影響で、飲料給水用に使用するバルブ類も「鉛フリーバルブ」の使用が義務付けられた。

　ここで、ヨーロッパ諸国の銅管利用状況について少し紹介してみたい。オランダ・イギリス・スエーデンでは、給湯用にはほとんど銅管が費用されている由。給水管は市場の90％以上を銅管が占め、フランスでも給水管・給湯管のほぼ90％以上が銅管を使用しているという。ドイツでは、配管材料の中で給水・給湯用配管材料の30％に銅管が使用されている。

　オーストリアでは、ビル用に使用されている給水・給湯用配管材料は、ほとんど銅管が使用されているという。また、ベルギーでは「ブリュッセル地方」で約80％以上銅管が使われているという情報もある。

　イギリスでは、小口径銅管の利用が暖房用に使用されているケースが目立って多く、ドイツ・スエーデンでも1990年（平成2年）代から「被覆銅管」が暖房市場に大きく進出し注目されるようになった。ベルギーでは、直径：22mm以下の銅管が需要を伸ばし、オランダの某セントラルヒーテイング設備会社では、配管材料の約30％を銅管が占めているという報告も耳にしている。

　また、イタリアでコイル用銅管が図—6に示すように、「パネルヒーテイング分野」にその需要を伸ばし、ドイツでも「セントラルヒーテイング設備配管」の約8％が銅管であるという。

図—6　銅管敷設の床パネルヒーテイング

なお、日本ではあまり耳にしないが、フランスとイギリスでは、排水用配管の2～5％に銅管が使用されており、スウェーデンは、横引き排水管に銅管が使用されている由。まさに"所変われば、品変わる！"である。このように、欧州各国では、給水・給湯・暖房用に銅管が多く使用傾向があるが、銅管の普及が進んでいるイギリスでは、新建築物には、給水・給湯に銅管が90～95％採用され、古い設備の改修用には、ほぼ100％銅管が採用されているという。

また、アメリカにおける「水道用銅管」の使用の歴史は非常に古く、1920年（大正9年）代後半から従来より使用されていた「鋼管・鉛管」などに代わって「銅管」が使用されはじめ、すでに約90年余を経過する。「ロサンゼルス大地震」にも耐えた実績などから、高層ビル・個人住宅などの広範囲に銅管が使用されている。一方、比較的銅管の使用が遅れているのが、デンマークとスイスで、給水・給湯用とも5～20％程度である。

2．配管材料としての銅管の特徴

第1話および第3話などでは、詳細に触れることができなかったので、ここでは銅管が配管材料として具備している特徴・特質について改めて紹介してみたい。

まず、銅配管の用途には、①給水用、②給湯用、③空調用、④冷媒用、⑤医療用、⑥燃料用、⑦排水・通気用などの多用途がある。

銅管は、配管用炭素鋼鋼管（SGP）などと異なり軽量で「加工性」にすぐれているため「ユニット配管」にも使用されている。

その他に、銅管がこのような多用途に使用されるのは、以下に述べるようなメリットがあるからだと思われる。

（1）施工性

銅管は、「加工」と「熱処理」によって、その「機械的性質」を自由に変えることができ「柔軟性（flexibility）」がある。

非常に「施工性」に富んだ配管材料であるので、建築設備配管用以外に「熱交換器」にも使用されている。しかも、「薄肉軽量」で柔らかく「手曲げ加工」す

ることも可能なので、非常に加工しやすく「引き回し配管」も容易で、継手の数も少なくて済む。適切な「ろう接合」を行えば、誰でも簡単に安定した「銅管接合」が可能である。

（2）耐食性

銅管は、酸・アルカリ・塩類などの「水溶液」や「有機化合物」にもかなりの「耐食性」を有するといわれる。ちなみに、給水・給湯とも銅管を使用しているビルの中で、1938年（昭和13年）から70有余年、極めて良好な状態で銅管が使用されてきた代表的なビルの実例として、東京の「第一生命ビル」があげられる。他の金属配管材料（鋼管など）の寿命は普通15～30年であるので、これはひとえに「銅管の耐食性」に起因するものと考えてよいと思われる。

（3）抗菌性（殺菌性）

昔から"銅壺の中の水は腐らない！"と言われてきた。これは銅には「抗菌作用（殺菌作用）」があるからである。銅管には、①大腸菌（O-157など）、②病原虫クリプトスポリジウム、③レジオネラ属菌、④黄色ブドウ球菌に対する抗菌効果が認められている。

ちなみに、病院内の病室に「銅板床」・「銅製ベッド手すり」・「銅製ドアノブ」・「銅製洗面器」等を設けることにより「院内感染防止」の効果があることも報告されている。

また、銅管は一時期話題になった「環境ホルモン」とは無縁であり、安心して給水・給湯用配管材料として使用できる。

（4）地球環境に優しい

建築設備配管材料は、配管材製造に伴う「CO_2排出量」を考慮する必要がある。表—2は、代表的な金属配管材料について、その製造に伴う「CO_2排出量（口径：20Aの場合）」を比較したものである。表—2より銅管が"地球環境に優しい配管材料"であることが容易に読み取れる。

第8話 銅使用の歴史と銅管の深化知識

表―2 代表的な金属配管材料製造時のCO_2排出量の比較

管種	CO_2原単位 (kg-C/kg)	単位長さ当りの重量 (kg/m) [20A]	単位長さ当りのCO_2排出量 (kg-C/m)
銅管（Mタイプ）	1.3	0.487	0.63
配管用炭素鋼鋼管	0.89	1.68	1.50
硬質塩化ビニルライニング鋼管	0.61	1.82	1.11
ステンレス鋼管	0.62	0.529	0.86

（出展：（社）日本銅センター Copper Pipes）

　表―2には、「配管材廃棄処分」に伴う「CO_2排出量」は含まれていないが、「$LCCO_2$」の観点から「循環的利用（リサイクル性）」のことも考慮する必要がある。その点では、銅管は"リサイクル性に優れた配管材料"である。

（5）耐凍結性

　銅管は冷温で「脆化」することなく、「極限低温」に至るまで、「優れた機械的性質」を示すが、「硬質銅管」は「凍結」には弱く「塩ビ管」と同様に、1回の凍結で割れてしまう。しかし、一般に給水用として使用されている「軟質銅管」は、5～6回以上の凍結を繰り返さなければ割れることはなく、「凍結」にかなり強いことがわかっている。

（6）導電性・熱伝導性

　銅材は、他の金属材料に比し、電気の良導体で、「導電率（electric conductivity）」が高く、そのため「電線材料」として多用されている。「導電率」とは、物質の電流の通りやすさ：導電性のことで、「電気伝導度」・「電気伝導率」・「伝導率」・「伝導度」などとも呼ばれている。

　一方、銅の「熱伝導率（heat conductivity）」は、他の金属材料より高く、熱が伝わり易いという性質を具備しているので、建築設備では、「熱交換器」の伝熱管としてよく使われている。

（7）経済性

銅管と他の管種のコスト比較については、給湯用配管材料のコスト比較の一例があるが、銅管（ろう接）の場合SUS（TPD）管に比べて材料費が低く、コスト低減が図れるという報告もある。

以上の他に、銅管というとすぐに、「孔食（pitting）」や「潰食（erosion-corrosion）」の問題を連想してしまうが、これに関しては、第12話建築設備配管の寿命と金属配管腐食の項を参照してください。

3．もっと知っておきたい：建築用銅管の深化知識

ここでは、上記の事項について、第1話および第3話などで、十分に説明できなかった事項を追補という形で詳述しておくことにする。

（1）銅管の製造工程

銅管は一体どのような工程（プロセス）によって、製造されるのでしょうか？これに関しては、図―7に基づいて説明することにする。

まず、各製造プロセスを時系列的に追っていくと次のようになる。

①鋳造（casting）⇒②押出（extrusion）⇒③圧延（rolling）⇒（ベンチ式抽伸）⇒④ブルブロック抽伸⇒⑤ET⇒⑥「直管加工」または「レベルワウンドコイル加工」⇒⑦焼鈍（annealing）⇒⑧検査（inspection）⇒⑨梱包・出荷（packaging・shipping）というプロセスを経て製品は誕生する。

【各工程概説】

①鋳造工程（casting process）

主原料である「電気銅地金」を「シャフト炉」で溶解し「溶湯」にする工程。「溶湯」は、連続鋳造の「鋳型」に流し込まれ鋳型内で凝固し、約10mのインゴットになる。

第8話 銅使用の歴史と銅管の深化知識

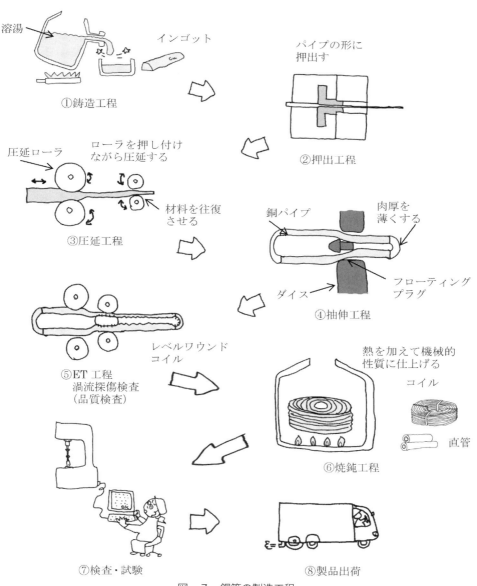

図—7　銅管の製造工程

第8話 銅使用の歴史と銅管の深化知識

②押出工程（extrusion process）
　「ダイス」と「マンドレル」の隙間からパイプの形に押し出していく工程。

③圧延工程（rolling process）
　溝のついた「ロール」が回転しながら、前後方向に往復運動し、圧延していく工程。

④ブルブロック抽伸工程
　「フローテイングプラグ」と「ダイス」を介して、銅管外径を小さくし、肉厚を薄くしていく工程。

⑤ET工程
　渦流探傷検査（ET）による品質管理工程。

⑥焼鈍工程（annealing process）
　焼きなましにより所定の「機械的性質」に仕上げていく工程。

（2）建築銅配管の「規格」と「特性」

　銅および銅合金の種類は、JISでは、「銅及び銅合金継目無管（JIS H 3300）」、ならびに「銅及び銅合金溶接管（JIS H 3320）」に規定している。一般には、これらのうち「継目無管」が多く用いられている。
　JISに記載の「銅および銅合金管」には、無酸素銅・タフピッチ銅・りん脱酸銅・丹銅・黄銅（用語解説参照）・復水器用黄銅および復水器用白銅（用語解説参照）などの合計17種類がある。

第8話 銅使用の歴史と銅管の深化知識

【用語解説】
黄銅（Brass）
　黄銅は、CuとZnの合金の総称で、Zn含有量が20％までのものが「丹銅」といい、30％～40％までのものを「黄銅」という。古くは、「真鍮（しんちゅう）」と呼ばれていた。安価なので「銅合金」中、もっとも多く利用されている。

【用語解説】
白銅（Cupro Nickel）
　白銅は、通称：「キュプロニッケル」と呼ばれている。Cu-Ni二元合金は、全率固溶体を作り、実用合金として広範囲の化学成分のものが用いられる。一般には、Ni：5％～30％の合金のことで、耐食性に優れ、「熱希硫酸」・「冷濃硫酸」のような非酸化性の酸に十分に耐える。

　このうち、建築設備で一般に使用されるのは、「りん脱酸銅管（C 1220 T）」が大部分で、他に「黄銅管（C 2700）」がある。
　その「りん脱酸銅」の「化学成分」・「物理的性質」・「機械的性質」は、それぞれ表―3、表―4、表―5に示す通りである。
　なお、外径・外径許容差・肉厚については、建築配管用銅管のKタイプ：1/4インチ～2インチと、L・Mタイプ：6インチ以下では、表―6「配管用及び水道用銅管の寸法」により製作される。なお、水道用銅管は「日本水道協会規格：JWWA H 101」が適用される。

第8話 銅使用の歴史と銅管の深化知識

表—3 りん脱酸銅管の化学的成分（％）

種類	記号	化学成分（％）	
		Cu	P
りん脱酸銅	C1220	99.90以上	0.015〜0.040

表—4 りん脱酸銅管の物理的性質

比重	溶融温度（℃）	比熱 J/kg・k（cal/g℃）		線膨張係数（/k）			熱伝導率 W/（m・k）	電気伝導度（％IACS）
		20℃	100℃	−191〜16℃	20〜100℃	20〜200℃		
8.94	1.083	385 (0.0921)	393 (0.0939)	14.1×10^{-6}	16.8×10^{-6}	17.7×10^{-6}	372	70〜90

項目	縦弾性係数 KN/mm² (kgf/mm²)	横弾性係数 KN/mm² (kgf/mm²)	ポアソン比	剪断強度 N/mm² (kgf/mm²)
軟質	117 (11,900)	44 (4,500)	0.33	157 (16)
硬質	118〜132 (12,000〜13,500)	44〜49 (4,500〜5,000)	0.33	176〜196 (18〜20)

表—5 りん脱酸銅管の機械的性質

種別	質別	記号	引張り強さ			伸び（％）	肉厚	硬さ ロックウェル		
			外径 (mm)	肉厚 (mm)	引張強さ N/mm² (kgf/mm²)			HR30⁻¹	HR15T	HRF
C1220T	O	C1220T-O	4以上 250以下	0.25以上 30以下	205以上 (21) 以上	40以上	0.6以上	—	60以下	50以下
	OL	C1220T-OL	4以上 250以下	0.25以上 30以下	205以上 (21) 以上	40以上	0.6以上	—	65以下	55以下
	1/2H	C1220T-1/2H	4以上 250以下	0.25以上 25以下	245〜325 (25〜33)	—	—	30〜60	—	—
	H	C1220T-H	25以下	0.25以上 3以下	315以上 (32) 以上	—	—	55以上	—	—
			25を超え 50以下	0.9以上 4以下		—	—	—	—	—
			50を超え 100以下	1.5以上 6以下		—	—	—	—	—
			100を超え 200以下	2以上 6以下	275以上 (28) 以上	—	—	—	—	—
			200を超え 350以下	3以上 8以下	255以上 (26) 以下	—	—	—	—	—

第8話 銅使用の歴史と銅管の深化知識

表—6 建築配管用銅管の寸法

タイプ	呼び径 A	呼び径 B	平均外径および許容差 (mm)	肉厚および許容差 (mm)	孔の断面積 (cm²)	外面の表面積 (m²/m)	内面の表面積 (m²/m)	重量 (kg/m)	用途
Kタイプ	8	1/4	9.52(±0.03)	0.89(±0.13)	0.471	0.0299	0.0243	0.216	高圧配管
	10	3/8	12.70(±0.03)	1.24 (±0.13)	0.82	0.0399	0.0321	0.399	
	15	1/2	15.88(±0.03)	1.24 (±0.15)	1.41	0.0499	0.0421	0.51	
	—	5/8	19.05 (±0.03)	1.24 (±0.15)	2.16	0.0598	0.0521	0.62	
	20	3/4	22.22(±0.03)	1.65 (±0.18)	2.81	0.0698	0.0594	0.953	
	25	1	28.58 (±0.04)	1.65 (±1.68)	5.02	0.0898	0.0794	1.25	
	32	1 1/4	34.92(±0.04)	1.65 (±1.68)	7.85	0.11	0.0993	1.54	
	40	1 1/2	41.28(±0.05)	1.83 (±0.18)	11.1	0.13	0.118	2.03	
	50	2	53.98(±0.05)	2.11 (±0.25)	19.4	0.17	0.156	3.07	
Lタイプ	8	1/4	9.52(±0.03)	0.76(±0.10)	0.503	0.0299	0.0251	0.187	ガス配管
	10	3/8	12.70(±0.03)	0.89(±0.13)	0.937	0.0399	0.0343	0.295	
	15	1/2	15.88 (±0.03)	1.02 (±0.15)	1.5	0.0499	0.0435	0.426	
	—	5/8	19.05 (±0.03)	1.07 (±0.15)	2.25	0.0598	0.0531	0.54	
	20	3/4	22.22(±0.03)	1.14 (±0.15)	3.12	0.0698	0.0626	0.675	
	25	1	28.58 (±0.04)	1.27 (±0.15)	5.33	0.0898	0.0818	0.974	
	32	1 1/4	34.92(±0.04)	1.40 (±0.15)	8.1	0.11	0.101	1.32	給水
	40	1 1/2	41.28(±0.05)	1.52 (±0.18)	11.5	0.13	0.12	1.7	
	50	2	53.98(±0.05)	1.78 (±0.22)	20	0.17	0.158	2.61	
	65	2 1/2	66.68(±0.05)	2.03 (±0.25)	30.8	0.209	0.197	3.69	給湯
	80	3	79.38(±0.05)	2.29 (±0.25)	43.9	0.249	0.235	4.69	
	100	4	104.78 (±0.05)	2.79 (±0.30)	77.3	0.329	0.312	7.99	
	125	5	130.18 (±0.08)	3.18 (±0.35)	120	0.409	0.389	11.3	
	150	6	155.58 (±0.08)	3.56 (±0.35)	173	0.489	0.466	15.2	
Mタイプ	10	3/8	12.70(±0.03)	0.64(±0.10)	102	0.0399	0.0359	0.217	給水
	15	1/2	15.88 (±0.03)	0.71 (±0.10)	1.64	0.0499	0.0454	0.302	
	20	3/4	22.22(±0.03)	0.81 (±0.15)	3.33	0.0698	0.0647	0.487	
	25	1	28.58 (±0.04)	0.89 (±0.15)	5.64	0.0898	0.0842	0.692	
	32	1 1/4	34.92(±0.04)	1.07 (±0.15)	8.44	0.11	0.103	1.02	
	40	1 1/2	41.28(±0.05)	1.24 (±0.15)	11.8	0.13	0.122	1.39	給湯
	50	2	53.98(±0.05)	1.47 (±0.22)	20.5	0.17	0.16	2.17	
	65	2 1/2	66.68(±0.05)	1.65 (±0.22)	31.5	0.209	0.199	3.01	
	80	3	79.38(±0.05)	1.83 (±0.22)	45	0.249	0.238	3.99	一般配管
	100	4	104.78 (±0.05)	2.41 (±0.30)	78.5	0.329	0.314	6.93	
	125	5	130.18 (±0.08)	2.77 (±0.30)	122	0.409	0.392	9.91	
	150	6	155.58 (±0.08)	3.10 (±0.35)	175	0.489	0.496	13.3	

(3) 硬質銅(硬銅)と軟質銅(軟銅)

銅材には、「調質(thermal refining)」により、硬質銅(硬銅:non-annealed copper)と軟質銅(軟銅:annealed copper)とその中間に位置する半硬質銅(半硬銅:semi-annealed copper)との三種類がある。ちなみに、写真—1は、

第8話 銅使用の歴史と銅管の深化知識

りん脱酸銅管の「調質別の結晶組織」、写真―2は、同じく「ろう接処理後の結晶組織」の結晶粒顕微鏡写真である。

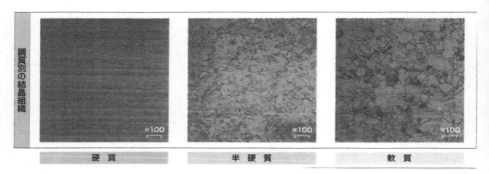

写真―1　調質別の結晶組織

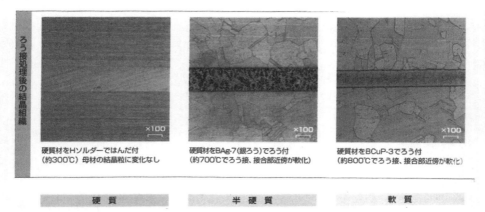

写真―2　ろう接処理後の結晶組織

純銅は、常温で線引加工（wire drawing）・圧延加工（rolling）・引抜加工（drawing）などを行うと硬化し、いわゆる「硬銅」になる。

その結果、「硬銅」は引張強さには強いが、「導電率」は低下する。

したがって、純銅の「加工法・導電性」などを改善するために、通常「焼きなまし」を行う。「焼きなまし」は、銅を柔らかくするために行われ、「焼きなら

し」は、銅を強くするために行われるものである。

　「焼きなまし炉」で250～350℃に加熱するが、「硬銅」に電流を通して発熱させ、「自己焼きなまし」をして巻き取る「連続軟化方式」が行われている。

　加工状態の各種性質は、250℃程度の加熱ではほぼ回復するが、この温度ではまだ「再結晶組織」にはなっていない。純銅で通常採用されている「焼きなまし温度」は、450～550℃である。

　ちなみに、「軟質銅管」は簡単に曲げることもできるので、「コイル状」にして現場に持ち込まれ、住戸用の住戸内配管に使用されたり、また、「ビルマルチ空調（後述）」の冷媒用配管材：コイル状の「断熱材被覆銅管」としても多用されている。

（4）調質による「銅管」の種類と記号

　銅および銅合金は、「冷間加工（用語解説参照）」と「熱処理（用語解説参照）」によって「機械的性質」が変化する。JISでは、O・OL・1/2HおよびHの4種類を規定している。

　①O：焼きなましをしたもの。

　②OL：焼きなましをしたもの、または軽い加工を施したもの。

　③1/2H：半硬質のもの。

　④H：冷間加工のままの硬質材。

【用語解説】

冷間加工（cold working）

　金属材料の「再結晶温度」を境にして、それ以上の温度域での「塑性加工」のことを「熱間加工（hot working）」といい、それ以下の温度域での加工を「冷間加工」という。「再結晶温度」は、加えられた加工度によって変化し、ある程度の温度幅がある。

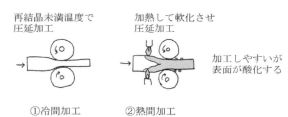

図－8　冷間加工と熱間加工

熱処理（heat treatment）

　材料に所要の性能を与えるために行う、「加熱」および「冷却」などの組合わせによる操作。「熱処理」には基本的には、「焼きなまし（annealing）」・「焼きならし（normalizing）」・「焼き入れ（quenching）」・「焼きもどし（tempering）」の4種類がある。

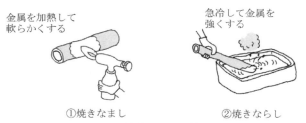

図－9　焼きなましと焼きならし

4.ビルマルチ空調方式の登場とその冷媒用銅管
（1） ビルマルチ空調方式略史

　ビルマルチ空調方式は、日本で独自に開発された空調方式である。このシステムに採用される「セパレート形エアコンユニット」は、「マルチエアコン」と呼ばれ、図—10に示すように、1台の「室外ユニット（熱源機）」に複数（マルチ）の「室内ユニット」を接続して構築する空調システムである。この空調方式は、「ルームエアコンデショナー」で多室を空調する時、「室外ユニット」の設置場所を集約するために開発されたといっても過言ではない。

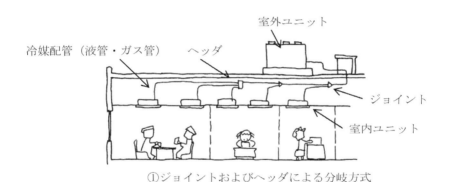

①ジョイントおよびヘッダによる分岐方式

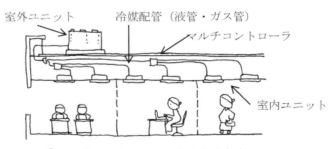

②マルチコントローラによる分岐方式
図－10　ビルマルチ空調システム

　ビル用マルチエアコンは、1982年（昭和57年）に発売が開始され、以降30余年以上経過している。個別制御性・集中管理の容易性・施工面における省人化な

第8話 銅使用の歴史と銅管の深化知識

どが市場に受け入れられ、中・小規模建築からその是非はともかく、最近では床面積：10,000m²を超えるような「大規模オフィスビル」にも、採用されるようになってきた。

このような大規模システムでは、屋上一面に「屋外機」が多数設置されるケースが多い。このような場合、屋外機周辺の空気（外気）が、ショートサーキットして、40℃以上の高温外気（用語解説参照）を「空気熱源」として利用せざるを得ないようなケースも散見され、必ずしも「省エネ空調」になっていない場合も多い。

【用語解説】
ビルマルチユニットの能力表示

ビルマルチメーカのビルマルチユニットの「能力表示」は、冷房時の外気温度：35℃、暖房時の外気温度：8℃という、外気条件下のものであることに注意！

図—11　ビルマル空調システム

かって、ビルマル登場時は、制約条件の一つであった冷媒総長配管の「許容長さ」の問題に対しても、図—12に示すように改良に改良が重ねられた。冷媒配管の許容長さは、1989年（平成元年）には100mであったものが、2007年（平成19年）には165mまで延長されている。

第8話 銅使用の歴史と銅管の深化知識

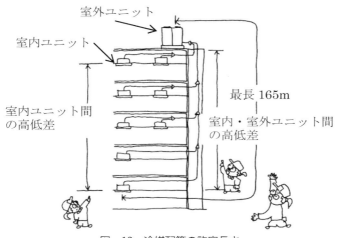

図-12　冷媒配管の許容長さ

　また、室外気の冷媒配管系統ごとに「冷房・暖房」を一括で切りえる「標準型」に加え、「インバータ」を搭載したものや、その後同一冷媒配管系統内で「冷房・暖房」が自由に選択できる「冷暖フリー型」、高層建築物や寒冷地の建築物などに対応する「水熱源型」や、割安な「深夜電力」で蓄熱を行う「氷蓄熱マルチ」が登場するなど、様々なタイプのものが開発されている。

（2）ビルマルチ冷媒用銅管の対応

　上述のように、ビルマルチエアコンが、1982年（昭和57年）に登場以来30年余経過しており、設置後15～20年経過したユニットに関しては、その「リニューアル工事」が始まっている。

　当初のユニットは、「HCFC冷媒（用語解説参照）」であるR22を搭載していたが、現在までの間に「オゾン層破壊問題」や「地球温暖化問題」の問題に直面することになった。

【用語解説】

HCFC（ハイドロ・クロロ・フルオロ・カーボン）

　冷媒記号：R22。議定書付属書CのグループⅠに記載されている物質。オゾン破壊係数（ODP）：0.005～0.52・地球温暖化係数（GWP）：1500。

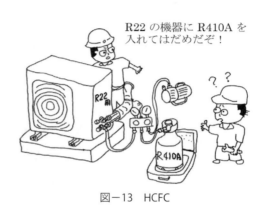

図-13　HCFC

　その結果、現在のユニットは一時期「混合冷媒R407」の時代を経て、「混合冷媒R410A」の搭載機器へとモデルチェンジし、さらに現在では新冷媒の「HFC32冷媒」の時代へと突入している。このHFC32冷媒は、混合冷媒でなく単一冷媒で、「オゾン破壊係数（ODP：用語解説参照）：0、「地球温暖化係数（GWP：用語解説参照）：650で、GWPはR410A（2090）の約1/3となっており「地球環境」に優しい冷媒である由。

第8話 銅使用の歴史と銅管の深化知識

【用語解説】

オゾン破壊係数（ODP:Ozone Depletion Potential）

大気中に放出された単位重量の当該物質が、「オゾン層（ozone layer）」に与える破壊効果をCFC＝1.0として「相対値」として表したもの。

【用語解説】

地球温暖化係数（GWP:Global Warming Potential）

地球温暖化に最も大きな影響をもたらす「二酸化炭素（CO_2）」を基準に、その気体の大気中における濃度当たりの「温室効果（greenhouse effect）」の100年間の強さを比較して数値化したもの。

ところで、R22の使用試験圧Wが約2500kPaであるのに対し、R410Aの使用試験圧力は4.15MPaと1.66倍も高いため取扱い上注意が必要である。したがって、冷媒配管材料（銅管）も、建築配管用銅管（Kタイプ・Lタイプ・Mタイプ）などでなく、表―7に示すような、高圧に耐える「一般冷媒用配管（第1種銅管・第2種銅管・第3種銅管）」を選択して採用することが不可欠となる。

第8話 銅使用の歴史と銅管の深化知識

表—7 一般冷媒配管用銅管の種類と寸法

銅管の質別と許容引張応力	基準外径のインチ換算値	基準外径（mm）	肉厚（mm）	最高使用圧力（MPa）	適応冷媒の種別
O及びOL （許容引張応力：33N/mm²）銅管の許容引張応力値は、温度125℃における許容引張応力値を適用した。	1/8	3.17	0.7	17.701	第3種
		4.76	0.7	11	
		6	0.7	8.492	
	2/8	6.35	0.8	9.246	
		8	0.8	7.173	
	3/8	9.52	0.8	5.945	
		10	0.8	5.641	
	4/8	12.7	0.8	4.378	第2種
	5/8	15.88	1	4.376	
	6/8	19.05	1.2	4.378	
	6/8	19.05	1	3.616	第1種
	7/8	22.22	1.15	3.263	
	1	25.4	1.3	3.522	
	1 1/8	28.58	1.45	3.49	
	1 2/8	31.75	1.6	3.465	
	1 3/8	34.92	1.75	3.445	
	1 4/8	38.1	1.9	3.428	
	1 5/8	41.28	2.1	3.5	
	1 6/8	44.45	2.25	3.481	
	2	50.8	2.55	3.451	
	2 1/8	53.98	2.75	3.505	
1/2H及びH （許容引張応力：61N/mm²）銅管の許容引張応力は温度125℃における許容引張応力値を適用した	1/8	3.17	0.7	32.72	第3種
		4.76	0.7	20.333	
		6	0.7	15.698	
	2/8	6.35	0.8	17.092	
		8	0.8	13.26	
	3/8	9.52	0.8	10.99	
		10	0.8	10.427	
	4/8	12.7	0.8	8.092	
	5/8	15.88	1	8.09	
	6/8	19.05	1	6.684	
	7/8	22.22	1	5.695	
	1	25.4	1	4.959	
	1 1/8	28.58	1	4.391	第2種
	1 2/8	31.75	1.1	4.347	
	1 3/8	34.92	1.2	4.31	
	1 4/8	38.1	1.35	4.448	
	1 5/8	41.28	1.45	4.409	
	1 6/8	44.45	1.55	4.376	
	1 3/8	34.92	1.1	3.942	第1種
	1 4/8	38.13	1.15	3.773	
	1 5/8	41.28	1.2	3.63	
	1 6/8	44.45	1.25	3.509	
	2	50.8	1.4	3.438	
	2 1/8	53.98	1.5	3.467	
	2 4/8	63.5	1.75	3.438	
	2 5/8	66.68	1.85	3.461	
	3	76.2	2.1	3.438	
	3 1/8	79.38	2.2	3.457	

(注) ①本寸法はJIS B 8607（冷媒用フレア及びろう付け管継手）の付属書より転記。
　　 ②一般冷媒配管とは、冷凍装置の冷凍機ユニット間の冷媒を通す配管をいい、冷凍機ユニット内の冷媒配管とは異なる。

5．銅管用ろう接合継手

　建築設備配管用の「ろう接継手」には、「銅及び銅管継手（JIS H 3401およびJCDA（日本銅センター規格）0001）」と給水用として「水道用銅管継手（JWWA H 102）」と冷媒用として、一般用冷媒配管用銅管（JIS B 8607）の中にある「ろう付け接合管継手」がある。銅管の「ろう付け接合」に当たっては、「毛細管現象」でろうが吸い込まれやすいように、「おす・めす継手」間の「隙間（ギャップ）」を確保することが最も重要なので、継手の「寸法精度」が重要となる。

　写真—3は、代表的な「銅管ろう付け継手」の種類を示したものである。

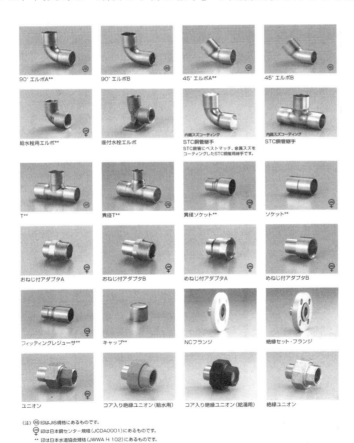

写真—3　代表的な銅管ろう付継手の種類

6. 銅管と異管種の接合法

　給水設備配管などでは、異管種および器具類の接続を余儀なくされる場合が多い。表―8は、異管種および器具類の接続組み合わせ表である。

表―8　異管種および器具類の接続組み合わせ表

管種及び器具類	記号	管種													器具類		
		(給水用)鋳鉄管	鋼管	塩ビライニング鋼管	耐熱性ライニング鋼管	コーティング鋼管	排水用塩ビライニング鋼管	ステンレス鋼鋼管	鉛管	銅管	水道用硬質ポリ塩化ビニル管	水道用ポリエチレン二層管	架橋ポリエチレン管	ポリエチレン管	ポリブテン管	弁類・止水栓	水栓類	衛生器具類
		A1	B1	B2	B3	B4	B5	C	D	E	F1	G	H1	H2	I	J	K	L
(給水用)鋳鉄管	A1		○	○							○					○		
鋼管	B1	○		○				○	○	○	○					○	○	
塩ビライニング鋼管	B2	○	○					○	○	○	○	○	○		○	○	○	
耐熱性ライニング鋼管	B3																	
コーティング鋼管	B4																	
排水用塩ビライニング鋼管	B5																	
ステンレス鋼鋼管	C		○	○					○	○	○	○	○		○	○	○	
鉛管	D		○	○				○		○	○					○	○	
銅管	E		○	○				○	○		○					○	○	
水道用硬質ポリ塩化ビニル管	F1	○	○	○				○	○	○						○	○	
水道用ポリエチレン二層管	G			○				○								○		
架橋ポリエチレン管	H1			○				○								○		
ポリエチレン管	H2																	
ポリブテン管	I			○				○								○		
弁類・止水栓	J	○	○	○														
水栓類	K		○	○														
衛生器具類	L																	

注）　1）○印は異管種の組み合わせがあり、媒介継手接合形式を記載したものを示す。
　　2）実質上の組み合わせのないもの、及び、使用例が少ないと思われるものは空欄。
　　3）異管種の組み合わせの記号は次の様に示す。
　　　　例）ステンレス鋼鋼管と水道用硬質ポリ塩ビニル管　　C・F1
　　4）表の一部筆者加筆

第8話 銅使用の歴史と銅管の深化知識

　異種管同士を接合する場合には、無知のまま異管種を接合すると、「様々なトラブル」に見舞われる。卑近な例が「異種金属接触腐食」である。
　これは、「鉄系管材（ライニング鋼管・鋳鉄管・鋳鉄バルブなど）」と「ステンレス鋼・銅・銅合金材」が組み合わせて使用された場合に発生しやすい。
　その第一対策としては、図—14に示すような「絶縁継手」を使用すること、第二対策としては、「貴な金属」の近傍で鋼・鋳鉄製管材の「接水部」が存在しないように配慮することである。

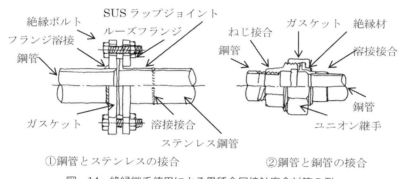

図—14　絶縁継手使用による異種金属接触腐食対策の例

　その他にも、「応力腐食割れ」・「塩素イオンの凝縮によるステンレス鋼の腐食」・「埋設管のマクロセル腐食」・「材料の強度差による破壊等」・「銅管の腐食（孔食・潰食）」・「銅イオンによる鋼材の腐食」・「管端防食継手施工不良」等々枚挙に暇がない。
　（社）空気調和・衛生工学会発行の「図解異管種接合法」編集：給排水衛生設備委員会・異管種接合小委員会（平成3年8月）には、給排水衛生設備で多用される、「異種管接合法」に関する資料が詳細に紹介されている。
　この中で、銅管を「被接続管」とした場合、異管種と銅管の接合法には、以下の4ケースが紹介されている。
　①亜鉛めっき鋼管と銅管との接合法（図—15参照）
　②水道用硬質ポリ塩ビライニング鋼管と銅管との接合法

第8話 銅使用の歴史と銅管の深化知識

　③ステンレス鋼管と銅管との接合法
　④鉛管と銅管との接合法

　一方、異管種を「被接続管」とした場合には、銅管と異管種の接合法には、以下の6ケースが紹介されている。
　①銅管と水道用硬質ポリ塩化ビニル管との接合法（図－16参照）
　②銅管と水道用ポリエチレン管との接合法
　③銅管と架橋ポリエチレン管との接合法
　④銅管とポリブテン管との接合法
　⑤銅管と弁類・止水栓との接合法
　⑥銅管と水栓類との接合法

　この「図解異管種接合法」は、「図解」というタイトルが示すように、様々な異管種との接合法が分かりやすく図解されている名著である。
　なお、さらに詳細を学習したい方は、是非本書を参考にされることをお薦めする次第である。

第8話 銅使用の歴史と銅管の深化知識

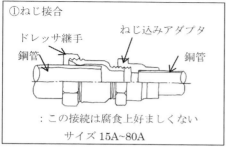

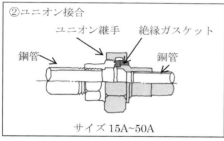

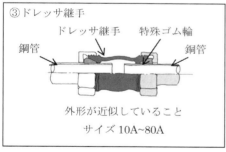

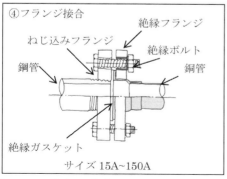

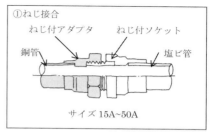

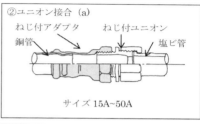

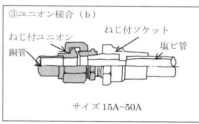

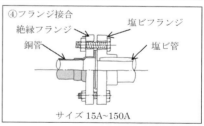

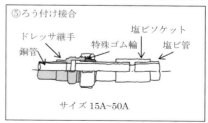

図—15　亜鉛めっき鋼管と銅管との異管種の接合　　図—16　銅管と水道用硬質ポリ塩ビ管との接合

7．給水・給湯管の銅管使用占有率

　筆者は今まで銅管を、過大に評価（？）してきたかも知れない。

　ちなみに、図―17は「給水・給湯用銅配管材料」の使用占有率を参考までに示したものである。この図から自明なように、給水・給湯用配管材料に関する限り、最近では「一般配管ステンレス配管」や「ポリブテン管・ポリエチレン管」などの伸びが著しいことが読める。

　一方、銅管の使用占有率は、他の多種多様な配管材料に押されて、1995年：34.3%、2000年：33.3%、2005年：15.3%であったのに対し、2015年：1.3%と激減している。銅配管の用途は、既述のように多種多様であるので、このデータだけで必ずしも、銅配管材料が「斜陽配管材料」になってしまったと極言することはできないが、給水管用途に関する限り、銅管の採用率は減少してきている。

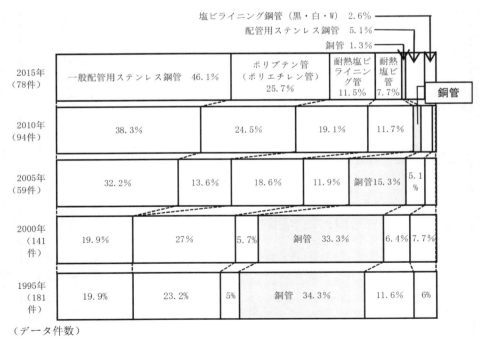

図―17　給水・給湯用途としての銅管使用占有率

その理由としては、銅管の高度技能配管工の確保が困難になってきていること、「リニューアル工事」の現場では「火気使用厳禁」等の制約条件もあり、「ろう付け接合」の採用ができないこと、銅管の「機械式接合法」の継手材料費が高価なこと等が挙げられる。

　ただ、このデータでは、銅管が多く使用される「病院のデータ」が不明であり、一概に銅管が「斜陽配管材料」・「過去の配管材料」と決めつけることはできない。筆者は「銅管の信奉者」であり、偏見的な意見かもしれないが、「銅配管給湯管」については、「熱伝導性」や「レジオネラ属菌」への有効性から、など、まだまだ捨てがたい配管材料と思っている。

第8話 銅使用の歴史と銅管の深化知識

おわりに

　ここでは、第1話および第3話などで触れることが出来なかった話題：銅使用の歴史や銅管の深化知識などについて触れてきた。

　特に銅管というと、我々は「衛生設備配管用銅管（Kタイプ・Lタイプ・Mタイプ）」だけに短絡しがちであるが、ビルマルチ空調方式の普及に伴い、「一般冷媒配管用銅管（第3種管・第2種管・第1種管）」の選択肢がある。

　ちなみに、冷媒用銅管の知識、すなわち「ビルマルチ用冷媒配管材料」の選定については、一部の専門家を除いて「建築設備関連技術者」の間でも、あまり知られていないのではないかと危惧している。

【引用・参考文献】
(1)「空気調和衛生工学会便覧」（第13版：5材料・施工・維持管理・第8編材料とその耐久性・第1章管および継手），（社）空気調和・衛生工学会，2001年（平成13年）11月
(2)「銅と衛生（Copper and Health）」，（社）日本銅センター（JCDA・ICA），平成6年11月
(3) 住友の「配管用銅管：技術資料」，住友金属工業㈱
(4)「金属材料の事典」，田中良平・一ノ瀬幸雄・木村啓造・根岸朗・渡辺治，朝倉書店，1997年10月
(5)「管工事施工管理技術テキスト」（改定第4版），国土交通省所管財団法人：地域開発研究所管工事施工管理技術研究会，平成13年4月
(6) 厚生労働大臣登録「空調給排水管理監督者：講習会テキスト」（第4版第2刷），公益財団法人日本建築衛生管理教育センター，平成27年2月
(7)「図解異管種接合法」給排水衛生設備委員会，異管種接合小委員会，（社）空気調和・衛生工学会，平成3年8月
(8)「スプリンクラー設備銅配管システム：設計・施工マニュアル」，（社）日本銅センター，平成6年2月
(9) 製品カタログ「銅管プリゾールチューブ：総合カタログ改定版」住友金属工業㈱
(10) 製品カタログ「TF銅管継手」，東洋フイツテング㈱
(11)「目で見る配管作業Visual Books」，安藤紀雄・瀬谷昌男・南雲一郎，日刊工業新聞社，2014年8月
(12)「建築設備情報年鑑2015」，一般社団法人建築設備技術者協会

第9話 排水配管工事の特徴と施工留意点

はじめに

　建築設備における空調設備・衛生設備の排水管・継手の選定では、先ず排水そのもの内容について、
　①どんな排水の水質なのか？
　②排水温度は何度なのか？
　③排水量はどのくらいの量なのか？
　④自然流下により排水する系統なのか？
　⑤ポンプ等により機械的に排水する系統等なのか？
を把握することから始めたい。

　次に排水管の内面は平滑であること、耐食性・耐熱性・耐薬品性を有していること、排水管内が詰まった時には清掃が容易にできる物理的強度を有していることおよび経年劣化等を考慮して排水管・継手を検討し選定していくことになる。とにもかくにも排水管の管種と継手の種類が多く、そんなことから選定時にはあれこれ悩むことになってしまって、なかなか選定がはかばかしくない状況下に陥ることになる。

第9話 排水配管工事の特徴と施工留意点

　そこで選定の一番のポイントは、"選定者自身が排水物になって排水管・継手の中を流下することに置き換えてみることである"、そうすることで排水時の流れについての幾つかの阻害要因をクリアすることができ、選定についての光明が差してくるようになる。こんなふうにして熟考し検討していくことで、最適の配管・継手の材質が選定できることになる。

1.排水の用途と排水の種類
（1）排水の用途
　建築設備における空調設備・衛生設備の排水の用途には、便所排水系統、浴室排水系統、台所・流し排水系統、雨水系統、厨房排水系統、機械排水系統、駐車場用排水系統、実験用排水系統、薬品排水系統等がある。
　ここでは左欄に排水が発生する場所（便所、湯沸器室、病室、客室・実験流し、バルコニー等）別と上欄に排水先の排水の水質・排水温度・排水管内の圧力についてのマトリクスを作成しておくと、排水の把握が容易になり、竣工後のメンテナンスおよび改修時に役立つことになる。

（2）排水管の種類
　排水管・継手には、金属管又は非金属管の区分がある。また管種別には、金属管には鋳鉄管・鋼管・鉛管・銅管があり、非金属管にはプラスチック管・コンクリート管・陶管がある。そして空調設備と衛生設備の排水の種類には、①汚水管、②雑排水管、③通気管、④雨水管、⑤厨房排水管、⑥機械排水管、⑦駐車場排水管、⑧実験排水管、⑨薬品排水管等がある。

2.排水用途別排水管材料の種類
　排水の種別により、それぞれに適した排水管の管種がある。排水に使用される主な排水管の特徴を以下に示す。
1）硬質ポリ塩化ビニル管（JIS K 6741）（耐火二層管含む）
　耐食性に優れていて施工性はよいが、金属管に比べて耐衝撃性および屋外では耐候性に劣る。また、排水温度や日射などの熱による伸縮対策が必要である。

【ちょっと一息！】
硬質ポリ塩化ビニル管の選定

　硬質ポリ塩化ビニル管について耐震性・熱膨張の面から述べておきたいことがある。排水・通気の立て管については、層間変位角に対応できる管・継手を使用しなくてはならない。また、硬質ポリ塩化ビニル管は、塩ビライニング鋼管に比較すると、耐震支持と固定支持の箇所が多く必要なこと、熱膨張率は$6〜7×10^{-5}/℃$と約6倍であることから、経済性からの観点のみで、硬質ポリ塩化ビニル管を採用してはならないことを注意しておきたい。

図－1　硬質ポリ塩化ビニル管の選定

2）排水用硬質塩化ビニルライニング鋼管（WSP 042）

　耐食性・耐圧性に優れ、超高層建物などの大きな圧力がかかる雨水排水管に適している。管径は200mmまでで継手は排水鋼管用可とう継手を使用することから抜け防止対策が必要である。大口径でもフランジ接合で対応が可能だが、コストは比較的高い。

第９話 排水配管工事の特徴と施工留意点

３）配管用炭素鋼鋼管（白）（JIS G 3452）
　排水用硬質塩化ビニルライニング鋼管と比較して耐食性に劣る。

４）遠心力鉄筋コンクリート管（JIS A 5372）
　通称ヒューム管。外圧に対する強度に優れている。耐酸性・施工性は上述の１）より劣る。

５）レジンコンクリート管（JSWAS K-11：日本レジン製品協会規格）
　上述の４）より強度・耐酸性に優れ、軽量のため施工性はよいが高コストである。

　次に最近の排水管材料に使用されている汚水管・雑排水管・通気管・雨水管・厨房排水管及び冷房ドレン管の配管材について管種を挙げてみることにする。

　なお、本話の末に記載した2015年12月に報告をまとめた一般社団法人建築設

【用語解説】

層間変位角：angle of story deflection

　地震時に対する建物の水平変位を階高で割った値。水平変位/階高。

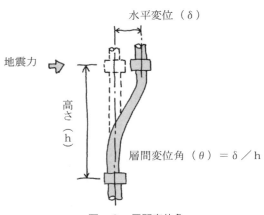

図—２　層間変位角

第9話 排水配管工事の特徴と施工留意点

備技術者協会発行の「建築設備情報年鑑2015」は、最近の排水管の使用実績知ることができるたいへん貴重な報告書となっている。
　以下に記した①～⑧の排水管の記載の順番は、上述の「建築設備情報年鑑2015」による使用比率の多い順による。

（1）汚水管材料

　2015年の汚水管の管種別採用アンケート調査（データ数80件）による汚水管の各管材の占める使用比率を以下に示す。

①排水・通気用耐火二層管（FDPA）、JIS K 6741：2007又はJIS K 9798：2006に繊維モルタルで被覆（使用比率：49.7％）

②硬質ポリ塩化ビニル管（VP）、JIS K 6741：2007（使用比率：30.0％）

③排水用硬質ポリ塩化ビニルライニング鋼管（D-VA）、WSP 042：2006（使用比率：13.8％）

④水道用耐衝撃性硬質ポリ塩化ビニル管、旧JWWA K 118（使用比率：1.3％）

⑤排水用ノンタールエポキシ塗装鋼管（SGP-NTA）、WSP 032：2006（使用比率：1.3％）

⑥メカニカル形排水用鋳鉄管、旧SHASE－S210（使用比率：1.3％）

⑦水道用ポリエチレン粉体ライニング鋼管（SGP-PA、SGP-PB、SGP-PD）、JWWA K 132：2009（使用比率：1.3％）

⑧ナイロンコーティング鋼管、WSP 067（使用比率：1.3％）

この調査分析によると、メカニカル形排水用鋳鉄管は1995年当時の調査では14.0％の使用比率であったことから、隔世の感を禁じえない。

　なお、同じ汚水管でも一般便所に使用する汚水管なのか、または放射性医療検査を受けた患者さんの排泄物の汚水管なのかにより、汚水管の管種が違ってくることから、排水管・継手の選定は要注意である。

第9話 排水配管工事の特徴と施工留意点

【ちょっと一息！】
排水管の横引き排水距離

　自然排水流下時での排水管の施工の重要チェックポイントとしては、排水管の横引き排水距離に留意することである。

　節水便器の使用では、排水立て管に接続する排水距離は、メーカー別と使用する器具型式により、排水横引き許容距離内の寸法で施工することに注意する必要がある。また、室内に設置した器具からの横引き排水距離が長いと勾配との関係から天井内に納まらなくなり、①天井下露出配管、②下がり天井の設置、③排水立て系統を新たに設けて排水横引き管を接続することになる。床上配管の場合には、横引き排水管の部分では「高さ」と「巾」の両面の設置スペースが必要となる。

図—3　節水便器の配管勾配

（2）雑排水管材料

　2015年の雑排水管の種別採用アンケート調査（データ数93件）による雑排水管の各管材の占める使用比率を以下に示す。

①排水・通気用耐火二層管（FDPA）、JIS K 6741：2007またはJIS K 9798：2006に繊維モルタルで被覆（使用比率：52.0％）

②硬質ポリ塩化ビニル管（VP）、JIS K 6741：2007（使用比率：30.1％）

③排水用硬質塩化ビニルライニング鋼管（D-VA）、WSP 042：2006（使用比

率：13.7％）
　④排水用ノンタールエポキシ塗装鋼管（SGP-NTA）、WSP 032：2006（使用比率：1.4％）
　⑤メカニカル形排水用鋳鉄管、旧SHASE－S210（使用比率：1.4％）
　⑥ナイロンコーティング鋼管、WSP 067（使用比率：1.4％）

　なお、排水管には上記の管種以外に、湯沸室系統の床上配管～排水横引管に水道用耐熱性硬質塩化ビニルライニング鋼管（HTLP）、JWWA K 140：2009や耐熱性硬質ポリ塩化ビニル管（HTVP）、JIS K 6776および耐熱用耐火二層管（FDPA）が使用されている。また、口径200mm以上の屋外埋設部分（車路以外）には硬質ポリ塩化ビニル管（VP）、JIS K 6741：2007が、車路部には下水道用レジンコンクリート管が使用されることが多く見受けられる。

（3）通気管材料

　通気管の材質は、通気管中に排水物が流れるわけではないが、通気管が腐食している事例が多いことから、耐食性の高い排水・通気用耐火二層管、硬質ポリ塩化ビニル管及び排水用硬質塩化ビニルライニング鋼管の採用が望ましい。
　2015年の通気管の種別採用アンケート調査（データ数64件）による排水管の各管材の占める使用比率を以下に示す。
　①排水・通気用耐火二層管（FDPA）、JIS K 6741：2007またはJIS K 9798：
　　2006に繊維モルタルで被覆（使用比率：51.5％）
　②硬質ポリ塩化ビニル管（VP）、JIS K 6741：2007（使用比率：43.8％）
　③排水用硬質塩化ビニルライニング鋼管（D-VA）、WSP 042：2006（使用比率：4.7％）

　なお、防火区画貫通箇所（貫通開口：100mm以上）に使用する硬質塩化ビニル管（VP）は、排水・通気用耐火二層管（FDPA）に変えて施工しなければならないので注意することが必要である。

（4）雨水管材料

2015年の雨水管の種別採用アンケート調査（データ数36件）による雨水管の各管材の占める使用比率を以下に示す。

①硬質ポリ塩化ビニル管（VP）、JIS K 6741：2007（使用比率：41.6％）
②配管用炭素鋼鋼管（白）（SGP）、JIS G 3452：2010（使用比率：30.6％）
③排水・通気用耐火二層管（FDPA）、JIS K 6741：2007またはJIS K 9798：2006に繊維モルタルで被覆（使用比率：19.4％）
④配管用ステンレス鋼鋼管（TP）、JIS G 3459：2012（使用比率：2.8％）
⑤配管用炭素鋼鋼管（黒）（SGP）、JIS G 3452：2010（使用比率：2.8％）
⑥ナイロンコーティング鋼管、（WSP 067）（使用比率：2.8％）

なお、大口径の雨水管にはフランジ付硬質塩化ビニルライニング鋼管（WSP 011：2006）が多く使用されている。

（5）厨房排水管材料

2015年の厨房排水管の種別採用アンケート調査（データ数53件）による厨房排水管の各管材の占める使用比率を以下に示す。

①硬質ポリ塩化ビニル管（VP）、JIS K 6741：2007（使用比率：35.8％）
②排水・通気用耐火二層管（FDPA）、JIS K 6741：2007またはJIS K 9798：2006に繊維モルタルで被覆（使用比率：34.0％）
③耐熱性硬質ポリ塩化ビニル管（HTVP）、JIS K 6776（使用比率：15.1％）
④排水用硬質塩化ビニルライニング鋼管（D-VA）、WSP 042：2006（使用比率：11.3％）
⑤配管用炭素鋼鋼管（白）（SGP）、JIS K 3452：2010（使用比率：1.9％）
⑥ナイロンコーティング鋼管、WSP 067（使用比率：1.9％）

なお、高温の排水が流れる厨房器具からの排水系統には、高温対策がなされた管種の排水管を選定することが必要である。

第9話 排水配管工事の特徴と施工留意点

【ちょっと一息！】
排水管の勾配

　自然排水流下（重力式排水）での排水管の施工の重要チェックポイントとしては、排水管の勾配の確保に留意することが挙げられる。

　厨房でのシンダー内配管では、厨房器具からの排水管の垂直下がり方向の曲がり部でコンクリートの被り寸法を確保し、床排水勾配の上（かみ）・下（しも）のレベル差を考慮し、納まりの検討を行い、排水管の勾配が確保されていることを反映した排水管施工図を作成し、排水管の施工を行う。

　これらの検討を省略して実施した厨房排水用排水鋳鉄管の施工では、適正な勾配が確保できていないことから、排水管内に堆積物が溜まり硫酸塩還元菌により硫化ガス（SO_2）が発生し、配管上部の気相中で硫酸に酸化され、鋳鉄を腐食させたと推定されるトラブルも起こっているので注意が必要である。

　また、テナント用厨房排水管の中でも、うどん店の排水管は特に要注意である。うどんは塩分を多く使用するので排水管に鋼管を採用すると腐食した事例がある。

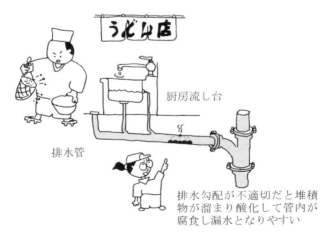

図－4　厨房の排水配管勾配

【用語解説】

ソルベントクラック：Solvent Cracking

　ストレスクラッキング（応力亀裂）の一種であり、溶剤（solvent）の加わったときに生じる亀裂現象を特に区別していう。塩ビ管の場合は、①溶剤の存在（接着剤・防腐剤など）で、溶剤を沢山つければいいというわけではない。②応力（熱応力・TS接合部の応力・生曲げなど）、③低温下での配管の3要因が加わったときに発生することがある。

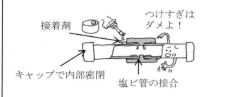

①塩ビ管の内部ひび割れ

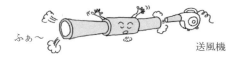

②密封しないでガスの排出

図-5　塩ビ管のソルベントクラック

（6）冷房ドレン管材料

　2015年の冷房ドレン管の種別採用アンケート調査（データ数63件）による冷房ドレン管の各管材の占める使用比率を以下に示す。

　①硬質ポリ塩化ビニル管（VP）、JIS K 6741：2007（使用比率：46.0％）

　②結露防止層付硬質ポリ塩ビ管（使用比率：20.6％）

③排水・通気用耐火二層管（FDPA）、JIS K 6741：2007またはJIS K 9798：2006に繊維モルタルで被覆（使用比率：14.3％）
④配管用炭素鋼鋼管（白）（SGP）、JIS G 3452：2010（使用比率：9.5％）
⑤排水用硬質塩化ビニルライニング鋼管（D-VA）、WSP 042：2006（使用比率：4.8％）

3.排水管・継手の選定時におけるリスクマネジメント

　設計・施工の段階で排水管と継手を選定するには、これまでの経験の中から種々の条件について作成されている選定チェックリスト等を活用し、また同時に類似物件および竣工物件の管材料の採用情報から、熟考し選定している。

　ここではリスクマネジメント手法を活用して、排水管と継手の選定方法について、「基本方針」・「リスク特定」・「リスク分析」・「リスク評価」・「リスク対策」を行うリスク管理について述べてみる。

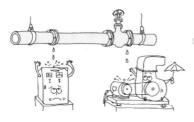

①電気機器上部の水関係の配管施工計画は腐食や地震災害で漏水が発生した場合機能不全が発生しやすい、ルートの変更をするか下部に防水パンや漏水検知器の設置の対策を行うこと

②支持が不完全だと地震等で外れて落下事故が発生し設備の機能不全を起こす、強固な耐震支持固定を行うことが望ましい

図－6　リスクマネジメントシステムの概念

1）設計・施工での排水管・継手選定の基本方針
　「排水管・継手の機能の確保」を基本に考えて排水管・継手を選定する。
2）リスク特定
　排水管・継手の機能不全（漏水・詰まり・管の亀裂・管の切断）となるハザー

第9話 排水配管工事の特徴と施工留意点

ド(危険要因)を特定する。

ハザードとしては、「配管材と継手の選定ミス」、「配管施工技術の欠如」、「劣悪な作業環境」等があるが、ここでは「配管材と継手の選定ミス」をリスク特定とし、次のステップに進むことにする。

3) リスク分析

配管材と継手のミスによる排水機能不全に陥る要因は、排水性状によることから、以下の要因リストアップし、リスク分析を行う。

① 排水流体温度
② 排水濃度
③ 排水水量
④ 排水圧力
⑤ 排水勾配
⑥ 外的要因(周囲温度・湿度・塩害の有無)
⑦ 薬品の有無
⑧ 排水中の固形物の有無
⑨ 耐震性の有無
⑩ ガス管や消火管との誤接続
⑪ 排水ルートの状況
⑬ 敷設状況(埋設・露出)
⑭ 排水接続部の材質
⑮ 排水先の場所
⑯ メンテナンス性
⑰ 臭気

4) リスク評価

次にリスク評価として「汚水管と継手」、「雑排水管と継手」、「通気管と継手」、「雨水管と継手」、「機械排水管・駐車場排水管と継手」、「厨房排水管と継手、ポンプ圧送管と継手」別について、金属管・非金属管がもつ特性により、前述の①〜⑰の各項目についての分析で得られた幾つかの管材(排水管・継

手）を、選定した優先順位をつけて評価する。

　ここで選定に際しては、対象となる当該配管材の他に第三者・他設備に対しての安全性（管材のすっぽ抜け事故等による人的・施設への被害発生の防止）・経済性・耐久性・保守性・施工性・耐震性（腐食進行による管材の減肉による強度の不足）・更新性および社会環境（省資源の材質、リサイクル）との調和の面からも考慮して選定する。

5）リスク対策

　リスク対策では、保有・回避・削減・移転の中から、リスク削減として、材料の経年による物理的劣化、通常と異なる使用方法による機能不全もあることから、取り扱い説明書を使用者に提供し、正常な運用が図れるようにすることとする。また、電気設備の盤の上部を通過する排水配管ルートは避けること、やむを得ない場合には盤の上部にドレンパンを設置すること、または排水管・継手に漏水検知帯を設置およびこれら複合した対策の対応も求められる。

　リスクマネジメント手法による配管材と継手の選定方法は、もしも配管材と継手に起因したトラブルが発生した場合には、選定方法の一部に欠落または内容の希薄さを容易に判明することができる。その補完・追加を行って情報共有しておくことにより、次回の選定時にはこれらクレーム原因の解消に役立ち、そしてクレームの発生を回避できることになる。

4.排水管と排水用継手の組合せ

　最近ねじ切り加工による継手を採用することより、配管工の不足に起因する施工性の面から機械式継手を採用することがむしろ多くなってきている。以下に施工部位毎の排水管と継手の組合せの一例を示す。

（1）汚水管と継手
1）器具接続部床上配管の施工
・硬質ポリ塩化ビニル管（ねずみ色）＋排水用硬質ポリ塩化ビニル管継手

2）器具接続部床上配管（区画貫通部）の施工
・排水・通気用耐火二層管（白色）＋排水・通気用耐火二層管継手
3）屋内・全般：250A以上の施工
・硬質ポリ塩化ビニルライニング鋼管フランジ加工管（赤茶色）＋5Kフランジ（溶接）
4）屋内・全般：200A以下の施工
・排水用硬質ポリ塩化ビニルライニング鋼管（赤茶色）＋排水鋼管用可とう継手

【ちょっと一息！】
汚水桝のインバル（invert）

　排水設備における芸術品は何か？筆者はそれは汚水桝での「インバル切り」と常々感じている。「インバル切り」は一般配管工には手を出せない高技能工の職域なのである。これぞ芸術品とばかりに一心不乱に軟度の違うモルタルで曲がりの角度と勾配をもって半円形に整形していく。汚物がとどまることなく、ひっかかることなくスムーズに流れていくことが目に見えるようである。

　「インバル切り」をみていると、筆者は試運転調整業務の開始がもうそこまで来ていて、竣工が間近であることを実感するのである。

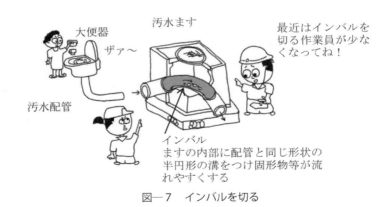

図—7　インバルを切る

（2）雑排水管と継手

1）器具接続部床上配管の施工
・硬質ポリ塩化ビニル管（ねずみ色）＋排水用硬質ポリ塩化ビニル管継手

2）器具接続部床上配管・区画貫通部1mの施工
・排水・通気用耐火二層管（白色）＋排水・通気用耐火二層管継手

3）湯沸室・台所系統横引管の施工（立管接続までまたは器具より２ｍ以内または他器具配管接続までの100Ａ以下）
・水道用耐熱性硬質ポリ塩化ビニルライニング鋼管（緑色）＋排水鋼管用可とう継手（厨房排水対策品）

※排水配管材には耐熱性の排水用ビニルライニング鋼管はないことから水道用耐熱性ビニルライニング鋼管を採用。また、継手は硫化水素等の影響物質の浸入を防止し、耐熱性に優れ、高温水（90℃）にも耐える継手を採用。

4）湯沸室・台所系統床上配管の施工
・耐熱性硬質ポリ塩化ビニル管（赤茶色）＋耐熱性硬質ポリ塩化ビニル管継手

5）湯沸室・台所系統床上配管・区画貫通部１ｍの施工
・耐熱用耐火二層管（ねずみ色）＋耐熱用耐火二層管継手

6）屋内・全般、250Ａ以上の施工
・硬質ポリ塩化ビニルライニング鋼管フランジ加工管（赤茶色）＋５Ｋフランジ（溶接）

7）屋内・全般、200Ａ以下の施工
・排水用硬質ポリ塩化ビニルライニング鋼管（赤茶色）＋排水鋼管用可とう継手

8）パッケージエアコン用排水管の施工
・硬質ポリ塩化ビニル管（ねずみ色）＋水道用硬質ポリ塩化ビニル管継手又は排水用硬質ポリ塩化ビニル管継手
なお、給水ヘッダと同じように最近では排水ヘッダ継手[4]が製品化されて使用されている。

第9話 排水配管工事の特徴と施工留意点

【ちょっと一息!】
排水ヘッダ継手

　便所での汚水管の施工では、継手+単管+継手+単管+・・・・の繰り返しが大便器の数だけあり、設置スペース内に納まりきれない場合には、施工工期の短縮を兼ねて、使用する排水鋳鉄管の型から起こして排水ヘッダーを製作したことを過去に経験している。今では台所流し、洗面器、洗濯機、浴槽など汚水以外の横枝管を、1対1の関係で排水ヘッダ（英語ではmanifoldという）に接続する排水方式が商品化されている。

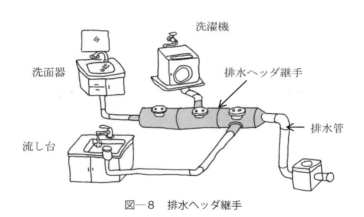

図—8　排水ヘッダ継手

【ちょっと一息!】
ディスポーザからの排水

　台所から出る生ごみ（厨芥）を処理して排水するディスポーザを設置しているが、このディスポーザからの排水をそのまま公共下水道や河川水へ放流することは、環境破壊につながるので禁止されている。設計・施工時には、ディスポーザ排水処理システム（ディスポーザ+その他の排水管とは分けた専用の排水管+排水処理槽）として構成されていることを確認することが重要である。

第9話 排水配管工事の特徴と施工留意点

図―9 ディスポーザ

（3）通気管と継手
1）排水槽内の施工
・硬質ポリ塩化ビニル管（ねずみ色）＋排水用硬質ポリ塩化ビニル管継手
2）区画貫通部（50A以下で貫通開口90Φ以下）の施工
・硬質ポリ塩化ビニル管（ねずみ色）＋排水用硬質ポリ塩化ビニル管継手
3）区画貫通部（65A以上で貫通開口100Φ以上）の施工
・排水・通気用耐火二層管（白色）＋排水・通気用耐火二層管継手
4）屋内・全般、200A以下の施工
・排水用硬質ポリ塩化ビニルライニング鋼管（赤茶色）＋排水鋼管用可とう継手
5）外壁貫通部、ハト小屋の施工
・硬質ポリ塩化ビニル管（ねずみ色）＋カラーパイプ継手

【ちょっと一息！】
通気管のフランジ継手のボルト・ナット位置
　露出部分での横走り通気管のフランジ継手のボルト・ナットの位置は、「どの位置のフランジ継手であれ、通しておくこと」と先輩から学んだことを思い出す。今では現場での整理整頓についての安全について注意することがよくある

第9話 排水配管工事の特徴と施工留意点

が、諸資材は室内外とも直角に仮置きしておくと良い印象を与え、現場の隅々まで良く管理された現場と評価される。これは作業における効率の良さと見栄えの良い安全性が確保された明るい環境の現場になるんですね。これと同じことで、通して並んだフランジ管のボルト・ナットの位置が通っているとすがすがしい気持ちになり、発注者もこの状況をみるとよく品質管理がなされ、施工された物件と安心して受け取ること間違いありません。

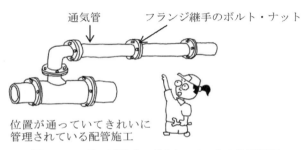

図—10 フランジ継手のボルト・ナットの位置管理

(4) 雨水管と継手

1) 屋内・立管　250A以上の施工
・フランジ付ポリエチレン粉体ライニング鋼管（黒色）＋10K又は5Kフランジ（溶接）

2) 屋内・横引管の施工
・フランジ付ポリエチレン粉体ライニング鋼管（黒色）＋10K又は5Kフランジ（溶接）

3) 屋内・横引管　RD（ルーフ・ドレイン）金物直近階の施工
・排水用硬質ポリ塩化ビニルライニング鋼管（赤茶色）＋排水鋼管用可とう継手（抜け防止付き）

4) 屋外の施工
・一般配管用ステンレス鋼鋼管フランジ加工管（ステン色）＋5Kフランジ（溶接）

（5）機械用排水管・駐車場排水管と継手

1）屋内・全般の施工
・排水用硬質ポリ塩化ビニルライニング鋼管（赤茶色）＋排水鋼管用可とう継手

2）排水金物・側溝接続の施工
・水道用硬質ポリ塩化ビニルライニング鋼管（赤茶色）＋排水鋼管用可とう継手

なお、排水金物・側溝接続への接続は、ねじ接合のため排水用硬質ポリ塩化ビニルライニング鋼管では薄肉でねじ加工ができないことから排水配管材には水道用耐熱性ビニルライニング鋼管を採用している。

（6）厨房排水管と継手

1）125A以上の施工
・排水用硬質ポリ塩化ビニルライニング鋼管（赤茶色）＋排水鋼管用可とう継手（厨房排水対策品）

2）100A以下の施工
・排水用硬質ポリ塩化ビニルライニング鋼管（赤茶色）＋排水鋼管用可とう継手（厨房排水対策品）

3）器具接続部の施工
・水道用耐熱性硬質ポリ塩化ビニルライニング鋼管（赤茶色）＋排水鋼管用可とう継手（厨房排水対策品）

なお、器具への接続は、床は防水施工するためねじ付きの器具を使用していることから、排水用硬質ポリ塩化ビニルライニング鋼管では薄肉でねじ加工ができない。そのため、水道用耐熱性ビニルライニング鋼管を採用している。

（7）ポンプ圧送管と継手

1）100A以上の施工
・排水用硬質ポリ塩化ビニルライニング鋼管フランジ加工管（赤色）＋10Kフラ

第9話 排水配管工事の特徴と施工留意点

ンジ
2）80A以下の施工
・排水用硬質ポリ塩化ビニルライニング鋼管（赤茶色）＋コア内蔵継手
3）排水槽内の施工
・内外面ナイロンコーティング鋼管（白色）＋10Kフランジ
4）屋外埋設の施工
・水道用ゴム輪形硬質ポリ塩化ビニル管（ねずみ色）＋耐衝撃性硬質ポリ塩化ビニル管継手

【ちょっと一息！】
ポンプアップ系統の排水継手の種類

　排水槽への排水流入管の継手は、排水鋼管用可とう継手が多く使用されているが、排水圧力の高い排水ポンプアップ系統の継手にも排水鋼管用可とう継手を同じように使用していないだろうか？　また、ドレネージ継手を使用していないだろうか？

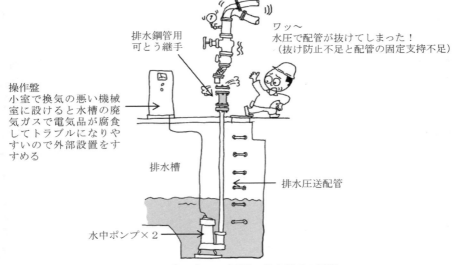

図-11　ポンプアップ系統の排水継手の種類

継手部の抜け、割れが生じて漏水事故に至った例が報告されている。既に排水鋼管用可とう継手を使用している場合には、これはあくまで一時しのぎではあるが、一時的に継手の前後に金物にて固定支持を行い継手が抜けないようにしておき、早い時期にねじ込み式排水管継手に交換する必要がある。

（8）排水管と継手
1）ピット内及びコンクリート打込部分の施工
・硬質ポリ塩化ビニル管（ねずみ色）＋排水用硬質ポリ塩化ビニル管継手
2）屋外埋設（車路以外）の施工
・200Ａ以上・硬質ポリ塩化ビニル管（VU）（ねずみ色）＋屋外排水設備用硬質塩化ビニル管継手
・150Ａ以下・硬質ポリ塩化ビニル管（VP）（ねずみ色）＋排水用硬質ポリ塩化ビニル管継手
3）屋外埋設（車路）の施工
・下水道用レジンコンクリート管

【ちょっと一息！】
１階の和風大便器からの噴水現象

　大便器を使用中に、汚物が大便器の排出口から逆に吹出した、18階建て事務所ビルでの朝の勤務開始時の出来事である。原因調査の結果、朝の出勤時に通勤し到着した職員が一斉に便所を使用、まさに排水のラッシュアワーを呈していた。悪いことに床の清掃用のモップに泡立ちの良い洗剤をつけて床を清掃し、掃除流し（SK）で洗浄していたとのこと。さらに排水立て管は高層・低層用に別系統にしたにもかかわらず、通気系統は高層・低層一緒が系統になっている悪条件が加わっていた由。

　設計・施工時には、これまで大便器・小便器の個数による同時使用率(diversity factor)を考慮した排水立て管・通気立て管の口径としているが、排水ラッシュアワー時での使用勝手を満足する同時使用率：100％の排水管口径と通気管口径に

なっているかどうか、もう一度確認しておきたいものである。

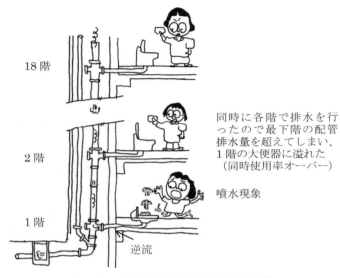

図—12　1階の和風大便器からの噴水現象

5.排水管の施工要領

　排水管・通気管と継手の施工についていくつか留意する事項があるので以下に記載する。

（1）通気系統の鳥居配管

　通気管の施工は、上がり勾配にて施工することが正しい施工方法であるが、通気管のルートとなる梁に貫通するスリーブが無く、梁をかわして施工せざるを得なくなり、トラップ形状になってしまっている場合がある。これでは、配管の鳥居部分にはトラップが形成され結露水が溜まって通気の機能が損なわれる。ガス系統の通気管であれば、ガスが排出できず逆流の恐れもあり大事故に至ってしまった例がある。通気管だと安易に考えずに、目視および勾配計による確認が重要である。

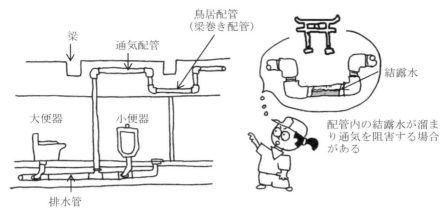

図—13　通気系統の鳥居配管はNG

(2) 掃除口の位置

トイレの汚水管・排水管の清掃用に、床面に床上掃除口を設置しているが、床上掃除口からの臭気の漏洩を防ぐために床上掃除口廻りをコーキングして蓋を外せないように閉まっている例が多くみられる。また、床上掃除口の蓋とのねじ部が経年劣化により蓋が開かず排水管内の清掃で支障をきたしていることが往々にして散見される。パイプシャフト（PS）にある汚水立て管・排水立て管と横枝管の合流近傍に横枝管清掃用のタッピング（掃除口）を予め設置しておき、清掃時および管内の詰まりの除去時に利用することを、排水設備の設計と施工には考慮しておきたい。

(3) 排水管の識別

排水系統と排水の種類が多くあり、誤接続配管・系統の誤接続防止の観点から各排水管の管材には、管材表面に配管材の名称表示・系統表示、または配管材をそれぞれ変えて配管材の識別を図ることが重要である。

(4) ＮＣ値をクリア

ハイレベルなNC値が求められている会議室・応接室等では、天井内を通過する

第9話 排水配管工事の特徴と施工留意点

排水管からの騒音を軽減する必要がある。

これらの室の遮音対応として、建築分野では天井部と壁部にグラスウール（GW）を敷きし、遮音性能を有している防音タイプの扉を採用し施工する。

空調分野では遮音性能を有しているフレキシブルダクトの採用、吹き出し器具を分散して設置、遮音シート（防音シート）等、衛生分野では遮音対策を施した配管材の採用等が考えられる。

ここでは非金属管のプラスチック管の騒音値比較対象となる騒音レベル【dBA】の遮音効果の分析結果の例を以下に示す。

防音型耐火二層管　　　　　　　：26.3　騒音レベル【dBA】
　（D-VA）＋GW＋遮音シート　：26.7　騒音レベル【dBA】
耐火二層管＋GW＋遮音シート　　：27.2　騒音レベル【dBA】
耐火二層管　　　　　　　　　　：37.6　騒音レベル【dBA】
VP管　　　　　　　　　　　　　：44.8　騒音レベル【dBA】

このことからGW＋遮音シートでは10.4　騒音レベル【dBA】も遮音効果があることがわかる。

【ちょっと一息！】
排水音にまつわる思い出

静寂すぎて眠れない寝室でのお話。寝室内にあるパイプシャフト（PS）内の排水管は、質量のある鋳鉄管にロックウール断熱材を巻き、その上に鉛板を巻いて施工。もちろん建築材料と空調設備および電気設備は防音仕様で施工を完了。

機器類の試運転調整作業を実施し、騒音値を測定したところ、寝室の目標NC値をクリアすることができたが、模擬のリハーサルを実施したところ余りにも寝室内が静寂すぎて、就寝者が眠れないことになってしまった。

困った困ったと対応策をあれこれ思案していたが、その解決策は外構に設置してあった噴水を稼働させてみてはということになった。噴水からの自然の音は人

間の感覚に受け入れ易く、噴水の音で眠りを誘いことなきを得ることができた由。笑えない思い出となっている。

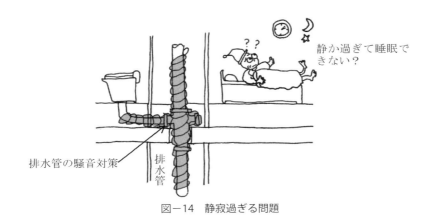

図-14　静寂過ぎる問題

(5) ナイフゲートの施工

　建物外への排水管と建物内排水槽への排水管の分岐部に設置するナイフゲート廻りの施工では、建物外へ流れる排水管の系統は分岐後には一旦上向きにて配管を施工し、その後は敷地外の桝へは順勾配にて施工する。ナイフゲートの開放時には、建物内排水槽へ雨水を導き易くすることによるからである。

第9話 排水配管工事の特徴と施工留意点

【用語解説】

ナイフゲート（knife gate valve）

　雨水配管の途中に設置し、ルーフドレンから細粒が混じった雨水を下水道に流すか、または建物内の排水槽へ流すかの雨水分岐部に設置する。その名の通り、鋭いナイフ状のエッジを持つゲートバルブのこと。ふつうのバルブでは処理できないスラリーライン、粉粒体、泥状、固形状の混ざった流体などに適している。雨水制御弁ともいう。

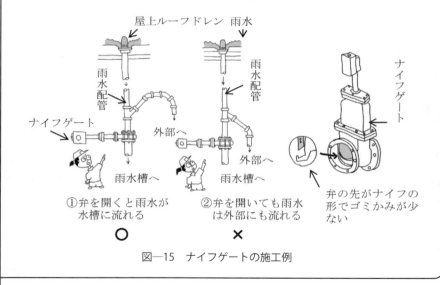

図—15　ナイフゲートの施工例

(6) 電気式湯沸器からの排水先の接続位置

　流し台下に設置した電気式湯沸器からの膨張水の排出は、流し本体からの排水管に流し台下で排水接続しているが、流しからの排水時に接続箇所から溢れ出ない排水有効長を確保しているか確認しておくこと。

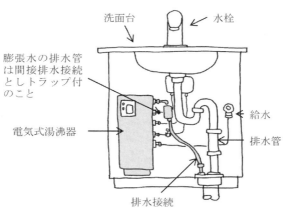

図—16　電気式湯沸器からの排水

(7) シンダーコンクリート内の厨房排水管の施工

　厨房内のシンダーコンクリート内（cinder concrete：注参照）に施工する厨房排水管は、温度による伸縮を考慮して曲がり部には緩衝材（ワンタッチチューブ等）で埋設配管材を保護するように施工を行うことが重要である。

注：シンダーコンクリート（cinder concrete）
　　"骨材として石炭殻を用いた"軽量コンクリート。現在では石炭殻でなく軽量骨材のコンクリートが用いられることもある。

第9話 排水配管工事の特徴と施工留意点

(8) 排水配管支持材でのダブルナットの施工

排水配管支持材をダブルナットで施工した場合に、ナットの締付けが完了した時点でナットから突出しているボルトのネジ山数が3山以上あることの確認が必要である。

ダブルナットの厚みが同じでない場合には、M10のアンカーボルトならナットの厚みはネジ直径比により、第1種（片面取り）・第2種（両面取り）で80％の8㎜、薄型の第3種は60％の6㎜になっている。なお、ダブルナットの場合で同一種のナットではない取付けの場合には、取付けサイドから「ワッシャー＋薄いナット＋厚いナット」として取付け施工されていることを確認しておくこと。

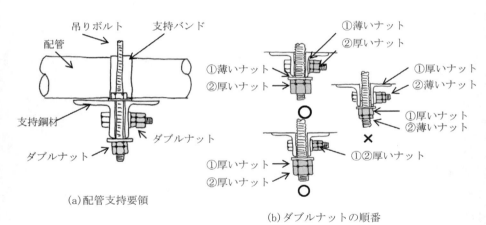

(a)配管支持要領　　　(b)ダブルナットの順番

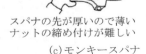

(c)モンキースパナ　　　(d)厚さの違いの引抜け

図—17　ダブルナットの施工例

第9話 排水配管工事の特徴と施工留意点

おわりに

　排水管・継手の設計・施工では、既述のように、わが身を排水そのものに置き換えてみて、排水用途別に排水管・継手の選定を行うことが一番重要である。

　一例として、厨房排水管・継手の選定については、わが身を排水そのものになってみて、排水管中を流れる際に阻害要因となる、①排水流体温度、②固形物の有無、③排水量、④排水ルートの状況、⑤露出配管なのか、⑥シンダー内に埋め込まれているのか、⑦排水勾配、⑧排水周辺に高温を発生する厨房器具の有無、⑨厨房器具の排水接続部の材質、⑩排水先の場所等、⑪メンテナンス性、⑫臭気対策の必要性等を把握し、設計・施工することである。

　これまでの設計・施工での選定では、類似施工物件に倣っているので何ら問題はないといった例が見受けられるが、類似施工物はあくまである一定の条件下で設計・施工されていることなので、今回の選定に際しては条件全てが類似施工物件と同一ではないことに留意すべきである。

　わが身を排水に置き換えることでリスク要因が鮮明に浮き上がってくる。排水管・継手の設計・施工では、リスクマネジメント手法を用いて最適の排水管・継手を選定することを勧めたい。

【引用・参考文献】
(1)「給排水配管システムの設計ポイント (5) 雨水排水管と屋外排水」渡部一八, 公益社団法人空気調和・衛生工学会編, 空気調和衛生工学, 第87巻, 第10号, p.31
(2)「建築設備情報年鑑2015」, (一社) 建築設備技術者協会編, 平成27年12月, pp.73-74
(3)「シンポジウムシリーズ配管材を考える第5回：最近の建築設備配管【事故事例】とその対策」, 給排水設備研究会編, 平成18年2月
(4)「クボタシーアイ施工起因事故の防止対策集」, クボタシーアイ㈱編, 平成25年10月
(5)「技術士制度における総合技術監理部門の技術体系：第2版」, (公社) 日本技術士会編
(6)「緩こう配排水方式（排水ヘッダ方式）」外山敬之助, (公社) 空気調和・衛生工学会編, 空気調和衛生工学, 第78巻, 第12号, p.30
(7)「排水設備の課題」, 山田賢次, (公社) 空気調和・衛生工学会編, 空気調和衛生工学, 第75巻, 第3号, p.53
(8)「防音型耐火二層管」関口尊文, (公社) 空気調和・衛生工学会編, 空気調和衛生工学, 第89巻, 第12号, p.39

第10話 建築設備用バルブ類の基礎知識

はじめに

　バルブは、「汎用弁」が極めて多様化する市場や設備に横断的に大量に利用されていると同時に、多くの「専用用途弁」も派生させている。特に建築設備では、汎用弁もさることながら専用用途弁（特殊弁や栓類）も極めてバラエティに富み、種類やオプション構成の多さでは正に「バルブのデパート」と呼んでもよいと思う。

　配管においては、流体の制御ができる機器はバルブのみである。池井戸潤氏原作の人気テレビドラマ「下町ロケット」の"エンジン燃焼用バルブ"とはやや業界イメージは異なるが、「バルブを制する者は、流体設備を制する」と言っても過言ではないだろう。

　流体の制御を伴う各種建築設備（給排水衛生、空気調和、消防・防災、燃料およびガス供給、散水・修景施設など）では、その配管に極めて多くのバルブ類が利用されている。分かっているようで奥が深くあなどれないバルブ類の基礎知識をできる限りやさしく解説してみたい。

第10話 建築設備用バルブ類の基礎知識

1．バルブとは？
(1) 概要

バルブ（valve）とは、設備用配管を構成する部材で配管における流体制御を司るため『配管のお巡りさん』とも呼ばれている。表現がやや硬くなるが、バルブは「流体を流したり、止めたり、制御するため、内部に可動機構を有する配管機器」と定義されている。バルブと同様の機能を有するものに「栓（faucet）」があるが、バルブと栓との違いは、前者が配管の途中に配されることに対して、後者は配管の末端に配されて、もっぱら流体の切り出し（取り出し）・配給を受け持つ違いがある。このため、栓は各種の用途を冠して「給水栓（water tap）」とか「ガス栓」、「消火栓」とか呼ばれることが多い。ここでは、バルブと栓を総称して"バルブ類"と呼ぶことにする。バルブ、栓は共に建築設備配管では、重要な部材である。特に給水栓は、建築設備だけに用いる給水・給湯の専用用途弁である。

配管を車の流れ（交通）に例えるとバルブを良く理解することができる。バル

図−1　バルブの基本機能別分類

第10話 建築設備用バルブ類の基礎知識

ブは機能上、図－1の様に大きく三つのグループに区分することができる。すなわち逆止め（逆流のみを止める）、開閉（正流・逆流の両方を止める、「絞り」も含む）、流路切換（分岐・集合）の三つである。バルブには調整弁・調節弁などの自動弁も含むと複雑な構成もあるが、基本的な原理や構造は至って単純であり、バルブの機能は上述の３つに集約される。

（２）選定要素

各種のバルブの基本的な構造は、以降で詳しく説明するが、建築設備配管でバルブ類（弁類とも呼ばれる）を選定する場合、選定要素は多数あり、加えてそれぞれが非常に奥深いためおろそかにはできない。バルブの選定要素は、図-2の概要に示すように種々の要素に分かれている。建築設備配管で多く利用されるバルブは、「汎用弁（valves for general purpose）」または「一般弁」と呼ばれ、水や温水、蒸気、燃料油などわれわれに身近な比較的低圧（10K以下、小口径では

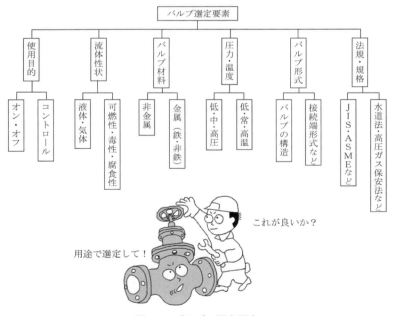

図－2　バルブの選定要素

第10話 建築設備用バルブ類の基礎知識

20K以下）の流体（汎用流体）に利用される。もちろん、建築設備配管と言っても例えばDHC（地域冷暖房）などプラント用高温・高圧弁のような特殊な工業用バルブが準用されるケースは少なくない。

（3）バルブの種類と名称

"汎用弁"には図－3に示すように極めて多種多彩の仲間（種類）が存在する。原理や基本的な構造、圧力・温度基準、材料、接続端、法規・規格などは一般弁（基本的なバルブ）がこれらのベースになるので、栓や特殊なバルブ、自動弁でも参考にできる点は多い。図中の太字のバルブ類が建築設備でよく用いられる。

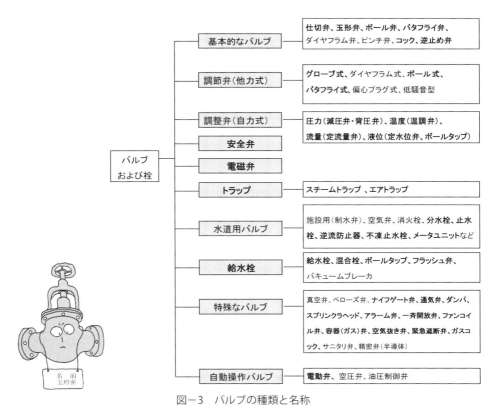

図－3　バルブの種類と名称

2. バルブの基本的な構造
（1）基本的なバルブの動作原理と分類

バルブ類の動作原理と分類、種類の特徴、バルブの使い分けなどについて説明する。

バルブの原理や基本構造は至って単純である。図－4に「止め弁（開閉弁）」の原理・構造と種類とを示す。

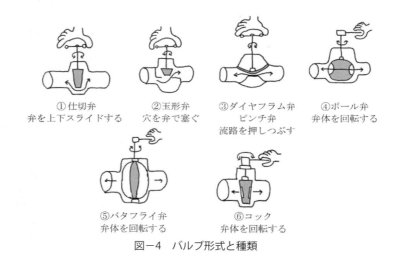

図－4　バルブ形式と種類

止め弁のバルブ形式では、それぞれに長所や短所を有しているため、利点を活かし、欠点となる条件には使用しないように選定しなければならない。また、図－5に各バルブ形式の構造、外観、主な使い方と特徴を示す。

逆止め弁は、"逆流防止"のみに用いるが、逆止め弁を除く四種の止め弁の選び方については、一般に次の通りである。

①止め弁は、原則として全閉または全開の二位置（on-off）のどちらかで用いる。
　この内、玉形弁とバタフライ弁は中間開度（絞り状態）でも用いることができる。ただし、極端な絞り（開度10％以下）では用いないこと。原則として、仕切弁とボール弁は流量制御用には用いてはならない。仕切弁は、on-off専用で中間開度（絞り状態）では使用できないが、「仕切弁を絞って利用してよい」と誤っ

第10話 建築設備用バルブ類の基礎知識

弁軸の運動方向	種類と構造	外観	主な使い方と特徴	1 遮断(オン-オフ)	2 制御(コントロール)	3 圧力損失が少ない	4 高圧に適する	5 高温に適する	6 粘性流体に適する	7 スラリー流体に適する	8 大口径に対応できる
往復運動	仕切弁 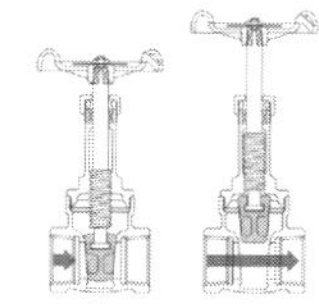		・主として遮断用止め弁として広い圧力-温度範囲で使用。 ・中間開度では利用できない。(調節弁としては利用しない。) ・直線流路をもち、流体抵抗が小さい。 ・大口径、高圧時には大きな操作力が必要。	◎	△	◎	◎	◎	△	△	◎
往復運動	玉形弁 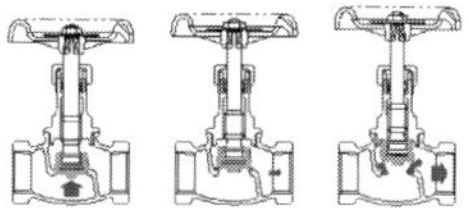		・主として流量の調整目的に使用。(調節弁の多くは、この形式を使用。) ・構造的には、単座、複座、アングルなどがある。 ・単座弁の場合、大口径、高圧時には大きな操作力が必要。 ・シートの止まりを良くしたソフトシートもある。	◎	◎	△	◎	◎	△	-	△
回転運動	ボール弁 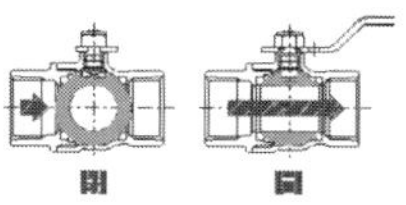		・比較的速やかな遮断又は完全閉止(ソフトシートの場合)が必要な用途に使用。 ・原則、流量調整には用いない。(特殊なものを除く) ・直線流路をもち、流体抵抗が極めて小さい。 ・多方切換弁も容易にできる。	◎	△	◎	○	△	○	△	○
回転運動	バタフライ弁 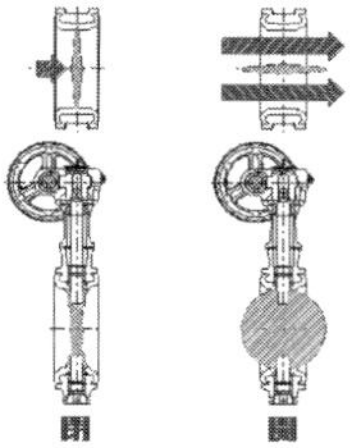		・主として管路の遮断、又は流量の調整目的に使用。 (ゴムシートの他、より厳しい条件で使用できる機種もある。) ・構造的には、バルブ口径内に弁体が残る。(小口径は、流過面積が減る) ・比較的大口径に向いている。(軽量・コンパクト)	◎	○	○	△	△	△	△	◎
-	逆止め弁 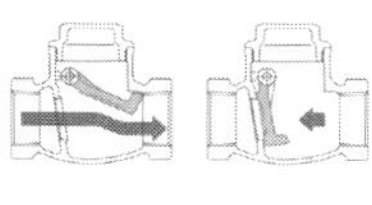		・逆流のみを止める目的に使用。 (ウォータハンマの発生抑制に工夫を凝らした構造もある。) ・ウェハー形は、特に軽量・コンパクトである。 ・ゴミ噛みに弱い	-	-	○	◎	◎	△	△	◎

図-5 バルブ形式の要点、長所と短所

第10話 建築設備用バルブ類の基礎知識

て思われている方が多く、残念ながら実際の設備でもこの利用を多く見かける。

②小口径弁では、仕切弁かボール弁を選ぶこと。

③中大口径弁では、仕切弁かバタフライ弁を選ぶこと。

④玉形弁は、絞り・蒸気用・確実に止めたいなどの特別な理由がある場合のみ選ぶこと。単なる止め弁としては選ばないこと。

⑤弁座（シート部）が二か所ある構造のバルブ（仕切弁・ボール弁）は、ボデー内部の空隙に内封された液体が暖められて膨張し「異常昇圧」のトラブルになることがあるので注意・対策すること。

⑥仕切弁は構造的に「挟み込み現象」があるため、蒸気ラインにはなるべく利用しないこと。一般に蒸気ラインでは、玉形弁を用いる。

【用語解説】

挟み込み現象とは？

　仕切弁は、一般的な構造で楔（ウェッジ）形で上方から弁棒で弁体を押し込む構造である。この楔効果で、ハンドル・弁棒からの比較的小さな操作力で弁体シールできる利点がある。しかし、蒸気など高温時に閉止した弁体が、常温に冷めた時に金属製弁箱の熱収縮で二枚のシート間に強く挟まれて逆に離脱することができず開放できないトラブルとなる現象のこと。

図－6　挟み込み現象

⑦ボール弁はその構造から弁棒を短く（丈を低く）構成することができるため、汎用品には保温・保冷断熱施工ができないものも販売されている。このため断熱施工（thermal insulation）用途には、図－7に示す「ロングネック」構造のボール弁を選定する必要がある。また、冷水用途で金属製のレバーハンドルでは結露によるトラブルを生ずることがあるため、樹脂製のハンドルにするなど結露対策仕様のものを必ず選定するように注意したい。

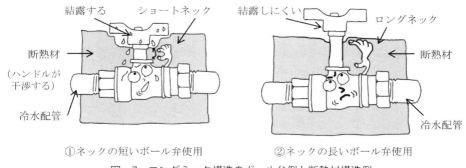

図－7　ロングネック構造のボール弁例と断熱材構造例

⑧汎用弁として広く利用されている「ゴムシート中心形バタフライ弁」は、ゴム材料により使用温度の制限を受けるため、一般的にはもっぱら低圧の水・油・空気圧などの用途に限られる。また、ゴム材料は用途（流体の腐食性）によりエチレンプロピレンゴムEPDM、ニトリルゴムNBR、ふっ素ゴムFKM、クロロプレンゴムCRなど種々のゴム材料を選定・使い分けする必要があるので注意したい。給水用には通常EPDMで良いが、給湯用にはFKMなどの耐塩素劣化対策品を選ぶこと。本体（弁箱）材料はアルミニウム合金、鋳鉄、ダクタイル鋳鉄などが用いられるが、ゴムシートが健全な使用期間（封止ができている状態）においては本体材料が流体に接触しないため、耐食性はゴムシートと弁体について考慮しておけばよい。

⑨ゴムシート中心形バタフライ弁の使用範囲を超える温度・圧力・耐食用途向けとして、「ハイパフォーマンス」と呼ばれる二重偏心形が販売されている。二重偏

心形は、ソフトシートの弁座材料にPTFE（テフロン）を用いる他、メタルシートなども利用されている。図－8にハイパフォーマンスバタフライ弁例を示す。本体（弁箱）材料はダクタイル鋳鉄やステンレスなどが用いられるが、本体材料は流体に接触するため、耐食性は本体および弁体について考慮する必要がある。

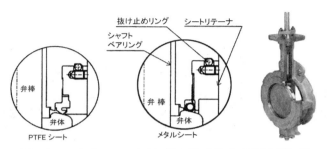

図－8　ハイパフォーマンスバタフライ弁（二重偏心形）例

（2）バルブの部品構成

バルブを構成する主な部品は、図－9代表例に示す様に弁箱（body）およびふた（bonnet）（両者を併せて"本体"または"耐圧部品"とも呼ぶ）と弁体（disc）、弁棒（stem）、グランドパッキン（packing）、ハンドル（hand-wheel）などである。バルブの流体に接する「接液部」の材料はパッキンを除いて原則「管と

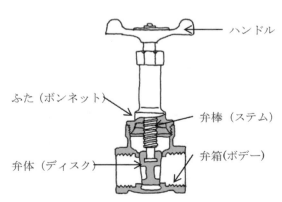

図－9　代表的なバルブの構造と部品の名称例

同一または同等以上の耐食性をもつ」材料を用いる。バルブを構成する主な材料は、青銅・黄銅・ねずみ鋳鉄・ダクタイル鋳鉄・鋳鋼・ステンレス鋼・アルミニウム合金などの金属のほか、チタンなどの特殊金属や各種樹脂なども用いられる。材料の詳細については、3項を参照のこと。

（3）バルブの動作構造

　バルブは流体を封止するため、手動弁では可働する弁体の動きには大別すると仕切弁や玉形弁のようなハンドルをくるくる回す"マルチターン形"と、レバーで90°動かすボール弁やバタフライ弁のような"パート（クォーター）ターン形"とがある。自動弁では、前者は弁棒が上下動するため"リニア形"と、後者は弁棒が上下動せずその場で回転するため"ロータリー形"とも呼ばれる。

　ボール弁とバタフライ弁はいずれも弁箱弁座または弁体弁座いずれかにテフロン®樹脂（PTFE）またはエラストマー（ゴム）を利用することで開発されたもので、自動弁では、仕切弁や玉形弁は弁棒が上下動する「リニア式」とも呼ばれる構成に対し、ボール弁とバタフライ弁は弁棒がその場で回転動する「ロータリー式」とも呼ばれる構造の違いを有する。このため、ボール弁とバタフライ弁はバルブの全高さが低く軽量でコンパクトに製作でき経済性に優れるため、現在では仕切弁に代わって止め弁の代表的地位に躍進している。

　加えて90度弁棒を回転するだけで開閉操作ができるので、自動弁を安価に製作でき、電動や空気圧アクチュエータを搭載して「（他力式）自動開閉弁」、または「遠隔操作弁」としても広く用いられている。

（4）バルブのボア（弁座のポート径）

　仕切弁や玉形弁は、一般に弁座部の口径が管内径とほぼ同一の「フルボア（full bore）」と呼ばれる構成を採用するが、ボール弁は弁内流過部の凹凸がほとんど無く圧力損失が極めて小さい特長を持つため、ボール孔径を弁箱内径より管径の段階で一段小さく落とした「スタンダードボア」や更に二段落とした「レジュースドボア」などの経済性に優れたものが用途に応じて広く販売されている。一段

第10話 建築設備用バルブ類の基礎知識

落ちの「スタンダードボア」は、フルボアの仕切弁とほぼ同レベルの圧力損失とされているので、通常の圧力を有する液体や気体の搬送用途に向いている。

「フルボア」は圧力損失を嫌う無圧の排水用途などに向いている。二段落ちの「レジュースドボア」は、圧力損失は大きいが圧力のみを伝達するメータコック（ゲージ弁）や管末端近くでの取り出し用途などに向いている。図—10、および図—11に「フルボア」および「レジュースドボア」の構造を示す。

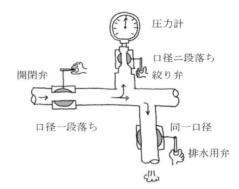

図—10　ボール弁の用途

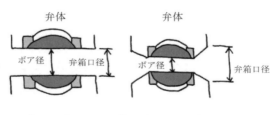

①フルボア弁　　②レジュースドボア弁
図—11　ボール弁の構造例

ボール弁はボール内の孔形状を変えることで容易に図—12に示す「三方弁（流路切換弁）」を構成することができる。

図-12 三方弁（Lポート式）の構造例

（5）止め弁の手動／自動用 操作機（アクチュエータ）

　ボール弁やバタフライ弁は、小口径サイズはレバー式が用いられるが、「ウォームギヤ操作機」やその他の減速機がバルブ用手動アクチュエータとして利用されている。ボール弁やバタフライ弁は、レバーを90度回動するだけでバルブの開閉操作が素早くできる反面、操作が早すぎるとウォータハンマの発生要因ともなりうる。このため、減速（増力）装置としてではなくあえて「遅速装置」としてウォームギヤ操作機を適用する利用方法も国交省標準仕様書などでは指定されている。また、バタフライ弁については流体の流れから受けるアンバランストルク（弁体からの逆転トルク）の影響もある。

　ボール弁やバタフライ弁は、その構造から容易（手動既設品の改造も可能）に自動化し易く、汎用電動弁としての利用も多い。図-13に同バルブの電動式自動弁を示す。

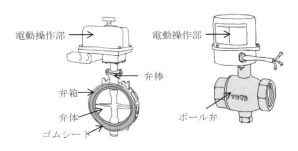

図-13 電動バタフライ弁、電動ボール弁（空調冷温水用）の例

（6）逆止め弁

　前述の四種の止め弁は、基本的に正流および逆流双方を閉止できることに対し、逆止め弁（チェッキバルブcheck valve）は逆流のみを防止する一方通行機能を有する。従って逆止め弁は、一部の特殊なバルブを除くと基本的に止め弁の様に正流を止めたり絞ったりすることはできない。

　逆止め弁の種類（原理・構造）は、スイング式、リフト式、デュアルプレート式、ティルティング式など種々あるが、建築設備配管では、スイング式、リフト式、デュアルプレート式（図－14参照）が多く用いられている。

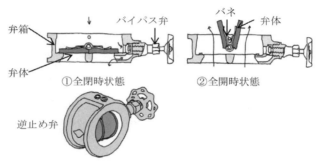

図－14　ウェハー形デュアルプレート式の逆止め弁構造例

　逆止め弁は「流体自身の逆流圧力」を利用して自力で閉止する構造であるため、逆圧（背圧）が低いと漏れ易いため選定に注意する必要がある。一般にメタルシートでは設計圧力の1／3以上を必要とされる（例：10Kバルブでは、0.4MPa以上）。ソフトシート（ゴムや樹脂）でも各バルブの仕様によりメーカー基準で最低封止圧力や許容漏れ量が決まっているため確認が必要である（例：ゴムシートばね入りのデュアルプレート式では、0.05MPa以上）。

　また、逆圧（背圧）で閉止している構造の逆止め弁は「ゴミ噛み」などでも洩れ易い欠点がある。このように逆止め弁は逆圧に対してある程度漏れることを想定しているため、逆止め弁が完全に閉止できることを前提にした配管設計を行ってはならない。この場合には止め弁を併設する必要がある。

第10話 建築設備用バルブ類の基礎知識

　一般的に逆止め弁は、逆流が始まって後、弁体がやや遅れて作動し閉止を行う構造であるため、バルブ自身からウォータハンマを発生させることがある。

　このウォータハンマ発生を抑制・改善するため、弁体に「ばね」を装着して逆流が始まって直ちに弁体が作動し閉止を行う構造とした「衝撃吸収式」逆止め弁も販売されている。国交省公共建築工事 機械設備 標準仕様書には、この「衝撃吸収式」逆止め弁としてばねを装着したリフト式（スモレンスキ形）およびウェハー形デュアルプレート式を規定している。差圧や水の揚程などの条件によりばねの強さを変更する対策も採られているため、メーカーに良く相談することが望ましい。

　逆止め弁が「ゴミ噛み」に弱いことは前述したが、夾雑物（スラッジ）が多く含まれる下水道（下水の地下ピットからの圧力排水）などの用途には、図－15に示すゴムライニングボール弁体を利用したボール式逆止め弁が用いられている。

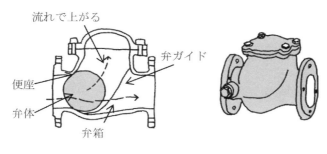

①逆止め弁の構造　　　②逆止め弁
図－15　排水用ボール式逆止め弁

　逆止め弁の仲間には、水道給水装置に用いられる単式、複式、減圧式の各種「逆流防止装置（backflow preventer）」や水槽内からのサクション側落水防止用に利用される「フート弁」などがある。特に「減圧式逆流防止装置（バックフロープリベンタ）」は、吐水口空間がない直結給水システムの増圧（ブースタ）ポンプユニットに設けられている。

　また、止め弁（ボール弁）と組合せて両方の機能を有した逆止め弁なども販売

第10話 建築設備用バルブ類の基礎知識

されている。主としてガス瞬間湯沸かし器の給水用元弁として利用されている。

逆止め弁は自力（自重）で逆圧をシールする関係で、止め弁に比べ配管姿勢に制限を有する場合が多い。特にリフト式では水平配管・正立姿勢しか利用できない。配管取り付け姿勢制限については、メーカーから図－16に示す技術資料が掲示されているので参照されると良い。

配管方向	取付姿勢	構造			
		スイング形	リフト形	ウェハー形	スプリングスリピストンチェッキ(ボール弁付)
水平	正立 (立形)	○	○	○	○
	横向き 下向き (横形)	×	×	○	○
垂直 (平置)	上向き流れ	○	○	○	○
	下向き流れ	×	×	×	×

図－16　バルブの配管取り付け姿勢制限例

（7）水栓類

従来の水栓は、単水栓や湯水混合水栓が主流であったが、近年シングルレバー式の湯水混合水栓や自動湯水混合栓、単水栓としてセンサ付き自動水栓、ホース外れ対応式の洗濯機用専用栓など、バラエティな製品が開発され販売されている。また、バルブとは異なり水栓は個人ユーザーが直接利用するため、デザイン性へのこだわりもあり製品は多様化している。図－17に各種の水栓類を示す。

また、トイレ用として洗浄弁（フラッシュバルブ、図－18参照）やロータンク定水位弁（ボールタップ）なども水栓類の一部（衛生金物）として販売されている。

第10話 建築設備用バルブ類の基礎知識

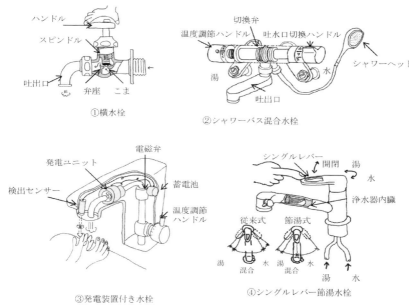

図-17 水栓の種類と構造例

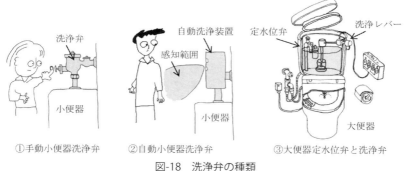

図-18 洗浄弁の種類

(8) ストレーナ

　「ストレーナ (strainer)」は、バルブと同様に配管の途中に設置される重要な配管部材であるため、バルブに付随して説明する。機能としては、流体中の有害なゴミ(土砂、溶接スパッタ、配管錆び、配管シール剤カスなど)を補足分

第10話 建築設備用バルブ類の基礎知識

離すると共に貯まったゴミを排除取り出したり、目詰まりしたスクリーン（濾し網、濾筒、エレメントとも呼ぶ）を取外して清掃したりすることができる。

バルブ類と異なる点は、流体のシール（弁座封止）機能を有しないという点だけで、「圧力容器（本体）」として見た場合、接続端および呼び径区分、材料（耐食性）、製造方法（鋳物製）、温度－圧力基準（P－Tレイティング）、などはほぼバルブと同様の仕様の取扱いになっている。このため、ストレーナ専業メーカーに加えて多くのバルブメーカーは、ストレーナも並行して品揃えしている。

ストレーナは、用途や要求機能に応じて種々の構造のものが販売されているが、Y形およびU形のものが業界で標準化（公的規格にはない）されているため、極めて多く利用されている。特にY形は汎用性が高く廉価である。

①ストレーナの種類

図－19および図－20に水・蒸気用に用いられるY形およびU形ストレーナの構造例を、図－21に燃料油用に用いられる複式ストレーナの構造例を示す。

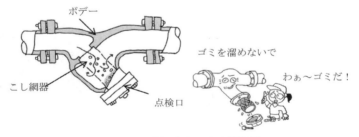

図－19　Y形ストレーナの構造例

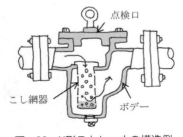

図－20　U形ストレーナの構造例

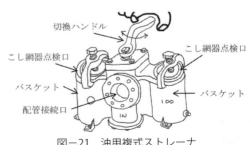

図－21　油用複式ストレーナ

②建築設備用（汎用流体設備用配管）での選定

建築設備配管では、公共建築工事標準仕様書 機械設備工事編と監理指針（以下『標準仕様書』と呼ぶ、4-7.(4)参照）にY形、U形、複式が適用流体、水および蒸気、油について規定しているので説明する。

水および蒸気用途では、Y形ストレーナ（『標準仕様書』では、名称「ストレーナー」と記載）が指定されており、その本体については、温度－圧力レーティング、材料、呼び径区分、接続端などほぼバルブと同様の扱いになっている。Y形ストレーナ（図－19参照）は、ステンレス製が日本バルブ工業会JV規格 8-2に規定されているが、これ以外の材料製は、公的な適用規格がなく、多くがボール弁と同様にメーカー標準品を利用する。U形ストレーナ（図－20参照）は内部のスクリーンの着脱を容易にして掃除をやり易くした構成である。

『標準仕様書』では、特に流体の種類や設置条件により「メッシュ選定」が重要な仕様の記載となっているので、次項で説明する。

なお、油用については、鋳鉄製複式バケット形（図－21参照）と記載指定されている。

③スクリーン（こし網器）とメッシュ（網目）

スクリーンは、通常「パンチングプレート」と呼ばれる薄い金属製板材に流過穴孔を設けたもの（補強枠とも呼ばれる）に金網を内貼りして製作される。ステンレス鋼線金網タイプは、メッシュ（Mesh）で表示される。メッシュは、金網の目の数を表わす単位であり、平織の場合25.4mm（1インチ）間の1列の網目の数をいう（図－22参照）。メッシュは、流過穴孔の直径を表すわけではないので注意したい。

メッシュ数が大きい程、網の目が細かくなる。ただし同一メッシュでも線径により開口面積が異なるので注意が必要。図－22の例は、1インチ（25.4mm）の間に1列5つの網目（面積1平方インチ当たり穴孔数は、25となる）があり、5メッシュのスクリーンと呼ぶ。

表－1に『標準仕様書』記載のスクリーンのメッシュ規定を示す。

第10話 建築設備用バルブ類の基礎知識

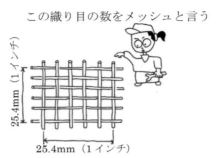

図−22　金属製平織り網のメッシュ例

表−1　スクリーンのメッシュ規定

	40メッシュ	60メッシュ	80メッシュ
線径	0.16 mm	0.15 mm	0.12 mm
目の開き	0.47 mm	0.27 mm	0.20 mm
空間率	56%	42%	39%

（出典：国交省 公共建築設備 監理指針）

　スクリーンのメッシュは、使用条件により種々あるが、実用流体の範囲では、10メッシュ程度の多孔板（金網を内貼りしないパンチングプレートだけのスクリーン）から極めて目の細かな100メッシュ程度までが利用される。

　配管機器の保護と言う目的からは、100メッシュを超える用途は、ろ過器やフィルターの守備範囲となると思われるため、ストレーナに過度に細かなメッシュを指定する意味は無い。過度に細かなメッシュを採用すると目詰まりが頻繁に起こり、メンテナンス上問題となる。

　国交省『標準仕様書』でのメッシュ記載は、「給水用途40メッシュ以上、蒸気用途80メッシュ以上、電磁弁保護用途80メッシュ以上」であるが、監理指針2.2.1(2)では、「自力弁（減圧弁、定水位調整弁、自動エア抜き弁、蒸気用温度調整弁、蒸気トラップ等）の前に設ける場合は、電磁弁と同様にバルブ保護の目的から80メッシュ以上が望ましい」と補足している。ただし、メッシュは、過度

に細かければ良い（流体の抵抗損失と余計な詰りは増大するため）というものではなく、使用条件に応じて適正に選定したい。

　ゴミ噛みトラブルが予測されるいわゆる自動弁や設備機器・装置の前には、保護目的で適正な指定メッシュのストレーナを必ず設置したい。

　メーカーの品揃えには、表－1に示す標準的なメッシュ仕様品（40～80メッシュ）の他に、内貼り金網を用いない前出の多孔板（板金網＝パンチングプレートとも呼ぶ：10～15メッシュに相当）のみのスクリーンが標準仕様となっている製品もあるため、購入時には、用途に合わせたメッシュの指示を忘れてはならない。

④ストレーナの許容差圧

　スクリーンにゴミが詰まり閉塞した場合、そこには圧力差が生ずる。一般的なストレーナは「差圧0.1MPa以内」とするよう使用条件が定められている。これはゴミが溜まれば清掃を行ってスクリーンを閉塞させないことを設計（前提）条件としているからである。圧力計や圧力センサなどを設けてスクリーンの清掃を定期的に行ってほしい。筆者の経験では、差圧が0.1MPaを超えると、相当量のゴミが詰まっていると考えてよい。

第10話 建築設備用バルブ類の基礎知識

【ちょっと一息！】
人体と建築設備

　よくバルブと人体の機能（心臓の弁など）との類似性が例えとして話されるが、ビルも人体とよく似ている。給排水衛生設備＝消化器系、空気調和設備＝循環器系、消防・防災設備＝リンパ線系、各種計装＝神経、がそれぞれ相当する。機器レベルでは、給水空気抜き弁＝げっぷ、空調ダクト＝呼吸、水配管の錆び＝動脈硬化、排水管の詰り＝便秘、通気管の作動＝おなら、など人体の機能や症状と良く似た現象もあり興味は尽きない。

図－23　人体と建築設備

3. バルブ類の材料と腐食

バルブの材料（material）は図－24に示すように、各種の金属や非金属材料で製造されている。「圧力容器」として見ると弁箱（ボデー）およびふた（ボンネット、キャップまたはカバー）が本体として構成されている一方、バルブには弁体（ジスク）、弁棒（ステム）、ピン類、パッキン、ガスケットなど内部の接液部品も数多くあり、やはり種々の材料が利用されている。

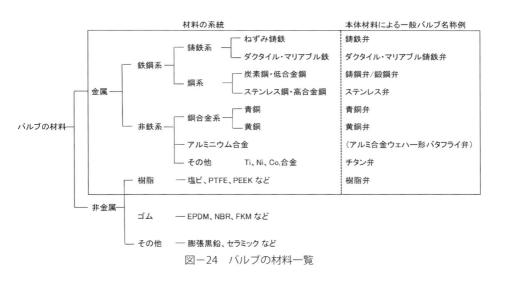

図－24　バルブの材料一覧

ビル設備や一般機械設備に多く利用される「汎用弁」に用いられる材料は、図－24に示す金属材料を用いることがほとんどで、バルブ材料としての特徴は表－2の通りである。

一般的に本体材料に「低圧弁」は、青黄銅、鋳鉄、アルミニウム合金、ステンレス鋼が、「高圧弁」または「危険流体用途弁」は、ダクタイル・可鍛鋳鉄、鋳鍛鋼、ステンレス鋼が利用される。

建築水系（給水・給湯・冷温水・冷却水・消防用水）配管におけるバルブ材料を選定する場合は、流体の性状（圧力、温度、水質、腐食性など）や接続する配管の材料、期待耐用年数（経済性）、などを考慮して行われる。原則として、バ

第10話 建築設備用バルブ類の基礎知識

表-2　バルブの本体材料とその特徴・用途

本体（ボデー）材料例	材料の特徴・用途
ねずみ鋳鉄品（FC200）	数千年の歴史を持つ安価な材料で、低圧、常温用として使用する。錆びやすいため、水用には、ナイロンライニングを施したものを利用する。
球状黒鉛鋳鉄品（FCD450-10） ダクタイル鉄鋳造品（FCD-S） マレアブル鉄鋳造品（FCMB-S35）	発明されて半世紀になるが、鋳鉄特有の作りやすさと、鋼に準じた靭性（じんせい）を併せ持つため、年々利用が増大している。建築設備では、高層ビルなどの「高圧」用途や蒸気などの「高温」用途に利用される。靭性に富む材料であることから「強靭」鋳鉄とも言われている。
高温高圧用炭素鋼鋳鋼品（SCPH2）	鋼は靭性があり、硬さ、引張り強さ、衝撃値に優れるため、石油・化学各種プラントの高温・高圧用に使用されている。建築設備では、DHCや燃料油などの可燃性流体にも利用される。
ステンレス鋼鋳鋼品（SCS13A,SCS14A）	他のバルブ材料と比べ、高価な反面、耐食性・耐熱性・低温性及び機械的性質に優れているため、建築設備から工業用まで利用量は増加している。
青銅（CAC401,CAC406）	青銅は人類の歴史の中で最初に使用された鋳物であり、銅にスズ、亜鉛、鉛を添加した合金。加工性、耐食性がよく、比較的低圧で小さなサイズに使用される。
鉛レス青銅（CAC911）	青銅から「鉛」を排し、別の無害な代替成分に置き換えた青銅鋳物材料。飲用水に用いる。
黄銅（C3771）	黄銅は、一般に真鍮（しんちゅう）とも呼ばれる銅と亜鉛の合金。経済性の高い材料で、汎用・工業用のあまり重要でない配管に利用されている。水栓には、主材料として利用される。

ルブ本体材料は、管・管継手と同等の耐食性を有する材料を選定する。

しかし、バルブは可動部を有する機器・装置で重要度も比較的高いという面もあるため、バルブという機器の機能を長期間保持するべく管・管継手材料より同等以上のより錆びにくい（腐食電位で貴な）材料を適用することが一般的である（例：鋼管に青銅バルブなど）。いずれにしてもバルブは配管機器であるからこれが取り付けられる配管全体をベースに腐食を考えねばならない。「木を見て森を見ず」の例えにならないようにしたいものである。

【ちょっと一息！】
ステンレスは万能か？

設備配管を長持ちさせるためには、それぞれの部材の選定〜施工、保守保全などをバランスよく確実に実施して結果を待つ以外に方法はなさそうである。最近では「超高耐久住宅システム研究」などで配管材料の"オールステンレス化"方針

が打ち出されている。ステンレスは、クロムやニッケルなどを含んだ「高合金鋼」のことで、金属表面に薄い不動態被膜が形成され、これが鋼表面を錆から守る。ただし、「ステンレス」とは文字通り「stainless＝錆びにくい」という意味であって、けしてステンレスが万能で錆びない材料ではないことを理解してほしい！また、ステンレス自身は錆びなくても、流れてくる錆の付着など他所からの"もらい錆び"という現象もある。

ステンレス材料には色々な種類・形態があるが、「18-8」と呼ばれるクロム18％、ニッケル8％を含有したオーステナイト系ステンレスが流し台や車輌など配管材料に限らず国内のいたるところで極めて多く利用されている。

図－25　ステンレスは万能か？

建築設備での水系流体の利用形態（用途）は、大きく区分すると①冷却水・冷温水、②消防、③給水、④給湯、⑤雑用水、⑥排水（雑排水・汚水・雨水）⑦蒸気に分かれる。③および④は流体に錆の発生・混入（赤水の発生）が許されないため、鋼管を利用する場合「錆びない材料」とする必要がある。

また、それぞれ流体の性状（腐食性）も大きく異なるため、仕様の要求項目に合致した配管材料およびバルブ種類の選定が重要である（図－26）。

国交省標準仕様書には、用途に応じた配管材料の選定が複数の手段として記載

図－26　バルブの材質

第10話 建築設備用バルブ類の基礎知識

されているので参照されると良い。例えば、③の用途には樹脂ライニング鋼管を用いる方法と、一般配管用（薄肉）ステンレス鋼管を用いる方法と、樹脂管を用いる方法など、の複数の選択肢がある。

③の用途に樹脂ライニング鋼管を用いる方法（ねじ込み形）では、鋼管と青銅製バルブとを接続すると図－27に示す様に両者の材料間で水を介在した金属の電位差による"異種金属接触腐食"を生ずることがあり、水中に露出している鋼管側のねじ先端部やその近傍が集中して異常腐食現象を呈する。このため、現在ではバルブに管端防食コアを装着した「コア付きバルブ」を採用して管端の防食を図っている。図－28にコア付きバルブの構造を示す。

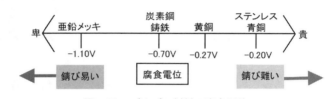

図－27　バルブの材料の腐食電位

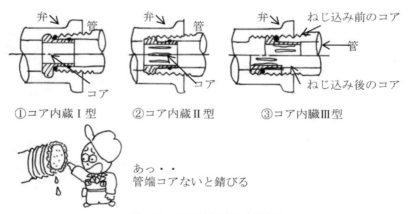

図－28　コア付きバルブの構造

主なビル設備用バルブの選定において「材料」面から注意すべきことがらを次に挙げる。

- 法規や規格、仕様などによりバルブ材料（本体・要部）を指定される場合がある（例：燃料油貯留ラインの鋳鋼・ダクタイル鋳鉄）。
- 飲用の水ライン（給水・給湯など）には錆びない材料を適用し、かつ給水装置としての仕様（鉛の浸出規制など）に適合するか確認する。
- バルブの本体材料は、原則配管材料と同等若しくは貴な材料（青銅やステンレス）とする。ステンレス管や銅管のライン中に鉄系材料のバルブを設置しない。どうしても設けざるを得ない場合は、継手部で電気的な「絶縁対策」を施す。
- 黄銅製バルブは、応力腐食割れを生ずる場合があるので原則、建築設備配管には利用しない。
- 設備全体の耐用年数やリニューアル計画を考慮した材料選定を行う。

【ちょっと一息！】
"色付き"の水道水はアウト！

「赤・白・抹茶・小豆・コーヒー・ゆず・桜」と言えば名古屋名物"ういろう"のことであるが、建築設備で「赤・白・青・黒」と言えば、水系流体のトラブル（水の着色）のことを指している。赤は鋼管からの「鉄錆」、白は亜鉛めっき鋼管からの「亜鉛」、青は銅管の腐食「緑青」、黒はゴムシール材料からの浸出遊離「黒鉛」、がそれぞれ水中に混濁して流出するもので、給水や給湯ラインにはあってはならないトラブルである。流体や用途によって使用上の注意や資料が配管材料メーカーから出されているので材料やバルブ仕様の選定には注意したい。

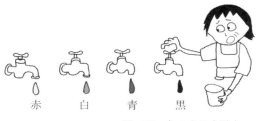

図-29　色つきの水道水

4．バルブ類の法規・許認可と規格
（1）法規と許認可

バルブを含む配管部材は設備配管を構成する重要な部品であり、場合によっては「人命」に影響する機器でもある。このため、その品質保証は極めて重要な課題である。

特に建築設備配管においては、消防法・水道法が重要な法規と位置付けられており、コンプライアンス（遵法）違反の罰則規定も制定されている。

図－30にバルブに関係する国内および外国の法規（指令）の例を示す。

＊工業標準化法　＊消防法　＊水道法　＊PL法　＊高圧ガス保安法
＊電気事業法　＊液石法　＊騒音規制法　＊大気清浄法(米国)
＊欧州圧力機器指令（CEマーク）　＊労働安全衛生法　＊火薬類取締法
＊ガス事業法　＊石油パイプライン事業法

図－30　バルブに関係する法規例

適用する配管材料によっては、図－30の各種法規が関係するが、建築設備関連では前出の消防法・水道法および工業標準化法（JIS）の3つを押さえておけばバルブについてはほぼ問題ない。

（2）消防法

消防法は建物の消防・防災に関する基本的な法律であり、消火設備に供するバルブ類は法規で仕様を規定されている。この法規では、バルブに限らず色々な消防・防災設備用機器が指定されている。

主な消火設備には、屋外消火栓・屋内消火栓、スプリンクラー消火、泡消火、連結送水管・連結散水管など水系消火設備が主体となる。消防法でバルブを規定する理由は、"粗悪品の排除"である。消防法ではビルについて最終の消防検査が規定され、立会い検査が実施されるため、ここで合格しないと最悪のケースではビルが竣工オープンできない場合がある。

消火設備に用いる一般用バルブは、原則JIS規格品（JISマーク表示品）を適用することになっているが、昨今では消火設備が複雑・高圧化し、かつバルブの新規機種の開発もなされているため、JIS規格品のみではとてもカバーしきれない。そこで第三者検査機関による「消防認定」制度により、JIS規格品でないバルブも一定の仕様要件を満たせば消火設備に用いることができる。型式認証および個別製品認証を受けたバルブは、一定の条件の下で利用することができる。最近の消防法改正で湿式・乾式の区分がなくなり、「火炎に曝される可能性のある場所」かどうかという規定ができたりしているので、選定に当っては注意されたい。

流水検知装置（アラーム弁）や一斉開放弁など消火設備で重要な機器には、「国家検定」制度により検定品として合格する必要がある。図-31は消火設備用バルブ例（認定品）とバルブに関する消防法規定概念を示したものである。

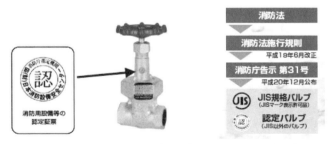

図-31　消火設備用バルブ（認定品）と消防法規定概念

（3）水道法および建築物衛生法

ビル内における給水設備についても消防設備と同様人命に係わる重要な設備であるため、水道法または建築物衛生法（通称）により「給水装置」としてバルブ

に規定がある。受水槽を有する給水設備は、この受水槽により一旦水道事業体からの給水から「縁切れ（吐水口空間を確保）」となるため、受水槽以降の給水設備は建築物衛生法下で規定されることになる。直結給水（ブースターポンプなどの増圧給水設備を含む受水槽を持たない設備）の場合は、最終出口の給水栓に至る配管の全てのバルブは「給水装置」としての規定を受けるため、「JIS認証品」または「水道認証品」を用いなければならない。図－32に給水装置水道認証マークの表示例を示す。

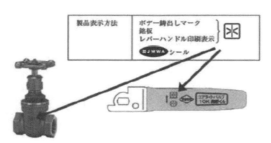

図－32　給水装置水道認証マークの表示例

（4）工業標準化法（JIS規格）

　規格とは、機械や製品の規定された一定の「標準」を言う。この標準化を推進するために制定された法律が工業標準化法である。

　「JISマーク表示許可」制度は、このJIS規格に基づいて製作・検査されたバルブの品質を担保するための制度であり、一定の品質基準を満たすものだけ（表示許可指定品）にJISマークを付与することができる。建築設備で重要とされる消防法・水道法および国交省標準仕様書は、いずれもJISマーク表示品については無条件で適用することができ、長期間安心して利用することができるとされている。図－33にJISマーク表示許可制度により、個々の製品に表示される"シンボルマーク"を示す。

第10話 建築設備用バルブ類の基礎知識

図－33 JISマーク表示許可制度のシンボルマーク例

（5）燃料油ラインのバルブ

建築設備のオイルタンクやオイルサービスタンクを含む「燃料油ライン系」では、消防法の危険物貯留規定（「タンク元弁」など）により、バルブ本体材料指定がある。鋳鋼弁または鍛鋼弁、もしくはダクタイル鋳鉄弁を採用する。青銅弁やねずみ鋳鉄弁は、適用できない。

（6）RoHS（ローズ）指令対応

EUでは、「RoHS指令」という特定有害物質を含有しない材料を適用する指令があり、国内でも輸出装置や機器へ使用されるバルブにも対応がせまられている。

国内ではまだ関連する法整備がなされていないため、規制対象とはされていないが、いずれ規制対象となることは明らかであるので、先取りしておく必要があろう。

表－3にRoHS指令による規制対象物質およびRoHS指令の閾値（しきいち：限界値）を示す。

表－3 RoHS指令による規制対象物質およびRoHS指令閾値

RoHS指令による規制対象物質	RoHS指令閾値
カドミウムおよびその化合物	0.01％
六価クロム化合物	0.1％
鉛およびその化合物	0.1％
ただし、銅材	0.35％
アルミニウム合金	0.4％
銅合金	4％
水銀およびその化合物	0.1％
ポリ臭化ビフェニル類（PBB類）	0.1％
ポリ臭化ジフェニルエーテル類（PBDE類）	0.1％

【用語解説】

RoHS指令（**R**estriction **o**f the use of certain **H**azardous **S**ubstances in electrical and electronic equipment）

　RoHS指令は、欧州EUにおける電気・電子機器における特定有害物質の使用制限に係る指令（法律）であり、健康と環境の保護のために有害物質の使用を制限している。電気・電子機器が対象であるため、直接バルブは規制対象にならないが、FCU（ファンコイルユニット）などの付属機器として制限を受けることがある。

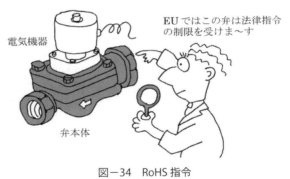

図－34　RoHS指令

【ちょっと一息！】
「選んで安心、認証品！」

　バルブや配管材料は、建築設備にとって極めて重要な部材になっている。特に消防や飲用水など"人の生命"にかかわる設備配管については、強制法規によって厳しく規定されている。最近では規制緩和の方向で安価な外国製の機器機材が数多く輸入されているが、やはり重要な設備の機材はちゃんとした「認証」を受けた"間違いの無いもの"を選び、長期間安心して利用したいものである。

第10話　建築設備用バルブ類の基礎知識

図－35　認証品

（7）バルブ類と規格

　バルブは配管の部品である性格上、「互換性」を担保することが重要である。すなわち、製造年やメーカーを超越して互換性を有することがユーザーの利便性を守ることになる。

　従って、バルブについては管や管継手と同様に「機械要素部品」としてJIS（日本工業規格）などの規格・基準に詳細に規定されているものが多く存在している。もちろん「経済性」を優先させた「メーカー標準仕様品」も市場では多く販売されており、選択の自由が図られている。規格とは、機械や製品の規定された一定の「標準」を言う。

　建築設備配管に利用されるバルブについては、石油・化学工業用途ほど厳格ではないが、消防法、水道法、建築物衛生法（通称）、国交省標準仕様書など各種の法規や国家の購入仕様書にバルブの規格が明記されていて、規格を避けてはバルブの選定が立ち行かないほどがんじがらめになっていると言っても過言ではない。

　図－36にJIS規格ねずみ鋳鉄弁の適用規格番号例を示す。

第10話 建築設備用バルブ類の基礎知識

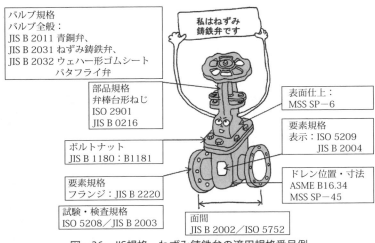

図－36 JIS規格 ねずみ鋳鉄弁の適用規格番号例

①JIS規格

日本国内の最高位規格として、「日本工業規格 JIS」がある。本体材料：青銅・鋳鉄・ダクタイル鋳鉄・鋳鋼製の各種止め弁（玉形・仕切）、逆止め弁（スイング）およびゴムシート中心形バタフライ弁が規定されている。ボール弁とストレーナについては、JISには特に規定がない。

図－37は国内で規定されている主なバルブ関連規格を示したものである。

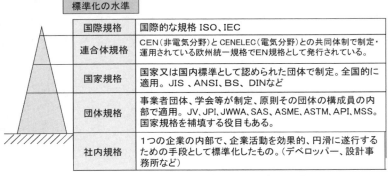

図－37 国内の主なバルブに関する規格・基準

JISは規格であって法規ではないため、このよりどころになっている法規を「工業標準化法」という。この法律には「JISマーク表示許可」制度があり、製品や製造工場の認証を受けた物品のみを対象に"JISマーク"を製品に付けて販売することが許可されている。従って例えばJIS B 2032 ゴムシート中心形バタフライ弁は、規格は規定されているが「JISマーク表示許可」対象品ではないため、JISマークを表示することができない。このためこのバルブは「規格品」とは呼ばないことになっている。

　バルブの規格には寸法、材料、圧力－温度基準などに加えて試験検査や表示など、バルブの取引に必要なあらゆる情報が含まれ標準化されているため、ユーザーは規格の番号を指定する（カタログなどの資料で確認）するだけで、一定の仕様・品質のバルブを選定し利用することができるため便利である。

②JV規格

　国家規格であるJISの下に各種の団体規格が存在し、JISで規定されていないバルブを補完している。そのひとつにJVMA、（一社)日本バルブ工業会規格がある。

　青銅製ねじ込み形弁の「管端防食コア付バルブ（JV 5）」、「ステンレス製バルブ（バタフライ弁やY形ストレーナを含む）（JV 8）」や「ダクタイル鋳鉄弁（JV 4）」などが規定されている。また、「プラント向けユーザーガイド（JV 3）」なども規定されており、ユーザーの利便性を図っている。なお、「建築設備向けユーザーガイド（JV非規格の参考資料）」は無償で発行されているので、参考に入手されると良い。

③規格の改定

　規格は見直し（改定、または廃止・追加）が頻繁に行われる場合があるので注意したい。ちなみに最近ではJIS B 2011「青銅弁」が2010年に、JIS B 2031「ねずみ鋳鉄弁」が2013年に改定され圧力－温度基準が見直された。

第10話 建築設備用バルブ類の基礎知識

④国土交通省　公共建築工事　標準仕様書（機械設備編）

　これは「国家の購入品仕様書」であり規格や法規ではないが、国や地方自治団体およびこれに準じた工事の発注に際して指定される機械設備（配管）の仕様を記載したものである。この標準仕様書は、大手デベロッパー、設備設計事務所、ゼネコン、サブコンなどの自社基準としても準用して採用されているため、国内の"デファクトスタンダード"として押さえておきたい。

　バルブ類についても、具体的な仕様や適用する規格、法規についても同監理指針と共に指定しているため、本業界では極めて重要な技術書である。

【用語解説】

デファクトスタンダード・業界標準（a de facto standard）

　ある市場分野（業界）における工業標準となっている技術基準。法規や規格に規定された「公的な技術基準」ではないが、「事実上の標準」または「結果的に多く利用されて標準となったもの」を言う。本書での業界は「建築設備」を示す。

図－38　デファクトスタンダード

5．管・管継手とバルブの接続

　バルブは、単体では機能をなさないが、管と接続し配管系を形成し初めて機能する。つまり、バルブは、管と管とを接続する「管継手」とも密接な関係を持っている。

　管とバルブ両者を確実に接続し、その接続部からの漏れを防ぐための方法は、種々あって、使用条件への適合はもとより、それぞれ安全性、経済性、軽量化、省力化なども考慮した最適な方法を選択する。従って、管との接続部の接合形式・形状、接続端（端部）は、バルブにとって重要な部分である。バルブの接続端は、本話以外の管と管継手と基本的に同じものであるから、その詳細は管継手を参照されたい。

　バルブおよび管継手と配管の接続方式は、近年管および管継手の多様化に伴い、同様に多様化が進んでおり、色々な形状・構造・材料のものも登場している。表-4に管と管（またはバルブ）との接続形式の種類を示す。

表-4　管と管との接続形式の種類

形式名称	説　明
ねじ込み形	端部に管用ねじをもつ。
ユニオン形	端部がユニオン（ねじ結合）である。一般にニップルを伴う。
フランジ形	端部がフランジ（鍔）である。
突合せ溶接形	端部が突合せ溶接端で管と突合せ溶接接合される。（鋼管用途）
差込み溶接形	端部が差込み溶接端で管と差込み溶接接合される。（鋼管用途）
ソルダー形	端部がソルダー形端（ろう付け）で、はんだで管と接合される。（銅管用途）
くい込み式	管継手の一部品が管に食い込んで抜け止め・シールする。
その他	メカニカル、接着・融着etc

　これらの中で圧倒的に適用例が多い形式は、ねじ込み形とフランジ形である。どちらの方式も部品数が少なく、漏れても"すっぽ抜け"のリスクが低いため、建築設備配管に限らず古くから管の接続方式のデファクトスタンダードとして用いられてきた。鋼管を用いた衛生設備配管では、一般的に呼び径80A以下には「ねじ込み接合法」が、また呼び径100A以上には「フランジ型接合法（ねじ込みフ

第10話 建築設備用バルブ類の基礎知識

ランジ接合法または溶接フランジ接合法）」が採用される場合が多い。

【ちょっと一息！】

　空調設備配管では、一般的に呼び径50A以下の配管には、「ねじ込み接合」、呼び径65A以上の配管には、「フランジ溶接接合」が採用される場合が多い。
　一方衛生設備では大口径配管（呼び径100A以上）は比較的少なく、呼び径80A以下の配管までなら、「ねじ配管配管工」だけで対処可能だからである。
　実をいうと、「ねじ込み配管」と「溶接配管」の接合技術は、本質的に異質なものである。ちなみに、衛生設備の配管工は、どちらかというと「ねじ込み配管」が得意で、空調設備の配管工はどちらかというと「溶接配管」が得意という俗説があるほどである。

　バルブについては、呼び径50A以下が「ねじ込み形」、呼び径65A以上が「フランジ形」として用いられる。ただし、調整弁や調節弁のような交換・メンテナンスの可能性を伴うバルブについては、継手と異なり呼び径50A以下の小口径であっても「フランジ形」としてメンテナンスの利便性を高める場合がある。

（1）管接続方法のデファクトスタンダード

　バルブ類に限らず管継手の接続方法には種々あるが、管用ねじと管フランジによる接続が圧倒的に多く採用されており、特に建築設備においてはデファクトスタンダードになっている。これは「万一漏れても増し締めで止めることができ、機械構造的にすっぽ抜けない」という信頼性・安全性の必須仕様が実現できていることによると思われる。

（2）ねじ込み形（screwed end）

　管締結用の「管用ねじ」にはテーパねじと並行ねじとがあるが、一般的にはテーパねじが用いられる。テーパねじは、おねじとめねじの組合せとなるが、管におねじが設けられることから、一般的に継手やバルブはめねじの場合が多い。

図-39に「ねじ込み形」の代表的なバルブを示す。

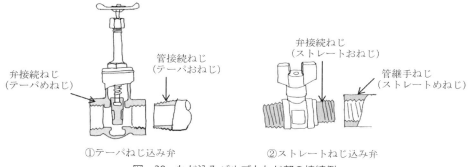

図-39　ねじ込みバルブとねじ部の接続例

　樹脂ライニング鋼管（VLP）の管端腐食を防止するための「青銅製防食コア入り弁」の管用ねじは、このねじ込み形の応用技術（変形）である。
　ねじ込み形接続は主に50A（2B）以下の呼び径の配管に用いられる。呼び径80A、100Aはねじ込み配管作業に熟練度を要するため、国内では最近ほとんど見られなくなった。ねじ込み形接続そのものには圧力や温度の制限はないが、管・継手・バルブ・シール剤など個別の仕様で制限される。

（3）フランジ形（flanged end）

　フランジ形は、相対する鍔（つば）状の継手を対向させ、ガスケットを挟んでボルト・ナットで接続する。図-40に「フランジ形」の代表的なバルブを示す。機械設置・固定用途の「フランジ」との区別を明確にするため、管に接続して継手とする配管用フランジを管フランジ「くだふらんじ」）と呼び、呼び径10A（3/8B）〜350A（14B）、圧力は、JISでは3MPa位までの配管に使用される。JIS規格では、管フランジの材料（鋼製、鋳鉄、銅合金）により規格が分かれている。
　フランジに配されるボルト位置は、「振り割り」と言って「中心線対象」に設けられる。ボルトの本数は、特殊な用途向けを除き、最低4本から呼び径・呼び

圧力が大きくなるにつれて原則4の倍数で増してゆく。

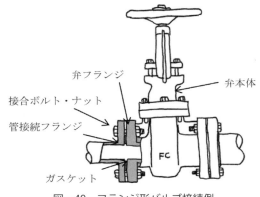

図－40　フランジ形バルブ接続例

（4）ウェハー形（wafer end）

　バタフライ弁やデュアルプレート式逆止め弁などに多く採用されている「ウェハー形」は、フランジ形の一種（変形）で、フランジの間に挟みこむ構造でありバルブや流量計だけに採用されている。管継手には、利用する意味をもたないウェハー形は存在しない。

（5）その他の接続端

　プラントなどでは、溶接によるバルブ接続も多く用いられるが、ビル設備ではバルブへの適用は、ほとんどない。銅管接続の「ろう付け（ソルダー形）」や塩ビ樹脂管接続のＴＳ工法（圧着接着）は、建築設備でもバルブ直結の接続方法として多く用いられる。

（6）大きさの呼び

　バルブは、管や管継手の大きさ（サイズ）に原則したがうので、大きさおよびその呼称については、管・管継手を参照されたい。

（7）メカニカル継手とバルブ

　最近では一般配管用ステンレス鋼鋼管、銅管、樹脂管などねじやフランジが利用できない管の接続方法が各種構築され、各種のメカニカル継手が考案されている。建築設備でよく利用される一般配管用ステンレス鋼鋼管（通称薄肉ステン管）用のメカニカル継手付バルブの例を図－41に示す。

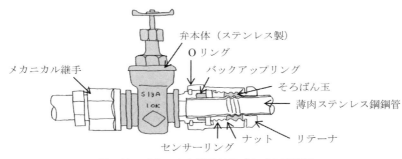

図－41　メカニカル継手付きバルブの接続例

　空調冷温水や給水配管の末端では、樹脂管（架橋ポリエチレンや複合３層管）などが良く利用されるようになり、燃料ガスの末端小口径配管ではガス用ポリエチレン管またはポリブテン管も多く用いられる。

　建築用銅管の接続では「ろう付け」が利用され、専用のバルブも販売されている。薄肉ステンレス管の接続には、上記のメカニカルの他、突合せ溶接も多く利用されるが、ステンレス管の溶接は現場での施工管理が難しいため、工場製作のプレファブ加工管が利用されている。

【ちょっと一息！】
バルブが"泣く"

　バルブや配管からの外漏れ現象を建築設備業界用語で「泣く」と呼ぶ。水系流体が多いため、このような隠語ができたものと思われる。ちなみに配管工事の品質三大トラブルとしては、この「泣き」に加えて「（管が）すっぽ抜け」、「（配管が）落ちる」がある。このため、建築設備配管の品質を示す言葉とし

第10話 建築設備用バルブ類の基礎知識

て、「落ちない」、「抜けない」、「漏れない」、という用語がよく使われる。東日本大震災では、「落ちる」が相当問題になっていたとの報告が多く寄せられている。

腐食によるトラブル（赤・緑・白・黒水）は、施工後直ちに生ずる問題現象ではないため、どうもこれら三大施工のトラブルには入っていないようだ。

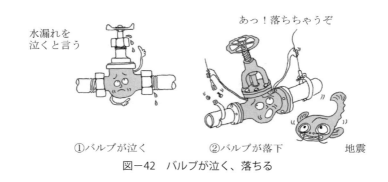

図－42　バルブが泣く、落ちる

6．バルブの選定

バルブ選定の概要および注意点を表－5に示す。

国内のデファクトスタンダード（業界標準）となっている「国土交通省 公共建築工事 標準仕様書および監理指針（機械設備編）」の要求指定に基づいた選定を行えば、長期間安定した品質で安全に利用することができる。

【ちょっと一息！】
仕切弁vsボール弁　止め弁どっちを選ぶの？

2.バルブの基本的な構造の項で"止め弁"として、仕切弁・玉形弁・ボール弁・バタフライ弁の4種があることを紹介した。それぞれ特徴があることを説明したが、建築設備水用青銅製ねじ込み形小口径バルブで仕切弁とボール弁のどちらを選べばよいか迷うという質問が多い。答えは、少々乱暴だが「好みによる」ということになる。それぞれ長所と短所があるので、何に重きを置くかで選択が決まる。たまたま両者の価格は、ほぼ同一である。

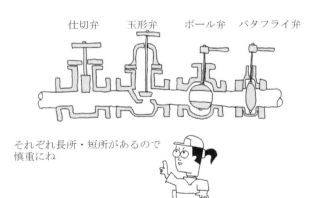

図－43　仕切弁vsボール弁

第10話 建築設備用バルブ類の基礎知識

表－5 「バルブの選定」ワンポイントアドバイス

番号	テーマ	詳細項目	対象弁種	内容	備考
1	流体による指定	蒸気	玉形弁 バタフライ弁	蒸気配管に用いるバルブは、玉形弁またはバタフライ弁（PTFE又はメタルシート）とする。ただし、バタフライ弁はギヤ操作式とする。（標準仕様書のみ指定）蒸気ラインのバルブ止めにはバタフライ弁を使用しない。	国土
2			仕切弁	ソリッドウェッジ式仕切弁は用いない。（フレキシブルウェッジ式は、条件により可） 0.1MPa以下の給気用には仕切弁を使用してよい。（標準仕様書のみ指定）	国土
3			全弁種	5Kを超える中・高圧蒸気に用いるバルブの本体材料は、ダクタイル鋳鉄製又は鋼製が望ましい。（低圧蒸気では、青銅製やねずみ鋳鉄製でも可）	国土
4		蒸気環水（ドレン）	仕切弁	仕切弁としても良い。（標準仕様書のみ指定）	国土
5		飲用水 給湯（飲用水）	全弁種 ストレーナ	バルブ材料は水道法・厚労省告示の浸出試験を満足すること。 鉛の浸出量：0.01mg/L 以下 青銅製は、「鉛フリー銅合金」製とする。	国土
6		給湯	バタフライ弁	バタフライ弁はギヤ操作式とする。弁体の材料は「ステンレス」とする。ゴムシートの材料については給湯用途向け耐塩素系用（FKMなど）とする。	国土
7		冷温水	ボール弁	ステンレスジスク＋ロングネック＋樹脂ハンドルの青銅製ボール弁とする。ハンドルは、樹脂製が望ましい。＜結露防止対策＞（標準仕様書のみ指定）	国土
8			バタフライ弁	ステンレスジスク＋ロングネック＋ギヤ操作式のアルミ合金製又は鋳鉄製のゴムシート中心形バタフライ弁とする。（標準仕様書のみ指定）＜結露防止対策品＞が望ましい。	国土
9		燃料油	全弁種	オイルタンク・オイルサービスタンク最高液面下に設ける元バルブ及びドレンバルブに用いるバルブの本体材料は、鋼製又はダクタイル鋳鉄製とする。（衝撃による割れ防止） オイルライン用バルブも同様が望ましい。 ゴム材料は、NBRとする。（EPDMは使わない）	国土
10				油用のバルブは仕切弁又はコックとする。（標準仕様書のみ指定）	国土
11			ストレーナ	油用のストレーナは複式バケット形とする。（標準仕様書のみ指定）	国土
12		水系	逆止め弁	揚水、消火、冷却水、冷温水ポンプに設ける逆止め弁には、使用条件により衝撃防止機能（ばね内臓）やバイパス内蔵機能が求められる。＜ウォータハンマ対策＞（標準仕様書のみ指定）	国土
13			全弁種	ステンレス鋼管及び銅管配管に鉄系本体材料のバルブを使わない。（ステンレス又は青銅製とする）＜異種金属接触腐食対策＞ 黄銅製バルブは原則使わない。＜応力腐食割れ対策＞	国土
14		ブライン		ブライン用は仕切弁とする。（標準仕様書のみ指定）	国土
15	管種による指定	樹脂ライニング鋼管	ねじ込み形	管端防食コア付バルブ（JV-5）とする	国土
16			フランジ形	ナイロンライニング鋳鉄弁とし、ステンレス弁とする。	国土
17		薄肉ステンレス鋼管	全弁種	接続は、突合せ溶接又は、SAS規格メカニカル継手とする。（管用ねじは加工できない） 溶接施工は工場フルショップレファブが望ましい。	国土
18		銅管	全弁種	ソルダー（ろう付け）式としても良い。（標準仕様書のみ指定）	国土
19	構造指定	弁座構造	仕切弁	鋳鉄仕切弁の弁座はねじ込み式とする（打ち込み式は不可）（標準仕様書のみ指定）	国土
20		水及び蒸気	ストレーナ	50A以下：鋳鉄、ステンレス鋼又は青銅製のY形ねじ込み形、65A以上：鋳鉄又はステンレス鋼製のY又はU形でフランジ形とする。（標準仕様書のみ指定） 掃除用プラグ及びスクリーンはステンレス鋼又は黄銅製で、網目は水用：40メッシュ以上（自動弁の手前に設ける場合：80メッシュ以上）、蒸気用：80メッシュ以上とする。（標準仕様書のみ指定）	国土
21		電動弁	全弁種	屋外又は屋外に準じた環境に設置する場合は、スペースヒータ（常時通電）を設ける。＜操作機内部結露防止対策＞	国土
22	専用用途	水空調	ボール弁 FCU弁 定流量弁	ファンコイルユニット用途には、一般のバルブ仕様でなく専用の仕様記載がある。FCU用ボール弁のハンドルは合成樹脂とする。（標準仕様書のみ指定）	国土
23	規格優先順位	規格の有無	全弁種	JISマーク表示許可品⇒JIS規格適合品⇒団体規格（JV、SAS）適合品⇒公的規格がないメーカー標準品 の順で選定（標準仕様書のみ指定）	国土

注）：備考の"国土"は、国土交通省 公共建築工事 標準仕様書及び監理指針（機械設備編）に要求指定があることを示す。

7．バルブの配管施工、試運転、運転、保守保全

　バルブ配管施工および管理上の概要および注意点を表－6に示す。

　一般に管と管継手は、イメージとして"メンテナンスフリー"と考えられているが、バルブをこれらと同様にメンテナンスフリーとすることは、誤りである。バルブも"機械もの"であるので、定期的に動かして計画的な点検・保守を行ってほしい。

　バルブには、腐食だけでなく意外かもしれないが管や継手には生じない"付着"という現象によるトラブルが発生することもある。施工不良を要因とするトラブルでは、バルブ搬送用の防塵キャップやフランジのブラインド用貼り物を取り外さずに配管したため、水が出なかったという笑い話を多く聞いている。また、筆者の経験だが、運転時に暫時流れが悪くなって水が流れなくなってしまったときは、まず「ストレーナのゴミ詰まり」を疑ってみよう。なお、"破裂出水"などの急なトラブルに備えて、止水すべき"元弁"がどこにあるのか常時から目立つように明示し、取るべき行動をマニュアル化しておくと被害を最小限でとどめることができるので、是非実践してほしい。

第10話 建築設備用バルブ類の基礎知識

表－6　バルブ配管施工および管理上の概要および注意点

番号	テーマ	作業	内容	備考
1	保管・養生	運搬	単体又は梱包箱を落下したり投げ下ろしたりしない。（弁棒や軸、ハンドルなどは衝撃で変形しやすい）	箱に入っていても破損する
2		保管管理	バルブの保管はゴミ、粉じん、湿気がなく通気性のある室内に保管する。保管は出荷状態のバルブ開度を維持する。取り付けてある防塵、保護カバーやキャップ、詰め物などは、配管施工直前まで取り外さない。	
3	配管接続施工	準備	バルブの配管施工はゴミ、粉じん、湿気がなく通気性のある室内で行う。取り付けてある防塵、保護カバーやキャップ、詰め物、袋などは、配管施工直前で必ず取り外す。（装着したままの取付防止） 配管材料の内部の有害な異物（砂、スケール、切削油、切粉、溶接スパッタなど）はバルブの作動やストレーナなどの機器に影響を与えるので、十分に洗浄して落とすこと。	
4		確認	バルブの仕様やサイズが正しいか確認する。バルブやストレーナには、流体の流れ方向が示されているので、これを確認して取り付ける。＜流れ方向制限を持つ誤設置防止＞	ハンドルの色などで仕様が識別されている
5		取付	バルブやストレーナには、バルブの取付姿勢に制限を持つものがあるので、これを確認して取り付ける。＜取付姿勢制限を持つ誤設置防止＞	特に逆止め弁は姿勢に制限が多い
6		ねじ込み接続	ねじ込み形では、接続する部材のねじが正しく加工されていることを確認して取り付ける。ねじゲージなどを利用することを推奨する。	
7			ねじ込み形では、適正な締め付けトルクで接続するが、計測ができない場合は"手締め位置"から約2回転"工具締め"することを推奨する。（過度な締め込み防止）バルブ姿勢を直すときは、逆もどし方向の廻しを行わない。（バルブ胴着部漏れの防止）	適正な長さの工具を用いる
8			ねじ込み形では、バルブの端面（六角部など）に"パイプレンチ"を掛けない。（適正な工具スパナやレンチを用いる）　バイス（通常の万力）でバルブをくわえない。（バルブの変形・傷防止）　必ず配管用バイスにより配管を固定する。	六角スパナ、メガネレンチ、モンキーレンチ、モーターレンチなど
9			バルブを分解しての配管作業（ボデーだけ先に配管すること）は行わない。＜分解の禁止＞	
10		フランジ接続	フランジ形では、配管やバルブに異常な応力を掛けないように注意する。曲がりがなく配管軸線が一直線になるようにする。片締めを防ぐため、ボルトを十字手順にして反復して接合面に均一な力が掛かるように締める。　ボルト締めで配管を矯正しない。	
11			ウェハー形のバルブは、芯ずれや片締めを生じやすいので、特に注意する。管端つばだし工法によるルーズフランジ配管では、管端め口径による適合可否に注意する。	
12			ウェハー形のバタフライ弁では、ジスクの外周がフランジ内径と干渉しないか確認する。ウェハー形のバルブ同士は直結できないので、短管を用いる。	
13			ゴムシート中心形のバタフライ弁は、ゴムシートがラインガスケットを兼ねている場合が多いので、この場合はガスケットは不要である。＜ガスケット重複利用の禁止＞	
14		シール剤 ガスケット	ねじ込み用のシール剤や、フランジ用のガスケットは適正な材料や寸法のものを選ぶ。各流体に適した材料が用意されているので、適切に選ぶ。ゴム製のガスケットには油脂分のあるガスケットペースト塗布は避ける。	塗布型シール剤には、流体別に区分がある。
15	流れ	接続位置、姿勢	エルボやレジューサ（特に拡大）の下流側直近にバルブを設ける場合、渦流や偏流の発生による不具合（バルブの短期破損）になる場合があるため、注意事項を確認して設置する。流れに対して配管姿勢を制限するバルブもあるので確認する。	エルボやレジューサの下流に原則バルブを設置しない。
16	配管	配管全般	配管したバルブの上に乗ったり、バルブを配管の足場にすることは避ける。（配管外力への対応は設計されていない）	
17	試運転	フラッシング	配管施工完了時には、必ず予備洗浄（フラッシング）を行う。フラッシングは全バルブを全開にして行い、フラッシング中はバルブの開閉操作は行わない。調整弁などは必要に応じて配管から外しダミーの短管を用いて行う。ストレーナはフラッシング後必ず内部を清掃して本運転に入る。	
18		パッキン増し締め	グランドパッキン構造のバルブは、応力緩和によりグランドパッキンが緩み漏れを生ずることがあるので、弁棒とのなじみ（適度な操作トルク）を確認しながら増し締めを行う。Oリングパッキン式は増し締めができないので漏れたら交換する。	
19	運転	全般	バルブ操作には原則ハッカー（ハンドル廻し）を利用してはならない。 埋設されているバルブの操作を開栓器で行うときは、バルブの大きさが分からないことがあるので、適切な操作トルクで注意して行う。 配管を凍結させないか、凍結防止措置を取る。	
20	保守保全	点検	バルブが故障や不具合に至る前には、異常な音なり、振動、衝撃発生などを伴うことがほとんどであるため、日常の点検を怠らず異常に注意する。 バルブも"機械もの"であるため、定期的（少なくとも半年に一度）に動かしたり点検したりすることが重要。計画的な日常・定期点検を実施する。（スクリーン前後の差圧：0.1MPa以上は詰まりあり）　ストレーナは定期的に内部を確認し、必要に応じて清掃する。	
21		表示	緊急時に閉止する元弁は、設備配管図に設置場所を明示し、現場に掲載しておく。元弁に目立つように表示をしておく。（例：「緊急時閉」）	

おわりに

　これまで汎用弁を主体に説明してきたが、建築設備には自動弁や各種の調整弁など多くの種類のバルブ類が設置される。また、一見バルブは金属製で"頑丈そう"に見えるが、思いの外"ナイーブ"で打たれ弱い面がある。また、前述のとおりメンテナンスフリーではない。

　配管部材の選定や工事において、バルブ類は"管や管継手"とはかなり異質な注意事項が数多く存在する。繰り返しで恐縮だが、バルブは配管において流体を制御できる"唯一の機器"であるから、バルブ類の特性を充分に理解したうえで選定や工事を行っていただきたいと思う。

　なお、本書の第1話で「建築設備に多用される、代表的な配管材料について紹介してきたが、正直言って現在の配管材料の多種多様さには驚愕させられる。・・・もう少し管種を『整理統合』してはどうかという意見も聞かれる。」と記されているが、バルブについてもまったく同感である。バルブの多種多様の理由については、これまで充分説明してきたのだが、バルブを含む配管材料の今後の開発・技術革新に期待したい。

【引用・参考文献】
(1)「新版　バルブ便覧」，（一社）日本バルブ工業会編纂，日本工業出版発行2010.3.21
(2)「新・初歩と実用のバルブ講座」，新・バルブ講座編集委員会編，日本工業出版発行2012.12.28
(3)「設備と管理：バルブ入門」，オーム社発行，2014.4号付録
(4)「絵とき　バルブの基礎のきそ」，小岩井隆著，日刊工業新聞社発行，2014.2.25
(5)「保全マン必携　配管・バルブべからず集」，安藤紀雄・小岩井隆・瀬谷昌男　共著，JIPMソリューション発行，2010.4.6
(6)「バルブ技報　通巻No.73号：建築設備におけるバルブ仕様と課題の変遷」，小岩井隆著，（一社）日本バルブ工業会発行，2014.9.30

第11話 配管の漏洩・耐圧試験など

はじめに

　建築現場で建築設備配管工事では、配管の水密試験・気密試験を必ず実施する必要がある。試験・検査は設備工事会社にとって重点管理項目の一つである。各種試験は、施工品質保証（Quality Assurance）の必須条件であり、これにより試験の対象の合否、つまり問題なく次工程へ進めるかどうかの重要な判断をするための一里塚であることを十分認識する必要がある。

　配管工事が完了した後に建築工事（仕上げ工事）が始まる前に、所定の漏洩試験・検査を行い配管などからの漏洩が皆無であることを確認し、次工程（断熱工事、塗装工事など）へ引き渡さなければならない。

　建築設備工事のなかでダクト工事については多少の空気漏洩は容認看過されているが、配管工事では、配管内の流体（水・蒸気・油・ガス・冷媒など）の少しの漏洩も許されない。このために水密試験・気密試験を完全に実施することが不可欠である。

　多くの場合、この試験の実施は配管技能工の手を煩わせるが、この試験に立会い、現場で管理監督することは、設備技術者の最低限の責務である。この目的の

ために、本話は、設備技術者が是非知悉しておくべき事項を以下に紹介したい。

1. 配管耐圧試験の準備・方法
（1）配管耐圧試験の準備

配管の耐圧試験は、漏れ（leakage）や欠陥（defects）を発見することと耐圧力を保証することを大きな目的としている。試験に用いる流体は、水が一般的であるが工事中十分な給排水が不可能な場合や、凍結の恐れがある場合、また、水の使用が不適の場合などでは、気体（空気、窒素ガスなど）で代替する場合もある。

なお、配管用途別試験方法は表—1に準拠するものとする。

耐圧試験は、大規模な建築の場合、通常、主機械室・空調機械室・冷却塔まわり・シャフト立て管・各展開配管などの部位別に順次実施していく。これは、建築仕

表—1　用途別試験方法一覧表

用途	系統 \ 試験方法	水圧	気圧	満水	通水	真空	煙
空調	冷却水	○	○				
	冷温水	○	○				
	蒸気（送り）	○	○				
	蒸気（還り）	○	○				
	油		○				
	冷媒		○			○	
	排水			○	○		
	計装空気		○				
衛生	給水	○	○				
	給湯	○	○				
	排水			○			
	通気						○
	屋外排水				○		
	都市ガス・LPG		○				
	消火（水・泡）	○	○				
	消火（CO_2・ハロン）		○				

（出典：参考文献(7)を一部修正）

第11話 配管の漏洩・耐圧試験など

上げ工事の工程と、設備の断熱工事など次工程によって決めることが望ましい。

配管の耐圧試験は部分的に実施する場合が多いので、施工の初期に給排水計画・安全計画、試験方法、試験圧力の決定など、適切な計画を行い、試験箇所の欠落がないようにしなければならない。

配管耐圧試験は，未試験箇所がないよう施工図に色分けを行い、全系統を実施し、試験の日時、立会者、試験圧などを記録して保管しておく必要がある。

（2）配管耐圧試験の方法

最も一般的に採用されるのは、水圧試験（hydraulic test）であるが、事情により気圧試験（pneumatic test）が採用される場合もある。

配管の漏れおよび耐圧試験には、通常水圧試験が採用されるが、広範囲にわたる水圧試験や、完全に接合部の事前点検が困難な場合、漏水による被害を防止するため、事前に気圧（気密）試験を行う場合がある。この場合の気圧試験の圧力は、0.05（0.5kgf/cm^2）～0.10MPa（1.0kgf/cm^2）程度で所定圧力の1/3程度で行っている。

0.5MPa（5kgf/cm^2）以上の気圧試験は非常に危険であり、水圧試験の場合は万一破損した場合でも水は「非圧縮性流体」に近いため、直ぐに圧力降下して破損部分を飛散させることは少ない。

一方、気圧試験の場合は、気体は圧縮性が高いため爆風のような状態で破損部分を飛散させ、非常に危険である。このようなことから気圧試験以外に方法がない場合以外は、高圧での気圧試験を行なわないことに留意しなければならない。

特に配管作業での安全性から、高所での気圧試験が終った後に、ゴムホースを外そうとして、ゴムホースが暴れて高所で作業していた作業員が高所から振り落とされて大きな事故になった事例があるので高所での気圧試験は極力避けなければならない。

配管の耐圧試験に当っての留意事項は以下のとおりである。

1）試験を行う系統内の機器・弁・継手などが、静水頭を含めて、試験圧力以上の耐圧があることを事前に確認すること。

【用語解説】
非圧縮性流体（incompressible fluid）
　どんな力を加えても体積が変化しない流体のこと。「弾性率」に対して「圧縮変化」が無視できる流体、あるいは流体運動に伴う「密度変化」が無視できる流体。配管の「水圧試験」に採用される水は、「非圧縮性流体」として扱われる。

圧縮性流体（compressible fluid）
　気体のように容易に圧縮できる流体のこと。配管の「空気圧試験」に採用される空気は、「圧縮性流体」として扱われる。しかし、「非圧縮性流体」でも、「音波」が伝播する場合などでは、流体を「圧縮性流体」として取り扱う必要がある。また、100m／s以下の空気の流れでは、その「圧縮性」を無視してよい場合が多い。

【ちょっと一息！】
バルブの試運転

　バルブを締め切った区間での圧力試験で、バルブの許容圧力を超えた試験圧力をかけないこと。バルブには許容された最高使用圧力が規定されており、たとえ試運転・試験の短い時間でもこれを超えた圧力を加えてはならない。

　2）試験の前には、必ず対象配管系内のプラグなどの止め忘れや試験区画境界にあるフランジなどの遮蔽板・配管接続部・弁などの点検を行ない、試験完了後には使用した遮蔽板は必ず外すことを忘れぬこと。

　3）機器類の耐圧が試験圧力以下の場合、出入り口の弁を全閉するのではなく遮蔽板を入れて縁を切り、機器類を試験圧力から保護すること。この場合、出入り口に弁があっても弁を全閉にして縁を切るのではなく、必ず遮蔽板を用いる。

　4）試験に使用する機器は整備・点検し、機能上支障のないものを使用し、試

第11話 配管の漏洩・耐圧試験など

図―1　バルブ類に異常圧力はNG！

験用圧力計の目盛りは適正なものを採用すること。

　5）水圧試験中に、漏水による被害のおそれのある場合、または広範囲で事前の点検が困難な場合は、所定圧力の1/3程度で気圧試験を行い、その後徐々に昇圧して規定の水圧試験を行うのが望ましい。

　6）排水・通気管以外の水圧試験については、次の事項に従い行う。

　a）水圧試験は、何度も行う労力を避けるため、1回でなるべく長区間について行う。配管の一部を試験する場合の分割区分は、弁の閉鎖によって行うと、弁座からの水漏れの可能性があるので、フランジに長めの耳の付いた遮蔽板（blank-off plate）を用いて行うのが望ましい。

　b）試験時使用する給水用仮設配管やホースの空気抜きを必ず行うこと。空気を溜めたまま圧力試験を行うと、圧力計が不安定になり正確な圧力試験は行えないためである。

　c）立て配管では、配管の上下では静水頭（static press.）による圧力差ができるので、圧力計は最下位の位置に設置し、試験圧力に注意する。

　7）図―2に示すようなテストポンプで水を送り、圧力計を見ながら所定試験圧力になる前に、漏水がないことを確認した後、試験圧力で所定時間（最小保持時間）放置し、圧力低下がないことを確認する。試験圧力等の詳細については表―2を参照のこと。

第11話 配管の漏洩・耐圧試験など

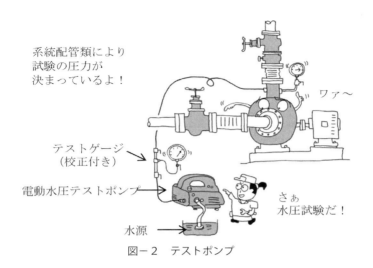

図－2　テストポンプ

表－2　試験圧力の一覧表および冷媒配管の試験実施例

配管種	試験方法	圧力（以上表示）	最小圧(MPa)	最小保持時間(分)	備考
冷温水・冷却水	水圧試験	最高使用圧1.5倍	0.75	30	
蒸気・高温水	水圧試験	最高使用圧2.0倍	0.2	30	
油	空気圧試験	最高常用圧1.5倍		30	
給水・給湯	水圧試験	最高使用圧1.5倍	1.75	60	
揚水	水圧試験	ポンプ全揚程相当の2.0倍	0.75	60	
高置タンク以下	水圧試験	静水頭相当の2.0倍	0.75	60	
排水	満水試験	3階以上にわたる汚水排水立て管		30	各階に満水試験継手
冷媒	窒素・炭酸ガス・乾燥空気による気密試験	法に定める値			

(出展：国土交通省機械設備工事共通仕様書)

冷媒配管の試験実施例（参考）

O現場(R410A)施工要領書より	窒素ガスによる気密試験	4.15Mpa		24Hr<	
D社(R32)(施工・サービスマニュアルより)	空気又は不燃性ガスによる気密試験	STEP1 → STEP2 → STEP3 0.5Mpa 1.5Mpa 4.0Mpa	0.5Mpa	各STEP共5分	
T社技術標準・施工要領書より(R410A)(R407C)	窒素ガスによる気密試験	R410A：①0.5MP(5分<)→②1.5MPa(5分<)→③4.15MPa(8Hr<) R407C：①②は(R410A)に同じ→③3.2MPa(8Hr<)		8Hr以上	

第11話 配管の漏洩・耐圧試験など

8）試験の結果漏れがあった場合は、ねじ込み部や溶接部など継手部の再施工や補修、フランジの増締めやガスケット（用語解説参照）の取替えなどの処置を行った後、再度試験を行う。

【用語解説】
パッキンとガスケット

　配管工事では、フランジ接合などで、「漏水防止の目的」でフランジ面間には「ガスケット（gasket）」を挿入する。日本では、昔はこの「ガスケット」という用語は、非常になじみが薄く、現場の配管職人の間では、もっぱら「パッキン（packing）」という用語が長年使用されてきた。「パッキン」は本来「詰め物」とういう意味である。

　一般には、静止部分間に用いられるものをガスケット、運動部分間に用いられるものがパッキンと言われている。

図—3　パッキンではなくガスケットと呼ぶべき

9）凍結の恐れがある場所では、試験終了後速やかに排水することを忘れぬこと。

2．水圧試験（hydraulic testまたはwater press. test）
（1）一般配管

　仮設給水口からビニールホースなどで試験対象の配管系に通水する。空気抜き弁などで徐々に配管系の空気を抜きながら、配管系が満水になったことを確認し、配管系に漏水などの異常がなければ、配管系に接続したテストポンプにより徐々に加圧し、所定試験圧力で所定の時間放置する。

　水圧試験前に注意しなければならないのは、水圧試験を行うに当っては、配管の液状シール剤が固まるための時間が十分に経過していることを確認しておくこと。

　なお、水圧試験に先立ち漏れおよびプラグ忘れなどを確認するため空気圧試験：0.05MPa～0.3MPa（0.5kgf/cm^2～3.0kgf/cm^2）を先に予備試験として行う場合もある。

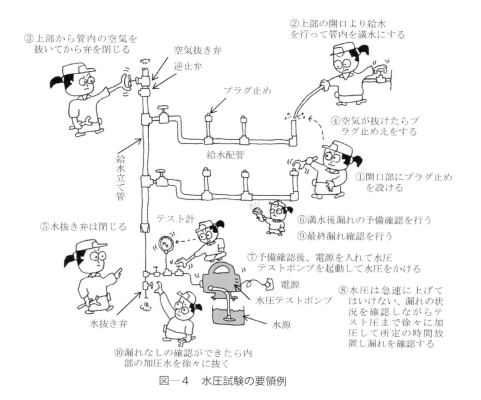

図―4　水圧試験の要領例

第11話 配管の漏洩・耐圧試験など

【ちょっと一息！】
長時間の水圧試験を行う場合の注意事項

　日本では配管工事の試験圧力最小保持時間は、国交省の仕様書等によっても、長くて60分程度である。元Ｔ社ベテラン技術者がシンガポールの高層ビルの現場での経験談によると、試験圧力の最小保持時間は24時間と仕様書に記載があり、昼間に水を張り所定圧力をかけて1時間ごとに圧力ゲージ（用語解説参照）を読み取っていたところ、夜になると低下したので、配管のどこかで漏水しているのでは？と目視検査を一晩中実施したが、漏水は見当たらなかった。

　その翌日の昼間になったら、圧力ゲージは元の状態に戻っていた。その原因はどうやら配管内の水が昼夜の温度差により、膨張・収縮したことにより発生したことが判明した。

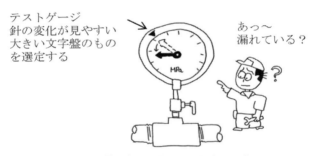

図―5　針の変化をうのみにしないこと！

　長時間にわたる水圧試験（24時間試験など）の実施時に、水圧試験圧力計の針がプラスやマイナスに振れることがあるが、これは周辺温度の変動で配管内に封入されて試験用水が膨張・縮小を繰り返すことによって起こり、具体的には気温の高い日中はプラス側に振れ、気温の低い夜間はマイナス側に振れる傾向にある。この現象は、必ずしも配管の漏れ現象に基づくものではない。

第11話 配管の漏洩・耐圧試験など

【用語解説】
ゲージ圧（gauge press.）と絶対圧（absolute press.）

圧力の表示方法には、「ゲージ圧表示」と「絶対圧表示」があるが、「大気圧表示（atmospheric press.）」を基準にとった圧力を「ゲージ圧」といい、「ゲージ圧」に「大気圧」を加えたものを「絶対圧」という。なお、我々が気密・水密試験に採用している圧力は、あくまでも「ゲージ圧」のことである。

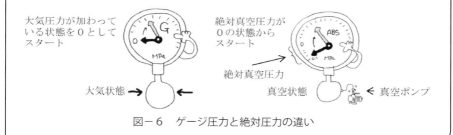

図－6　ゲージ圧力と絶対圧力の違い

（2）排水・通気管

排水・通気管の漏洩試験として、満水試験および、通水試験がある。排水管・通気管の一部または全部が完了すると、器具を取付ける前に、その系統の接合部が漏水しないかどうかを確認するために満水試験を行う。一般には配管全部を一度に行えればよいが、建物が高い場合は、管継手の許容圧力を超えないよう分割して行う必要がある。試験対象の配管がどの位置でも30kPa（0.3kgf/cm²）以上の水圧を受けるよう考慮しなければならない。

3．気圧試験（pneumatic testまたはair press. test）

圧縮空気や窒素ガスなどを適切な箇所に接続し、開口部を全て密封して管内に圧力をかけ、各継手部に石鹸水などを塗布し、漏れている箇所の発泡の有無を調

べる。最初に試験圧力の50％まで順次加圧し、異常の有無を確認し、異常がない場合は10％位ずつ段階的に試験圧力まで加圧する。

既述のように気圧試験は水圧試験と異なり、万一漏れがあると危険なので試験に際しては安全対策を行う。

気圧試験は、外気の影響で圧力が変動するので、日中の気温変化の少ない時に実施した方が良い。

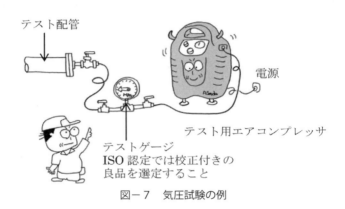

図－7　気圧試験の例

4．満水試験（water filling test）

排水配管用のテストである。一口に排水管といっても、「雨水排水管（storm drain piping）」・「汚水排水管（soil piping）」・「雑排水管（waste water piping）」・「特殊排水管（chemical waste water piping）」の4種類がある。「排水配管」は、埋設されていることも多く、その施工状態：漏水の有無を確認するために実施する試験である。排水系統の配管が一部または全系統完了したら、系統の継手部からの漏水がないかを確認（検査）する目的で、満水試験を行う。

配管が完了した試験対象部分のうち、立て管上部を開放し、下部に満水試験用継手・閉塞冶具を立て管に挿入し、横枝管の各管口にプラグ等閉止め冶具を取付けまたは、FLより1m管を立ち上げる。

ホースで横枝管の閉止め冶具を取付けなかった上部部分より、配管内が満水に

第11話 配管の漏洩・耐圧試験など

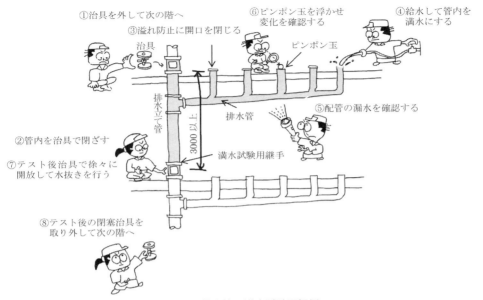

図－8　排水管の満水試験要領例

なるよう水を張る（注水試験water pouring test）。水張りをした部分にピンポン玉等を浮かせて写真を撮る。次に規定水位の満水位で所定時間（一般に1時間以上）が経過するまで水を張っておく。

　目視確認後、所定時間経過後の写真を撮り、ピンポン玉を回収する。満水試験用継手、閉塞治具のバルブを徐々に開放し水抜きをする。

　水抜きが終了後、満水試験用継手および閉塞治具を取り外す。

【用語解説】
注水試験（water pouring test）
　排水管末に「プラグ等」で栓をして、配管に水を張り、その「水位」の変化により、「漏水」の有無を確認する。各配管が施工図面通りに施工され、配管の行先は正しいか、ポンプ等正常運転状態にして「バルブ開閉」、「ポンプの起動停止」などを行い、「水量の確認」や「エアの混入状態」のチェックをする試験である。

5. 通水試験（water flow test）

　通水試験は排水管・通気管の配管が完了した後通水し、所定の水量が吐出されるか、流れに問題ないかを試験・検査し、系統に異常がないかを確認する。

　特に「汚水配管」等は、こう配、曲がり、端末処理の確認のため、「ピンポン玉」や「ウエス」などの試験物を、「大便器（closet bowl）」の排水口から投入し、「フラッシュ」させて、屋外マンホールに「ピンポン球」が「汚水桝（soil chamber）」までが流れてくるかを確認することも併せて実施する。

6. ドレン排水管通水試験

　空調用室内機・ファンコイル・加湿器付全熱交換器等の天井内ドレン配管の通水試験未確認で漏水事故が多発している。配管据付け試運転前に、完了したら排水管の勾配を確認しながら通水試験を行い、漏水や漏れ水が発生していないかを確認し、排水管出口へ確実に流れることを確認する。方法は図－9に示すようにドレンパンや排水点検口より3ℓ程度の水を流し込み排水出口から、注水量の80％以上が流出すれば良好とする。特に排水管の接続部等から漏れの発生が無いかも確認しておくこと。

第11話　配管の漏洩・耐圧試験など

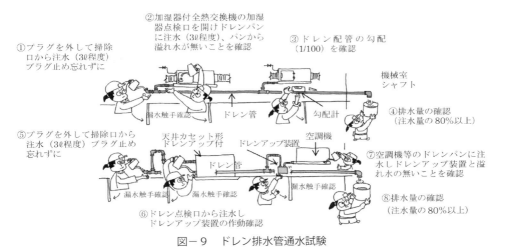

図－9　ドレン排水管通水試験

【ちょっと一息】
配管工事の試験：「満水試験」・「通水試験」・「耐圧試験」の三つの試験には、端的に言うとどのような違いがありますか？

・満水試験

　「衛生設備排水管」に採用される試験である。既述のように「配管内」を満水状態にして、「ボール等」を浮かして、30分程度保持する。「ボール」の位置が変わらなければ、配管からの「漏れ（leakage）」はない（図－10①参照）。

・通水試験

　既述のように「衛生設備排水管」に採用される試験で、配管が目的通りの機能（function）を発揮するかどうか、配管内に水を通して（通水して）、配管からの「漏水（water leakage）」を確認する試験である（図－10③参照）。

・耐圧試験

　圧力が加わる配管を対象に実施する試験である。内部流体が「液体（liquid）」の場合、一般的に常用圧力の1.5倍以上の圧力、内部流体が「気体（gas）」の場合、常用圧力の1.25倍以上の圧力を加えて実施する。（図－10④参照）

第11話 配管の漏洩・耐圧試験など

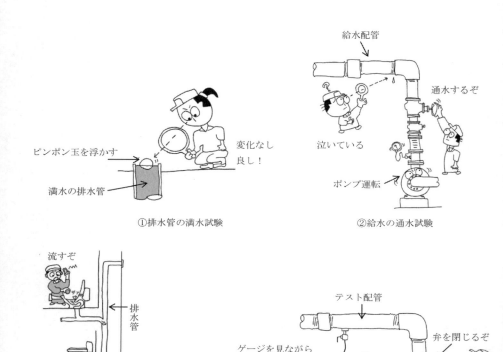

図-10　「満水試験」・「通水試験」・「耐圧試験」の違い

7．煙試験（smoke test）

　排水・通気管の試験として行なわれる方法で、衛生器具類が取付け終わった後、最終試験として実施する。

　すべての「器具トラップ」が水封されていることを確認し、掃除口などを完全に封鎖する。次に排水管の最下部に開放部分を設け送風管を接続して臭いのする少量で目視できる濃い煙を送風機などにより排水管内に送り込む。

　通気管最上部の通気口から煙が出てくるのを確認し、「煙試験」の対象となる排水通気配管全体に煙が充満するのを待つ。排水系統の数や配管経路の長さ、

拡がりによって待ち時間は違うが、最小限15分から30分程度必要といわれている。

　排水通気管内に煙を充満させた後、すべての通気口を密閉すること。なお、煙の圧力は250Pa（0.0025kgf/cm²）、保持時間は15分以上とする。排水管と通気管の接続部、器具トラップ、掃除口などから煙が漏れていないかを点検・確認する。煙試験終了後は、通気口を開放し排水通気系統を通常状態に戻す。

　煙試験に使用する煙は、漏れがあった場合に発見しやすいように刺激性の濃煙を使用するが、市販の発炎筒を使用することもある。また、建物外壁の臭いや通気口から出た煙が、建物内に流れ込むと試験対象部から漏洩した煙の発見や判別が困難になるため、建物の窓や扉、給排気ガラリなどを閉止しておくことが重要であり、天井内の排水通気管には漏れの原因となる継手が多く使用されているので、漏れている箇所を素早く見極めることが重要である。一度漏れ出した箇所を見失うとそれこそ天井内が煙で充満し、試験の意味がなくなる。

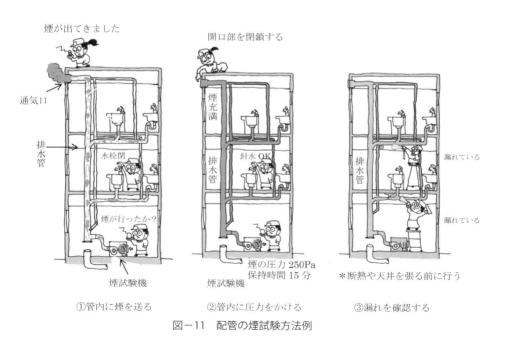

図－11　配管の煙試験方法例

8. はっか試験 (peppermint leak detection test)

　煙試験が行えない場合、はっか試験を実施する。試験手順は煙試験と同様であるが、各立て管頂部から各立て管7.5mにつきはっか油50gを3ℓ以上の熱湯（70℃以上）に溶かしたものを注入する。注入後注入口を密閉し、管内気圧を250Paまで上げて15分間放置して、その臭気によって漏れを検査する。なおこの方法も、最近あまり利用されていない。

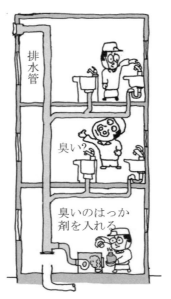

図－12　排水管のはっか試験方法例

9. 脈動水圧試験 (water pulsation test)

　静圧試験では接合不良箇所が発見しにくい樹脂管（架橋ポリエチレン・ポリブテン管など）およびステンレス鋼管などに使用されるメカニカル継手などに対して、特記仕様書記載事項などに応じ、試験圧力・試験時間などを予め決めて現場監理者合意の上、施工者が行う試験である。

　樹脂管やステンレス鋼管などのメカニカル継手は、ねじ接合に比べ従来の静圧

試験での不良個所発見がしにくく、竣工後漏水が発見される場合がある。それは温度差、ウォーターハンマなどによる衝撃圧力などの配管圧力変動によるためである。

脈動水圧試験は、わずかな施工ミスや釘の打抜きなどによる漏水の発見を高めるために、従来の静圧による水圧試験とは別に配管内の圧力を変化させる脈動圧によって漏水試験を実施する方法である。試験にあたっては、配管長さ、管径、空気混入、材質などに注意する必要があり、手順は水圧試験の項に準じる。

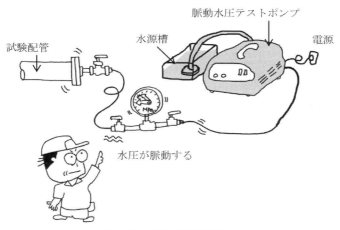

図—13　脈動水圧試験例

【ちょっと一息】
釘の打抜きの注意

マンションの床下（スラブ上）配管等で、床下に暖房配管や給湯配管に銅管や樹脂管等を使用した場合、多くの現場では配管施工後に床仕上げをするので、床仕上げ時に配管の位置を確認せずに、釘などで床材を固定すると、配管に釘を打ち込む恐れがある。

水圧試験をしても配管に打ち込まれた釘は固定状態で動かないので、漏水はせず建物引渡し後に、入居し部屋を使い始めると、当然床の上下微振動により配管

第11話 配管の漏洩・耐圧試験など

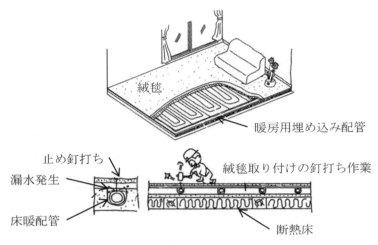

図―14 釘の打抜き

【用語解説】

瑕疵担保（guarantee against defects）および
瑕疵担保責任（guarantee against defect responsibility）

請負契約や売買契約における"瑕疵"に対して買主側から要求のあった場合に売主が負う責任。

図―15 瑕疵担保

に打ち込まれた釘が上下し配管の釘穴から漏水することがある。この漏水事故は、施工者のかし担保責任（用語解説参照）となる。床下配管の位置を床に何らかの方法で表示して、床仕上げをすることが肝要である。

　床下配管で「さや管ヘッダ工法」を採用し、当初さや管を施工し、床仕上げ後にさや管内に配管を施工する工法もある。

【用語解説】

さや管ヘッダ工法（sheathing & manifold piping system）

　主として住宅内の給水・給湯配管に採用されている配管工法。壁の中や床下に予め「さや管」を敷設しておき、後から「樹脂管」などの給水・給湯管を挿入・配管する工法。

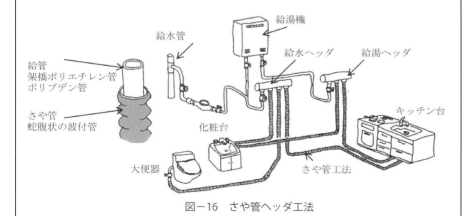

図－16　さや管ヘッダ工法

10. ヘリウムテスト (helium gas test)

　分圧測定法の一種で、質量分析計の原理を利用したものでトレーサガスにヘリウムを使用するリークテストである。現在行われている中で最も高感度で信頼性の高い方法で、さまざまな分野で実施されている。真空ポンプによりヘリウムを吸込み、リーク箇所およびリーク量を検知する方法である。検知ガスとしてヘリウムを用いるのは、大気中の含有率が少なく（5ppm）かつ識別が容易、分子が小さく侵入し易い、不活性、毒性・引火性がないなどの特性があるなどの理由による。

　テスト方法として、真空吹付け法、吸込み法、真空容器法等がある。空調機器の吸収冷凍機リークテストには、真空法が使われている。「真空法吹付け法」を図—17に、そのほかの代表的な方法を表—3および図—18に示す。

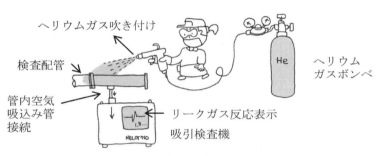

図—17　真空法吹付け法

表—3　代表的なリークテストの比較

リークテスト手法	検査条件	検出対象	検知レベル目安	漏れ箇所の判断
水没法	加圧検査	気体量	$e^{-4} Pa \cdot m^3/sec$	可
水圧法	加圧検査	液体料	$e^{-2} Pa \cdot m^3/sec$	可
石鹸水法	加圧検査	気体量	$e^{-2} Pa \cdot m^3/sec$	可
He吹付け法	真空検査	He分圧	$e^{-11} Pa \cdot m^3/sec$	可
He吸込み法	加圧検査	He分圧	$e^{-7} Pa \cdot m^3/sec$	可
He真空容器法	加圧及び真空検査	He分圧	$e^{-11} Pa \cdot m^3/sec$	不可
加圧放置法	加圧検査	圧力変化	（条件による）	不可
真空放置法	真空検査	圧力変化	（条件による）	不可
ハロゲンガステスト	加圧検査	ガス分圧	$e^{-5} Pa \cdot m^3/sec$	可

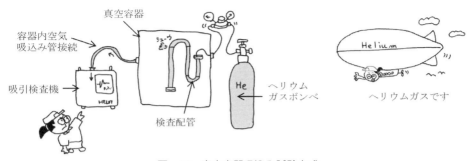

図—18　真空容器吸込み試験方式

【用語解説】

ヘリウム（helium gas）
　記号：He、無色・単原子の気体。大気中には、「5.2×10^{-4}％」ほど含まれるが、ある種のガス井戸からの天然ガスには７％も含まれることもあるという。

11. ハロゲンテスト（halogen gas test）

　この方法は比較的簡便で、安価にでき、かつ可検感度も1.0〜0.1Paと良好なため、広く用いられている。特に大型で複雑な装置のリークテストに最適であるが、定量的なリーク検知には不適である。

　被試験体内部にハロゲンガスを加圧封入し、表面をトレースしリークしてくるハロゲンガスを吸引器で吸い込む。吸い込まれたハロゲンガスはイオン化され、イオン電流が増幅されて電流計の出力となって現れることにより、リークチェックをする（図−19参照）。

　ハロゲンの検出法である「バイルシュタイン試験」は、酸化銅（Ⅱ）がハロゲンを含む物質と反応し、ハロゲン化銅を作るという性質を利用している。ハロゲン化銅が炎の中で揮発すると銅の炎色反応を示す。鋭敏な試験法なので微量のハ

ロゲンが含まれている場合や、酸化銅（Ⅱ）と結合しやすい物質に対しても陽性になる可能性があるので注意を要する。

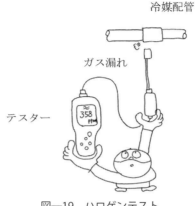

図―19　ハロゲンテスト

【用語解説】

ハロゲンガス（halogen gas）

周期表17族のうちフッ素、塩素、臭素、ヨウ素、アスタチンの5元素の総称。最も典型的な非金属元素で、一価の陰イオンになりやすい。

単体は酸化力があり、水素と激しく反応してハロゲン化水素をつくる。また有機化合物の水素と置換してハロゲン化物をつくる。生物体には必須の元素であるが、多量では有害である。

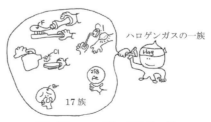

図―20　ハロゲンガスの一族

12. 冷媒配管の気密試験
（airtightness test for refrigerant piping）

　気密（密封）試験は冷凍サイクル（用語解説参照）の3原則の必須条件で、冷媒配管工事が完了したときに、断熱工事の施工前に冷媒配管の全系統にわたって漏れを詳細に調べ気密を確認しておく必要がある。

　本項で対象とする冷媒配管は、以下の（3）での対象を除き、「ビルマルチ空調用の冷媒配管」のことである。

【用語解説】

冷凍サイクル（refrigeration cycle）

　「低温部」から熱をくみ上げ、「高温部」に運ぶため、「作動媒体（冷媒）」を「蒸発」⇒「圧縮」⇒「凝縮」⇒「膨張」⇒「蒸発」の一巡（サイクル）を繰り返させて、「冷凍」を行う「熱力学的」な一巡の過程。

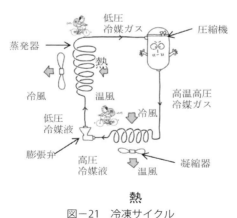

図−21　冷凍サイクル

（1）ビルマルチ空調設備の「リニューアル」と「フロン排出規制法」

　最近では時代の流れと共に、「ビルマルチ空調システム」が、「中小規模のビ

第11話 配管の漏洩・耐圧試験など

ル」から「大規模ビル」にまで広範に採用されるようになってきているのは、周知の事実である。

　しかも、その間約30年の間に、ビルマルチに使用される使用冷媒も、地球環境問題に対処するため、HCFC（R22）⇒混合冷媒：R407A⇒混合冷媒：R410A⇒HFC32（R32）という、「目まぐるしい変化の歴史」をたどってきている。

　先進国では、2020年までにHCFC（R22）を「全廃」する予定である。それに伴い、従来リニューアル用ビルマルチ空調機器に搭載されている冷媒は、「HCFC（R22）」であったが、今後はすべて「R410A冷媒」および「R32冷媒」に限定されるであろう。

　いままでは、「フロン回収・破壊法（平成13年制定）で、「業務用冷凍空調機器（店舗用エアコン・ビル用マルチエアコン・冷凍冷蔵ショーケース等）」の廃棄を行った際に、「冷媒」として使用される「フロン類」の回収と破壊を義務付けてきた。ただし、整備時に回収したフロンの破壊義務も含む。

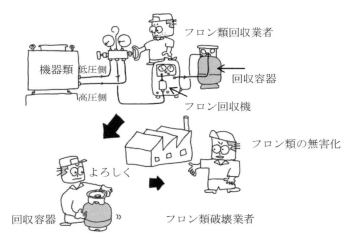

図—22　フロン類の回収と破壊の手順図

　今後は、2015年（平成27）年4月より、「フロン排出規制法」として改正され施行されるが、ビルマルチ設備の「リニューアル施工業者」は、この法律の主旨

をよく理解し、「リニューアル工事」に当らなければならない。
　なお、ここでは「フロン排出規制法」の詳細については割愛させていただく。

【ちょっと一息】
冷媒の種類

　一口に冷媒といっても、①特定冷媒（CFC-11・12・113・114・115など）、②指定フロン（HCFC-22・123など）、③HFC冷媒（HFC22・134aなど）、④混合冷媒（R-410a・407c）などあるが、現在では「地球環境問題」、すなわち「オゾン層破壊係数（ODP）」や「地球温暖化係数（GWP）」の観点から、使用できる冷媒は限られてきている。

　現時点では長期的に使用可能で地球環境に優しい（friendly to the earth）「自然冷媒（NWFs）」が見直されてきている。自然冷媒には、アンモニア（NH_3）・二酸化炭素（CO_2）・炭化水素（プロパン：C_3H_8）・空気・水などがあるが、その中で、代表的な自然冷媒の特性を下表に示す。

表―4　自然冷媒の特性比較

	アンモニア	二酸化炭素	プロパン
化学式	NH_3	CO_2	C_3H_8
冷媒番号	R717	R744	R290
分子量	17.0	44.0	44.1
沸点（℃）	－33.35	78.45（昇華温度）	－42.05
臨界温度（℃）	132.45	31.05	99.67
臨界圧力（MPa）	11.28	7.38	4.25
CDP	0	0	0
GWP	0	1	3
ASHRAE SAFETY GROUP 毒性／可燃性	B2 高毒性／弱燃性	A1 低毒性／不燃性	A3 低毒性／強燃性

（出展：東冷協だより）

（2）新冷媒：R410A・R32冷媒管の気密試験

　実は、旧ビルマルチ機器冷媒：HCFC（R22）の使用試験圧力が、「2.5 MPa」

に対し、R410Aの使用試験圧力は「4.15 MPa」と、約1.66倍にもなっているのである。

　このことから判断しても、また、「ビルマルチ空調システム」がこれほどまで普及している現状に鑑みても、「新冷媒の使用試験圧力」は、別に規定されるべきだと筆者等は考えているが、如何なものであろうか？

　ちなみに、表―2配管圧力試験：国土交通省機械設備工事共通仕様書には、"冷媒配管：窒素・炭酸ガス・乾燥空気による気密試験：法に定める値"とだけしか記載されていない。

　「ビルマルチ用冷媒R410A・R32」については、別枠で特記（明記）すべき時がきているのではないだろうか？

　エアコン用冷媒について最近の現場、施工会社やメーカへ聞き取り調査した結果は下記の通りである。

１）某建築現場（平成28年3月現在）での使用冷媒と気密試験
　使用冷媒：R410A
　気密試験：試験圧力 4.15MPa
加圧した状態で24時間以上放置し、圧力低下がないことを確認する。

２）D社エアコン用の使用冷媒と気密試験
使用冷媒：R32
気密試験：冷凍保安規則による。（D社 施工・サービスマニュアルによる）
　　STEP 1　0.5MPa加圧して5分以上保持し漏れチェック、合格なら次へ
　　　↓
　　STEP 2　1.5MPa加圧して5分以上保持し漏れチェック、合格なら次へ
　　　↓
　　STEP 3　4.0MPa加圧して24時間放置し漏れチェック、合格なら次工程へ

圧力補正：加圧時と圧力降下チェック時の周辺温度に差がある場合は、1℃当たり約0.01MPaの圧力変化があるため補正を行う。
　補正値＝（加圧時の温度―チェック時の温度）×0.01

第11話 配管の漏洩・耐圧試験など

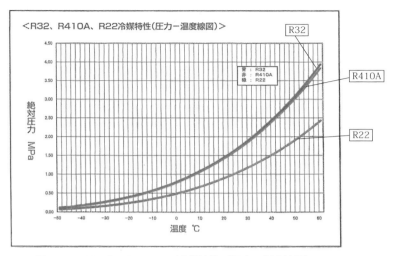

図—23 R32, R410A, R22の冷媒特性（圧力—温度線図）

3）M社エアコン用の使用冷媒と気密試験

使用冷媒：R410A

気密試験：規定圧力まで一度に加圧せず、徐々に加圧する。

STEP 1　0.5MPaで加圧を止めて5分間放置し、圧力低下がないか確認
　↓
STEP 2　1.5MPaで加圧を止めて5分間放置し、圧力低下がないか確認
　↓
STEP 3　その後に機器の設計圧力まで上昇させる（周囲温度と圧力を記録）各機器毎の試験圧力と放置時間が決められている。

圧力降下のチェック：加圧時と圧力降下チェック時の周囲温度に差がある場合は、1℃あたり約0.01MPaあるため補正を行う。

4）T社技術標準・施工要領書の気密試験

使用冷媒：R410A、R407C

気密試験：窒素ガスによる気密試験

　R410A ①0.5MPa 5分以上→②1.5MPa 5分以上→③4.15MPa 8時間以上

第11話 配管の漏洩・耐圧試験など

　　　R407C ①②はR410Aに同じ→③3.2MPa 8時間以上
　周囲温度が1℃変化すると圧力が約0.01MPa（ゲージ圧）変化するので補正する。

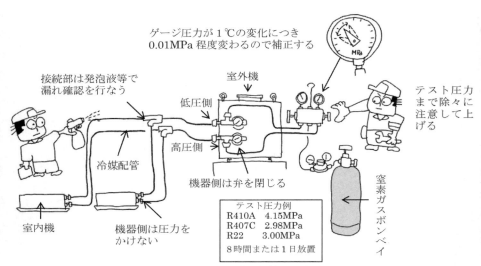

図－24　空調冷媒用銅管の気密試験

（3）冷凍保安規則による気密試験

　参考までに紹介しておくと、「冷凍保安規則」では、気密試験は次のように定められている。

　気密試験（5．耐圧試験の（1）ただし書きの耐圧試験を気体によって行ったものを除く。）は、次の各号による。

①気密試験は、耐圧試験の合格した容器などの組立品並びにこれらを用いた冷媒設備について行うガス圧試験とする。

②気密試験圧力は、設計圧力又は許容圧力のいずれか低い圧力以上の圧力とする。

③気密試験に使用するガスは、空気、窒素、ヘリウム、フルオロカーボン（不活性のものに限る）又は二酸化炭素（アンモニア冷凍設備の気密試験には使用し

ないこと。）を使用すること。塩素系冷媒および酸素・可燃性ガスなどは絶対に使用しないこと。酸素（O_2）を使用して爆発した事例があるので、注意しなければならない。

この場合において空気圧縮機を使用して圧縮空気を供給する場合は、空気の温度を140℃以下にすること。

④気密試験は、被試験品内のガスを気密試験圧力に保った後、水中において、又は外部に発泡液を塗布し、泡の発生の有無により漏れを確かめ、漏れのないことをもって合格とする。ただし、フルオロカーボン（不活性のものに限る）又はヘリウムガスを検知ガスとして使用し試験する場合には、ガス漏洩検知器によって試験することができる。

⑤気密試験に使用する圧力計は、文字板の大きさは175mm以上でその最高目盛りは気密試験圧力の1.25倍以上2倍以下であること。圧力計は、原則として2個以上使用するものとし、加圧空気圧縮機等と被試験品との間に止め弁があるときは、少なくとも1個の圧力計は、止め弁と被試験品との間に取付けること。

⑥全密閉型圧縮機及び容器内蔵されているポンプについては、当該外殻を構成するケーシングについて気密試験を行うものとする。

おわりに

　配管の漏洩・耐圧試験について述べてきたが、以前は実施されていたが、最近の現場ではほとんど実施されていない試験方法もあえて記述してある。建築設備工事に携わる技術者にとって、広く知識を吸収しその中から本当に必要な技術を採用することが必要であると考えたからである。

　故人であるが、排水通気設備のオーソリティと誰もが認める小川誠耳氏は、特に"煙試験"の重要さを説いている。要は、"通水試験に合格しても煙試験を実施すると意外に多くの箇所から煙が漏れて接合不完全箇所を発見する。"からであると・・・。そもそも排水通気設備の重要使命は、下水ガスや悪臭の漏れを完全に防止することにあり、そのために"水封"を利用し配管系を構成している。その完

第11話 配管の漏洩・耐圧試験など

成物を通水しただけで済ますのは、画竜点睛を欠くものである。
　このようにその重要さが分かっていても、技術が伝承されず、安易な方法へ行きがちな傾向に歯止めをかけるのは、建築設備の配管工事の設計・施工・管理の実務に携わる技術者の使命ではなかろうか。

【引用・参考文献】
(1)「ねじ配管施工マニュアル」ねじ施工研究会著、日本工業出版、2013年（平成25年）11月、
(2)「配管・バルブべからず集」安藤紀雄・小岩井隆・瀬谷昌男、JIPMソリューション、2010年（平成22年）4月
(3) 空調衛生設備「試運転調整業務の実務知識」、安藤紀雄・瀬谷昌男・堀尾佐喜夫・水上邦夫、日本工業出版、2014年（平成26年）12月
(4)「マンション設備のトラブルと対策」　給排水設備研究会　オーム社2007年（平成19年）5月
(5)「目でみてわかる配管作業」Visual Books、安藤紀雄・瀬谷昌男・南雲一郎、㈱日刊工業新聞社、2014年（平成26年）8月
(6) 高圧ガス取締法　冷凍保安規則　経済産業省　1997年（平成9年）4月1日
(7) 空気調和・衛生工学便覧第13版「5材料・施工・維持管理篇：第9編施工・第5章配管工事」（社）空気調和・衛生工学会、2001年（平成13年）11月
(8) HFC冷媒（R32）使用製品　施工・サービスマニュアル　ダイキン工業株式会社　2013年（平成25年）9月
(9) 軽金属溶接協会　施工法委員会　軽金属の接合Q＆A（ヘリウムガスリークテスト）
(10) 高砂熱学　技術標準　施工要領書

第12話 建築設備配管の寿命と金属配管腐食

はじめに

　中国の4文字成句の中に、"十全十美"という成句がある。これは"完璧・完全無欠"という意味で、"この世の中に、完全無欠な人など決して存在しない。"ということができる。このことは、「建築設備配管材料」に関してもそのまま該当する。

　すなわち、配管材料に"十全十美"な配管材料は存在しない。第1話で配管材料は、「金属材料」と「非金属材料」に大別されるということ既に述べたが、特に「金属配管材料」に「腐食問題」はつきもので、これは宿命的な運命にある。"さびによる経済損失は看過できないほど莫大であるが、既存の腐食技術を普及・駆使すれば、その1／3程度は節減できる。"と言っている人もいる。

　したがって、ここでは建築設備技術者として当然知悉しておくべき、「金属配管の腐食（corrosion）」について解説することにしたい。

第12話 建築設備配管の寿命と金属配管腐食

1．建築設備の維持管理

まず「金属配管の腐食」の問題にいきなり触れる前に、その前段で取り上げるべき「建築設備の維持管理（maintenance）」の問題について少し触れおきたい。設備の「維持管理」は、「保守管理」とも呼ばれ、今では「メインテナンス」として使用している「JIS Z 8115　デイペンダビィリティ（dependability：信頼性）」の用語である。

維持管理とは、一般に「建築物」や「設備の機能」を維持するために、適切な点検・調整・修繕・正しい運転を実施し、「設備の機能」を最良な状態に保つことである。

（1）保全の種類

維持管理は、単に「保全」と呼ぶこともあるが、「保全」とは設備の修理可能な「機器・設備」に対し、その性能・機能を長期間にわたって、安定して維持す

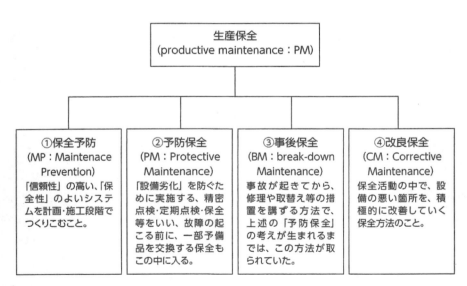

単にPMというと、予防保全ではなく、生産保全を指すケースが多い。なお、最近では、③の事後保全より、②の予防保全（例）を重視する傾向が強くなっている。例：ベアリングの破壊予知システムによる、ベアリングの早期交換など

図—1　保全の種類

るために行う「処置」を施すことであり、それに容易に対応できる「度合い・性質」を「保全性」と呼んでいる。「保全」や「保全性」は、単に「建築設備」にとどまらず、あらゆる設備について、従前より「管理システム」の視点から、また「設備保全」および保全の「各プロセス面」の視点から、「生産保全」といったさまざまな分野で考えられてきた。

　「各種設備」一つのシステムとして捉え、企業として組織的の保全活動を「設備保全」はさておき、「設備生産性」を経済的に実施するために、合理的に保全活動を〈行う「生産保全（PM）」を分類すると、図―1のようになる。

（2）設備機器のバスタブ曲線（故障率曲線）

　近来、建築設備の技術者・維持管理者に、"建築設備の耐用年数は？"と質問すると、ほとんどの人から"15年です。"という答えが返ってくる。

　その根拠は、「法定耐用年数（legal durable years）」、すなわち税法上の固定資産の「原価消却期間（depreciation）」に基づいたものである。

　「寿命（life）」という概念は、小さな部品レベルでは、比較的考えやすいが、「機器寿命」や「設備システム」となると大変複雑になる。部品レベルでは、「物理的な寿命」がそのまま寿命となるが、機能そのものが満足できなくなる「機能寿命」が「物理的機能」より優先する機器もある。設備に使用される産業用機器は、「消耗品（comsumables）」の取換えなどを適切に行えば、15年程度は故障なしに機能を持続するものが多い。

　ちなみに、その機器の故障率（Failure Rate）が時間に対して、どのように変化するかを定性的に示したものが、図―2の「設備機器・材料類のバスタブ曲線（別名：故障率曲線）」である。

　図―2に示すように、使用初期の「初期故障率」は高く、その後故障率が安定し「偶発故障率」となり、長期間使用後漸次増大する「摩耗故障率」となることが分かる。ちなみに、「初期故障期間」は、通常1～2年程度である。

第12話 建築設備配管の寿命と金属配管腐食

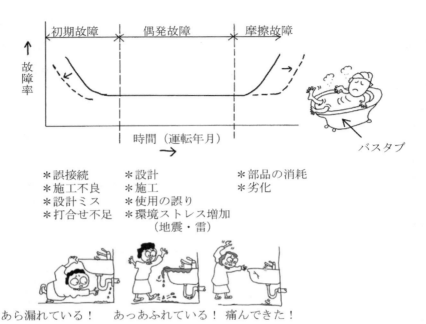

図―2　設備機器・材料類のバスタブ曲線（別名：故障率曲線）

「初期故障」は、機器や設備の中に潜在化している「設計ミス」や「施工ミス（ダクト・配管の誤接続など）」などの様々な不具合が、「設備システム稼働開始」後に顕在化するものである。なお、工事中の「品質管理」の強化や「工場製作（プレハブ化）」の推進などにより「初期故障率」をある程度下げることは可能である。「偶発故障期間」は、通常15年程度である。この故障の原因は、設計・施工段階の場合と誤使用や振動によって設備の「環境ストレス強度」が一時的に高くなる稼働段階の場合があり、この期間内に欠陥が顕在化するものである。

また、「摩耗故障期間」は、一般に機器・設備稼働後15～20年程度と言われている。例えば、ベアリングの摩耗による「振動振幅の増幅」などによって生じる「機器故障」や鋼管・容器の「腐食による漏水」などの「劣化故障」がこれに該当する。なお、「オーバーホール」や「予防保全」によって、この開始期間を遅らせ、設備寿命の「延命化」を図ることが可能である。

（3）設備機器・資材の耐用性と耐用年数

　建築設備は、多種多様な部品で構成され、各備品が有する「物理的な特性」に応じて機器または部位の劣化が進み、最終的には「設備の機能障害」の発生、つまり「故障の発生」という形態をとる。故障の発生は既述の通り、「初期故障（減少型）」・「偶発故障（一定型）」・「摩耗故障（増加型）」といった3つのパターンが基本となる。なお、更新（リニューアル）を実施する要因には、図—3に示すように、設備機器の「物理的要因」だけではなく、「経済的要因」や「社会的要因」の3つが考えられる。しかしながら、一般的には、「物理的劣化」を迎える前に他の2つの要因で設備を更新する場合が少なくない。

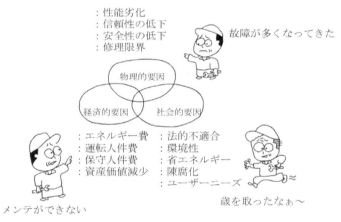

図—3　設備更新（リニューアル）の要因

　建築設備の「物理的耐用年数」は、"機器の性能・機能の劣化が進行し、部位の補修・交換による機能の回復が困難であり、「費用対投資効果（コスト・パフォーマンス）」の観点からしても、継続が不可能になるまでの時間のこと。"である。現在公表されている建築設備の耐用年数に関しては、「機器類」と「配管材料類」があるが、「配管工事読本」という本書の性格上、「配管材料類の耐用年数」についてのみ、参考までに表—1に示しておく。

第12話 建築設備配管の寿命と金属配管腐食

表—1　配管材料類の耐用年数

単位：年

名称		形　式	法定耐用年数①	建築物のライフサイクルコスト②	耐用年数③	BELCA耐用年数④	実使用年数 本体/標準偏差⑤		メーカー目標耐用年数⑥	予防保全耐用年数⑦	事後保全耐用年数⑧
弁類	給水	青銅弁	15	—	10〜15	—	—		—	—	—
		鋳鉄弁（ライニング弁）	15	—	10〜15	—	—		—	—	—
		ステンレス弁	15	—	25〜30	—	—		—	—	—
	給湯	青銅弁（脱亜鉛腐食防止型）	15	—	10〜15	—	—		—	—	—
	排水	青銅弁鋳鉄弁（ライニング弁）	15	—	10〜15	—	—		—	—	—
			—	—	10〜15	—	—		—	—	—
		減圧弁	15	15	—	—	—		—	—	—
		ストレーナ	15	—	—	—	—		—	—	—
		安全弁	15	15	—	—	—		—	—	—
		定水位弁	15	15	—	—	—		—	—	—
給水管		水道用亜鉛めっき鋼管	15	—	10〜15	—	13.0	4.5	—	—	—
		配管用炭素鋼管	15	—	10〜15	—	13.0	4.5	10	(18.1)	(18.1)
		硬質塩化ビニルライニング鋼管(A)	15	—	30	30	—		—	—	—
		硬質塩化ビニルライニング鋼管(B)	15	—	20〜25	30	—		—	—	—
		硬質塩化ビニルライニング鋼管(C)	15	—	15〜20	30	—		—	—	—
		ポリエチレン粉体ライニング鋼管(A)	15	—	30	—	—		—	—	—
		ポリエチレン粉体ライニング鋼管(B)	15	—	20〜25	—	—		—	—	—
		ポリエチレン粉体ライニング鋼管(C)	15	—	15〜20	—	—		—	—	—
		一般配管用ステンレス鋼管	15	—	30〜	30	—		—	—	—
		銅　管	15	—	20〜25	—	19.5	—	—	(20.8)	(20.8)
		架橋ポリエチレン管	15	—	30〜	—	—		—	—	—
		水道用硬質塩化ビニル管	15	—	25	30	—		—	—	—
給湯管		配管用炭素鋼管	15	—	—	12	11.7	4.2	—	(14.9)	(14.9)
		一般配管用ステンレス鋼管	15	—	25〜30	30	—		—	—	—
		銅　管	15	—	20〜25	—	10.8	8.0	—	(18.3)	(18.3)
		耐熱性硬質塩化ビニル管	15	—	20〜25	—	—		—	—	—
		架橋ポリエチレン管	15	—	30〜	—	—		—	—	—
排水管		排水用鋳鉄管	15	—	30〜	30	—		—	—	—
		配管用炭素鋼管	15	—	10〜15	20	17.8	3.6	—	(18.4)	(18.4)
		一般配管用ステンレス鋼管	15	—	25〜30	—	—		—	—	—
		排水用鉛管	15	—	25〜30	—	—		—	—	—
		排水用硬質塩化ビニル管	15	—	20〜25	25	—		—	—	—
		耐火被覆二層管	15	—	20〜25	—	—		—	—	—
		塗覆装鋼管	15	—	20〜25	—	—		—	—	—

①法定耐用年数は、「減価償却資産の耐用年数に関する省令（昭40.3.31大蔵省令第15号）」による。
：財務省（旧大蔵省）が税法上定めたもので、固定資産（流通を目的とせず，長期的に営業の用に供する財産，すなわち土地・家屋・機械などで、建物に固定された機器・配管などが対象）に生ずる減価償却（使用することによる経年的価格の減少）費を算出するためのもので、実際の機器や配管の寿命とは異なる。
：建物（鉄骨・鉄筋コンクリート造又は鉄筋コンクリート造）の耐用年数は50年である。
②建築物のライフサイクルコスト(LCC)は「建築物のライフサイクルコスト」（建築保全センター編集、平成5年10月）の計画更新年数による。
③(社) 日本住宅設備システム協会：住宅設備に関する耐久性総合研究報告書を参考に作成。
④(社) 建築・設備維持推進協会(BELCA)による建物の部材又はシステムの耐用年数とは性能の低下に伴う不安全性、性能劣化による修繕費・エネルギー費の漸増、交換部品の不足、技術的対応不能等の問題を起こさない範囲で通常のメンテナンスによりその機能を発揮できる年数。
⑤設備機器の具体的耐用年数の調査報告書、建築業協会、建築設備部会・建築設備耐久性小委員会による
⑥メーカー目標耐用年数：メーカーの保証期間ではないことに注意する必要がある。
⑦予防保全耐用年数
　ⅰ．日常保全（清掃・給油・増締め等により劣化を防ぐ活動、点検による劣化復元活動）による耐用年数
　ⅱ．定期保全（時間単位で従来の経験から周期を決めて点検する）による耐用年数とオーバーホール型保全（定期的に分解・点検して不良を取り替える）による耐用年数
　ⅲ．予知保全（設備の劣化傾向を設備診断技術によって管理し保全や修理方法を決める）による耐用年数
⑧事後保全耐用年数　　：故障停止または有害な性能低下をきたしてから修理を行う保全方法
　ⅰ．緊急保全（重要度区分において予防保全対象設備が突発的に故障停止したために、口頭連絡で直ちに修理を行う）による耐用年数
　ⅱ．計画事後保全（仮に故障しても代替機により作業の振替がきく場合かあえて故障してから修理する）による耐用年数
　ⅲ．非計画事後保全（予防の概念や経済性の追及もなく、成り行き任せの事後修理）による耐用年数

（4）設備機器・資材の寿命延命化と更新需要

　機器や設備システムでは、通常全体が同時に劣化することはなく、一部の修理によって機能が回復する場合がある。しかしながら、その「修理費用」が全体の「更新費用」に対して大きな割合を占めれば、それは「寿命（life）」と判定することになる。また、故障に伴う「機能停止」の損失は、建物用途によって異なるが大きな損失が予想される「大規模建物」では、故障する前に「予防保全（PM：Protective Maintenance）」として部品・機器の更新が推奨される。

　ちなみに図―4は、この建築設備劣化の概念を示したものである。

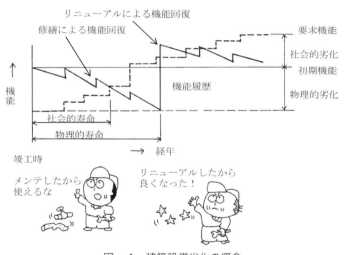

図―4　建築設備劣化の概念

2．金属材料と腐食
（1）配管腐食とは？

　腐食（corrosion）とは、鉄を例にとれば鉄が「酸化（用語解説参照）」することである。腐食とは、一般的にいうと、「金属」と「それを取り巻く環境」との間の「化学的」あるいは「電気化学的」な相互作用のことで、その結果部分的または総体的に金属が「性能」を変えるか、「劣化」を伴うことをいう。

第12話 建築設備配管の寿命と金属配管腐食

【用語解説】

酸化反応（oxidation reaction）と還元反応（reduction reaction）

　金属（metal）が酸素（oxygen）と結びつく場合を「酸化（oxidation）」といい、逆に酸素が奪われる場合を「還元（reduction）」という。換言すれば、鉄は鉄鉱石（iron ore）から「還元」されたものであり、逆に腐食とは鉄が「酸化」されることである。

　しかし、「酸素」が関与しない場合にも、「酸化反応」と「還元反応」が考えられ、「電子の授受反応」に基づいて反応の前後で、「酸化数（原子価）」が増大する場合を「酸化反応」、「原子価」が減少する場合を「還元反応」と判定することができる。

　元来、金属は「結晶粒」・「結晶粒界」・「不純物」などが表面に存在し、その金属に接した「溶液」でも「濃度差」・「温度差」・「すき間の有無」などの「環境差」が存在したときには、金属表面に「局部電池（macro cell）」を構成し、図―5に示すように、「陽極部」から「陰極部」へ溶液を通して電流が流れて「陽極部」が腐食される。これを「湿食」といい、金属が直接腐食性の気体と反応することを「乾食」とよんでいる。一般的には、「湿食現象」が多いのでこれを「腐食」とよぶことが多い。「コロージョン」ともいう（JIS Z 0103）。

第12話 建築設備配管の寿命と金属配管腐食

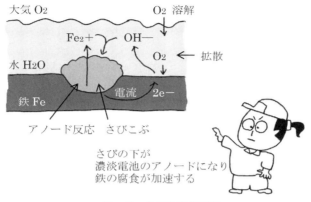

図—5　金属の腐食反応

（2）配管材料と環境

　実際の問題となる配管腐食は、配管材料の種類と使用法（組合せなど）と環境（水質・温度・流速など）の組み合わせで生じる。これは、金属材料が地肌を水中にだしているのは初期だけであって、表面腐食による「生成物（product）」と水中からの「沈殿物質（sediment）」によりカバーされるからである。この被膜がどの程度安定か、またこの被膜が上述の二つの反応：「金属のイオン化傾向（用語解説参照）」と「金属から電子を奪う反応」をどれだけ抑制するかは、「化合物の種類」と「水質」に依存する。

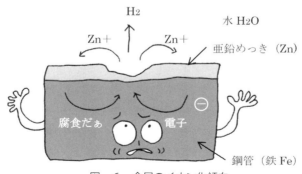

図—6　金属のイオン化傾向

第12話 建築設備配管の寿命と金属配管腐食

【用語解説】

金属のイオン化傾向（metal ionization tendency）

　金属元素の原子には、電子を失って「陽イオン」になりたい性質、すなわち「酸化しやすい性質」があり、ちなみに、イオン化しやすさの度合いを「イオン化傾向」という。金属によってその度合いは異なり、鉄・亜鉛などの腐食しやすい金属（卑な金属）は、「イオン化傾向」が大きく、銅・金などの金属（貴な金属）は「イオン化傾向」が小さい。

　金属を「イオン化傾向」に従って系列化したものを「電位列」または「ガルバニック系列」と呼んでいる。

表—2　金属の標準電極電位（水素基準25℃）

貴卑	金属及びイオン		電位〔V〕	貴卑	金属及びイオン		電位〔V〕
卑 （陽） ↑	リチウム	（Li^+）	−3.05		モリブデン	（Mo^{3+}）	−0.20
	カリウム	（K^+）	−2.93		錫	（Sn^{2+}）	−0.14
	ナトリウム	（Na^+）	−2.71		鉛	（Pb^{2+}）	−0.13
	マグネシウム	（Mg^{2+}）	−2.36		水　素	（H^+）	0.00
	アルミニウム	（Al^{3+}）	−1.66		銅	（Cu^{2+}）	0.34
	マンガン	（Mn^{2+}）	−1.18		銅	（Cu^+）	0.52
	亜　鉛	（Zn^{2+}）	−0.76		水　銀	（Hg^{2+}）	0.79
	クロム	（Cr^{3+}）	−0.74	↓ 貴 （陰）	銀	（Ag^+）	0.80
	鉄	（Fe^{2+}）	−0.44		白　金	（Pt^{2+}）	1.2
	ニッケル	（Ni^{2+}）	−0.25		金	（Au^{3+}）	1.50

　いずれにしても、「腐食」はその腐食の結果の生成物によって腐食が抑制されることが一般的である。このことは、初期の「全面腐食速度」が次第に低下していることによってもわかることである。「ステンレス鋼」や「チタン」のような強固な薄い皮膜が最初から存在する「金属材料」では、「水質（塩化物イオンなど）」と「温度」が腐食を支配する。また、環境中の金属から電子を奪う役目をする「酸化剤（通常は、酸素と残留塩素）」の濃度と「補給速度」が「全面腐食」と「局部腐食」の起こりやすさを決める。水中からの「沈殿物」による被膜

で、最も重要なのは「炭酸カルシウム（$CaCO_3$）」である。この被膜は、金属から電子を奪う反応を妨げる性能の良い被膜で、この被膜生成の可能性は、「ランゲリアの飽和指数（LSI：Langelier Saturation Index）」として知られている。

（3）全面腐食と局部腐食

腐食が配管材料表面全体に進行する腐食を「全面腐食」、一部分だけに生じる腐食を「局部腐食」と呼ぶ。腐食が「全面腐食」のみの場合は、一過性配管の「飲料水」などの配管に使用される場合を除いて、問題になることはない。設計時に「腐食しろ（用語解説参照）」を見込んで肉厚を決定すればいいからである。

【用語解説】

腐食しろ（additional thickness for corrosion and erosion）

配管は、内部流体によって、どうしても管内面に「腐食」や「潰食」が生じる。

「強度検討」を行う場合、「経年変化」による上記現象での「管断面積減少」を考慮する必要がある。この管肉厚の減少を見込んだ分を「腐食しろ」または「腐れしろ」という。

多くの場合問題となるのは、「局部腐食」である。「局部腐食」には「孔食（picthing）」・「潰食（erosion corrosion）」・「すき間腐食（crevice corrosion）」・「応力腐食割れ（stress corrosion）」や「アリの巣状腐食」のような、「狭義の局部腐食」と「異種金属接触腐食（galvanic corrosion）」によって、部分的に腐食が集中する場合とがある。「孔食」・「すき間腐食」・「応力腐食割れ」は、上で述べた金属表面の「被膜」が、「金属のイオン化」を抑制する力が強い場合に発生しやすい。

したがって、ステンレス鋼のような場合には、被膜自体は最初から安定で強固なので、「塩化物イオン」などの、被膜を破壊するイオンが原因の一つになる。
　「銅」や「亜鉛」では、被膜が強固になる化合物を生成するイオン（シリカ（silica）など）が原因の一つになる。
　したがって、「銅」・「亜鉛」などのような「耐食的な材料」では、「局部腐食」に注意して使用すると同時に、共存する「鉄」と「異種金属」の接触腐食にも注意する必要がある。なお、「ステンレス鋼」においては、「すきま腐食」のほうが「孔食」より発生しやすいことが知られている。
　「鉄」は、「常温中性」の建築設備の環境では、水質が同じであれば、「溶存酸素（DO：用語解説参照）」の拡散量で腐食速度が加速される。なお、溶存酸素（DO）の「拡散量」は、「温度」と「流速」によって決まる。これは、「鉄の腐食生成物」に腐食を抑制する力が弱いことによるものである。

【用語解説】
溶存酸素（DO：Dissolved Oxygen）
　水中に溶存する酸素量のことで、水への溶解量は「温度」や「気圧」に左右される。ちなみに、20℃・1気圧における「純水の飽和溶存酸素量」は、8.84mg/lで、温度が低下すると上昇する。「生物の呼吸」や「溶解物質の酸化」などで、消費されるので汚濁した水ほど減少する（JIS K 0102）。

3．配管局部腐食の種類
　ここで今まで頻出している、またこれから頻出する「配管局部腐食現象」について、ここで整理統合して（ただし順不同）ごく簡単に説明しておきたい。
①孔食（pitting corrosion）
　金属表面に局部的に孔状に発生する腐食で、内部に進行する「局部腐食」の一

種である。「点食」ともいう（JIS Z 0103）。

　ちなみに、「孔食電位（pitting potential）」なる用語があるが、「不動態域」に保持されている金属表面に「孔食」が発生し始める最も卑な単位のことで、金属の耐孔食性を表す「特性値」のことである。

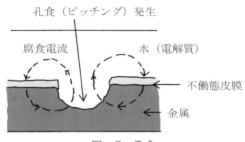
図―7　孔食

②潰食（erosion corrosion）

　比較的速い流れのある場合に材料が受ける局部腐食で、「馬蹄型」の傷損跡を残すのが特徴である。流動する腐食環境、あるいはこれに含まれる「固形物」による「摩耗」と「腐食」が相乗して発生する現象である。

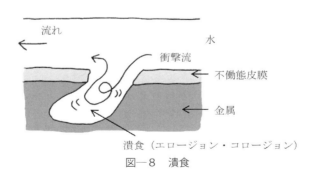
図―8　潰食

③すきま腐食（crevice corrosion）

　金属と金属の構造的な「すき間（crevice：マクロのすき間）」、あるいは金属表面にごみなどが付着した「すき間」に「水溶液」が入り込むと、その「奥部」と「入口部」とに「通気差電池」または「濃淡電池」ができて、奥部が「陽極

第12話 建築設備配管の寿命と金属配管腐食

（アノード）」、入口部が「陰極（カソード）」となって、前者が腐食する現象（JIS Z 0103）。

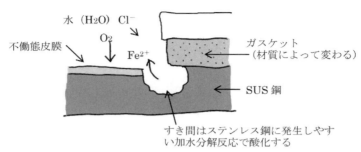

図—9　SUS鋼のすきま腐食のメカニズム

④応力腐食（stress corrosion）

「応力環境」下で、金属に「静的応力」あるいは、加工などによる「残留応力」が加わったときに生じる腐食現象で、多くの場合「応力腐食割れ（SCC：stress corrosion cracking）」を伴う（JIS Z 0103）。

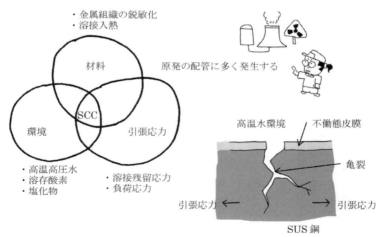

図—10　SUS鋼の応力腐食割れの発生条件

⑤異種金属接触腐食（galvanic corroion）

異種金属に「電気的」に接しているとき「卑な金属」の腐食が促進され、「貴

な金属」の腐食が抑制される現象。「ガルバニックコロージョン」とも呼ばれる（JIS Z 0103）。

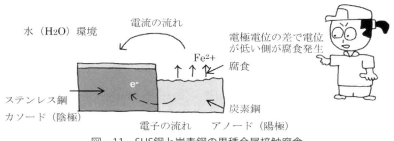

図—11　SUS鋼と炭素鋼の異種金属接触腐食

⑥溝状腐食（groove corrosion）

　配管用炭素鋼管の中で「電縫鋼管」については「溶接部」と「その近傍」だけが熱影響を受けて、母材との間に「金属組織」上の差が生じ、「マクロセル」が形成され、「MnS（硫化マンガン）」が熱影響を受け、選択的に発生する腐食。

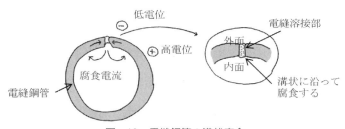

図—12　電縫鋼管の溝状腐食

⑦炭酸腐食（carbonic acid corrosion）

　蒸気配管の「ドレン管」で、二酸化炭素が復水（ドレン）に溶解して、pHを低下させることで、腐食性が高くなる現象。配管用炭素鋼管（SGP）を使用すると2～3年で、配管がボロボロになるので、必ず「SUS管」を使用すること！

第12話 建築設備配管の寿命と金属配管腐食

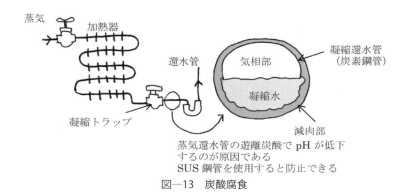

図—13 炭酸腐食

⑧粒界腐食（integranular corrosion）

「結晶粒界」にそって深く浸食され、著しい時は、「結晶粒」が脱落する場合がある。「オーステナイト・ステンレス鋼（例えばSUS304）」では500〜800℃の温度域に加熱されると、いわゆる「鋭敏化組織」となる。すなわち、「結晶粒界」に沿って「クロム炭化物」が析出し、その周囲の「クロム濃度」が低下することになり、「粒界腐食の感受性」が増大する。

⑨亜鉛めっき鋼管の極性逆転腐食（polarity reversal corrosion）

亜鉛めっき鋼管（白ガス管）は、亜鉛（Zn）より貴な金属であるため、通常は「亜鉛の犠牲陽極作用」により素地の鋼を防食する。

しかし、「亜鉛めっき層表面」に特定の被膜を生成し電位を貴化させることにより、ついには電位が逆転し「素地の鋼」を腐食させる。

ボルト穴状の孔食を示し空調用冷却水配管などで生じることがある。

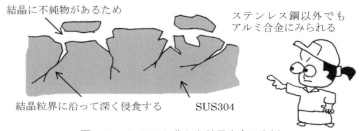

図—14　SUS304に生じた粒界腐食の事例

⑩塗装膜下腐食（under coating corrosion）
　「塗装鋼」の腐食は、水分（水蒸気）および酸素が「塗膜」を通過して、素地の鋼上で「局部電池」を形成して腐食が進行する。「塗膜」を通しての「水分透過」は「酸素の透過」より容易である。
⑪擦過腐食（fretting corrosion）
　「腐食」と「疲労摩耗」が重複して起こる現象。大きな力で押しつけられた金属の両面が相対的にわずかな「摩擦運動」によって、凝着脱離を繰り返して損耗する損傷形態で摺動腐食・腐食摩耗とも呼ばれる。
⑫硫酸露点腐食（sulfuric acid dew point corrosion）
　重油などの「化石燃料」に含まれる硫黄（S）が燃焼して「亜硫酸ガス（SO_2）」およびSO_3を生成し、水分の存在によって「硫酸（H_2SO_4）」となって結露し発生する腐食。硫酸が結露しうる最高温度は「硫酸露点」と呼ばれる。
⑬脱亜鉛腐食（dezinccification）
　合金中の特定成分のみが、腐食によって「選択的」に失われる「局部腐食」で「選択腐食」の一種でバルブ弁棒・弁座などにしばしば生じる。「黄銅の脱亜鉛腐食」は、その代表的な例である。「脱亜鉛腐食」を生じた黄銅表面は、白色の腐食生成物を取り除くと、「スポンジ状」で銅の赤色を呈する。

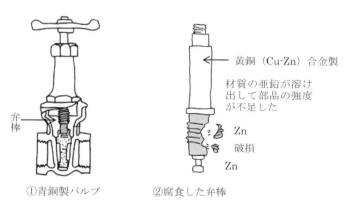

図—15　脱亜鉛腐食のタイプ

第12話 建築設備配管の寿命と金属配管腐食

⑭バクテリア腐食（bacterial corrosion）

　微生物腐食の一種。土中や水中に生息する「バクテリア」によって促進される腐食。「バクテリア」の代謝および生成物によって生じる腐食で、バクテリア自身が金属を侵食するわけではない。

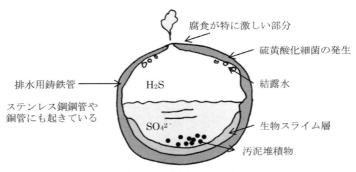

図―16　バクテリア腐食

⑮微生物誘起腐食（MIC：microbially induced corrosion）

　近年、「ステンレス鋼」や「銅」などが微生物の影響によって、孔食をはじめとする「局部腐食」があきらかになっている。「海水」および「淡水」中で生じ、特に「ステンレス鋼」では溶接部に生じることが多い。

⑯アルカリ金属腐食（alkaline corrosion）

　アルミニウム・亜鉛・鉛など「両性金属」は「アルカリ性領域」で腐食する．中でも「アルミニウム」は、最も「アルカリ腐食感受性」が高い。

⑰黒鉛化腐食（graphitic corrosion）

　主に、「ねずみ鋳鉄」に生じる「脱成分腐食」の一種。「マトリックス」の鉄が優先的に侵食され、残存する黒鉛が骨格を形成して「腐食生成物」が間隙に固着する腐食現象。

⑱電食（stray current corrosion）

　本来は、「迷走電流腐食」のことをいい、「直流電鉄軌道」から流れ出た電流が近くの土中の埋設管に流入し、変電所の近くで再び「環境側」に流出する部分で、著しく腐食を受ける現象。

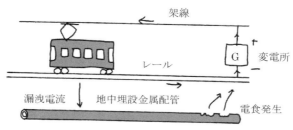

図—17　迷走電流による埋設管の腐食

⑲金属疲労腐食（metal fatigue corrosion）

　金属材料は、空気中で「繰り返し応力」を受けると、強度が低下する。大気中では、応力を低下していくと破断しなくなる「耐久限度」を有するが（SN曲線）、「腐食環境」では「耐久限度」がなくなり、疲労強度が繰り返し数とともに低下する現象を「疲労腐食」と呼んでいる。

⑳蟻の巣状腐食

　「冷凍空調用銅管」や「伸銅品」は、「トリクロエタン」や「トリクロルエチレン」などの「塩素系有機溶剤」で洗浄した場合、乾燥が十分でなかったり、保存状態が悪く水分が残存していると「加水分解」を生じて「有機酸」を発生し、「蟻の巣状」の異常腐食を生じることがある。

図—18　銅管に発生した蟻の巣状腐食

4．配管腐食の実態

　配管は、自然な腐食（均一全面腐食）のみであれば、鋼管（SGP）でも、25年以上の寿命を保っている。ところが、実際には竣工後1〜7年程度で「穴あき（ピ

第12話 建築設備配管の寿命と金属配管腐食

ンホール）」などが生じ、漏水事故が発生する建物も少なくない。

（1）用途別配管の腐食発生傾向

　配管の用途別トラブル例を示したものが、図—19である。この図から給水配管では40％、給湯配管では、33％、冷温水配管では16％、冷却水配管では10％の「配管腐食トラブル」が発生していることが分かる。腐食障害のあった建物のうち、何割かは15年の耐用年数を待たずに取り替えられていると考えられる。

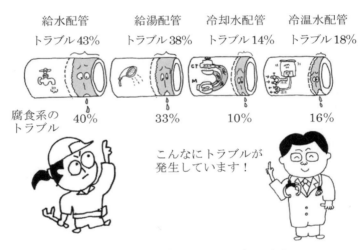

図—19　建築設備配管ごとのトラブル発生率

【用語解説】

赤水（rusty water）

　鋼管や塩ビライニング鋼管の管端から溶出した鉄分が「水酸化第二鉄」になって水が赤くなる現象。朝の水道の使い始めに顕著に赤色を呈するが、水の使用量が多い時は気づきにくい。

第12話 建築設備配管の寿命と金属配管腐食

　給水管の流体は、清水で温度は常温であるが、常に「溶存酸素（DO）の飽和水」の水である。1965年（昭和40年）頃までは、給水管として「亜鉛めっき鋼管（白ガス管）」が使用されていた。その後「塩化ビニルライニング鋼管（PVC lining steel pipe）」が使われ始められるが、「管端部」の鉄部が露出しているので、「白ガス管」使用の場合と同様に「赤水（用語解説参照）」が発生した。

　給湯管は、給水管と同じ水質の水を加熱して使用するから、配管の「腐食性」はさらに高くなる。

　にもかかわらず、配管腐食トラブルの割合が、給水管のそれより低いのは、給湯管には銅管などの「耐食性管材」が使用されているからだと推測できる。

　冷温水配管の腐食トラブルが低いのは、一般的な建物の冷温水配管系は「密閉循環系配管」で、かつ「溶存酸素」のレベルが腐食によって下がること、一過性流体の溶存酸素の多い水を扱う「給水配管・給湯配管」に比べ、比較的脱気された水を扱うことに起因すると考えられる。換言すると、冷温水系配管では管内の酸素が減ることで、配管腐食が抑制され漏水にいたる事故例が少ないともいえる。

　また、「蓄熱槽」や「クッションタンク」を採用している「開放型の冷温水系配管」では、溶存酸素も飽和状態であるから、「密閉系冷温水配管」とは腐食環境がまったく異なると考える必要がある。

　一方冷却水は、溶存酸素が飽和状態で循環しているにもかかわらず低い割合となっており、しかも使用される配管材料も「亜鉛めっき鋼管（白ガス管）」がほとんどである。この理由は、冷却水の濃縮による金属表面の「炭酸カルシウム被膜」の生成にある。冷却水は、「ばっ気」による過飽和の「遊離炭酸」の追い出しと「Mアルカリ成分（炭酸イオン）」の濃縮による「pH上昇」と、カルシウムイオンの濃縮により炭酸カルシウムが金属表面に沈殿する傾向：ランゲリア指数（用語解説参照）が大きくなるからである。このため、冷却水配管に白ガス管を使用しても腐食しにくくなっている。最近では大気汚染もすくなくなり、冷却水配管の腐食は鋼管では発生しにくくなっている。

第12話 建築設備配管の寿命と金属配管腐食

【用語解説】

ランゲリア指数(LSI:Langelier Saturation Index)

炭酸カルシウム・スケールが「析出傾向」にあるか、「溶解傾向」にあるかを判定する式を導く指数。単に「飽和指数(SI:Saturation Index)」とも呼ばれ、「腐食性」の判定としても用いられる「水処理」の重要な概念である。ドイツの化学者ランゲリア(Langelier, 1934年)による。

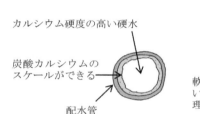

図-20 ランゲリア指数

(2) 設備配管の腐食問題の見どころ・勘どころ

表—3は、用途別建築設備配管の腐食問題事例のうち、発生頻度が高く、かつ極めて短期間に発生する事例を示したものである。

「給水管」では、塩化ビニル鋼管の「切断端面」の腐食である。これは、弁・継手・水栓などの「銅合金製部品」との「異種金属部品」で接触している場合に加速され、赤水・さび詰まり・漏水の原因となる。

たとえ「管端防食継手」を使用していたとしても、「ねじ切り」などの品質管理ができていないと、水質によっては竣工後短期間で「赤水」が発生する。「埋設給水管」は鉄筋との「マクロセル腐食」で竣工後短期間で漏水する場合もある。

第12話 建築設備配管の寿命と金属配管腐食

表−3 用途別建築設備配管の腐食問題事例

	腐食名称
給水	鋼質塩化ビニルライニング鋼管の腐食 地中埋設管のマクロセル腐食 埋設ステンレス鋼管の腐食 電縫鋼管の腐食 異種金属接触腐食 赤　水 青　水 塩化ビニルライニング鋼管の腐食
給湯	銅管の2型孔食 異種金属接触腐食 保温材下のステンレス鋼の割れ 赤　水 潰　食 SCC（応力腐食割れ） 黄銅脱亜鉛腐食 電気防食による腐食
消火	地中埋設管のマクロセル腐食 コンクリート水槽マクロセル
排水	硫酸塩還元菌による腐食
冷温水	異種金属接触腐食 亜鉛めっき鋼管の孔食 コンクリート水槽マクロセル 保温材下の鋼管（黒管・白管）の腐食
空調機	アリの巣状腐食 銅冷水1型孔食
冷却水	塩酸系の薬剤による腐食 冷凍機の銅コイル腐食 大気汚染ガス吸収による腐食
蒸気	蒸気銅コイルの腐食 蒸気のドレン管腐食
ボイラ	ボイラの腐食（亜硫酸ソーダ） 硫酸露点腐食

　一方、「給湯管」では、銅管の「潰食」と「孔食」である。「潰食」は返湯管のエルボ部などの付近に生じ、流速が速く24時間循環することによって生じる。「孔食」の場合は、「硫酸イオン」・「残留塩素」・「シリカ」など水質によって生じる。

　次に「ステンレス鋼材料」は、保温材に水が浸入することにより、保温材の下での「応力腐食割れ」が生じる。また、「消火配管」では「埋設配管」が鉄筋コンクリートの「マクロセル」によって、4〜7年程度で漏水にいたることが多い。

第12話 建築設備配管の寿命と金属配管腐食

「排水管」では、「硫酸還元菌」により「硫化水素（H_2S）」が発生して「気相部」で「硫酸」になり鉄を溶解させる。「厨房排水管」にこの事例が多いが、ホテルなど「厨房排水処理施設（用語解説参照）」で発生した「硫化水素」が配管に侵入してこの腐食を発生する場合もある。

「冷温水管」では、「電縫管」の「溝状腐食（図－12参照）」と鋼管の「異種金属腐食」がおこる。また「亜鉛めっき鋼管」のpH上昇による「孔食」にも注意が必要である。水の侵入した保温材の下での短期間の外部腐食による漏水も発生する。「開放系配管」では、水槽中の「フート弁」の鉄筋との「マクロセル腐食」が発生する。

空調機やファンコイルユニットでは、「アルミフィン」の腐食や「開放冷温水系」で「銅コイル」の孔食が発生する。雰囲気中に有機物の分解した「酢酸（CH_3COOH）」や「ぎ酸（$HCOOH$）」のただよう環境では、銅コイルに「アリの巣状腐食」が発生し、「冷媒ガス」が抜ける場合がある。「冷却水」では、「塩酸系の薬剤洗浄」による腐食や冷凍機のコンデンサ銅管に腐食が発生する。環境中から「SOx」や「NOx」を吸収する場合には、pH低下により短期間で漏水が発生する。ボイラは「脱酸材」である「亜硫酸ソーダ」の濃度管理などが適切でないと、各部に腐食が発生する。また、煙道では「硫酸露点腐食」が発生する。

【用語解説】

厨房排水処理施設（kitchen wastewater treatment plant）

厨房設備から排出される排水の処理施設。厨房排水は、水温が高くBOD・COD・SS・ヘキサン抽出物質含有量などが高く「腐敗性（septic）」が高いため、配管を単独系統とすることが望ましい。

また、油脂類を多く含むため、配管の保護や処理施設の処理負荷を軽減する目的で、油脂類を多量に排出する設備の近くに「グリース阻集器」を設置し頻繁に清掃を行う方法がある。

5．各種の腐食対策

　ここまで、様々な腐食現象について紹介してきたが、ここでは各種の防食対策について述べることにする。一口に「配管防食対策」といっても、種々の配管材料・腐食環境との組み合わせにより多種多様な選択肢がある。最適な対策は、その対策コスト（イニシャルコスト／ランニングコスト）、対策効果の信頼性、管理体制、障害時の損失、環境への評価（LCA：用語解説参照）などを勘案して決定すべきである。なお、個々の事例については、名著参考文献（4）を参照されたい。

①配管材料選択

　最適配管材料を選択することが「腐食対策」の基本である。その環境で「所期の寿命」を確実に全うできる配管材料を設計段階・施工段階で選択する。

　また、配管材料の選択に当たっては、主配管材料と継手・バルブなどの「付属部品材料」との組み合わせ（相性？）に留意する必要がある。

　例えば、主材料を「耐食的な材料（銅・ステンレス鋼など）」にすると「全面腐食」は回避できるが、代わって「孔食」などの「局部腐食」が発生することに注意する。

②有機被覆

　ちょっと耳慣れない用語であるが、「配管材料」と「腐食環境」の間に、「遮

【用語解説】
ライフ・サイクル・アセスメント（LCA）
　「もの」が生産され最終的に廃棄されるまでに、「環境に与える負荷」を総合的に評価しようとする考え方。「環境影響評価法」としては、自然な発想であるが、多くの「環境要素」の総合的影響をどのようにとらえていくか課題は多い。

第12話 建築設備配管の寿命と金属配管腐食

断膜（barrier）」を形成して、腐食を防ぐ方法である。配管材料の「寿命」は、膜の「寿命」で決まると言っても過言ではない。また、「有機被覆材」は、金属とは強度が大きく異なることと「温度」や「紫外線」、「酸化剤（オゾン・残留塩素）」によって劣化することを考慮する。配管更生法（パイプライニング工法）は、既存の配管のさびを除去し、「有機被膜」を形成させる方法である。外観から見えない部分の「膜厚」や「欠陥」のないことを確認することが大切である。

「塩ビライニング鋼管」の「ライニング」や「管端コア」では、配管切断時の「切り粉」や「ねじ切りの精度」など、施工上の注意が必要である。

③絶縁

ここで言う「絶縁（insulation）」とは、「腐食電池」の両極を切り離すための方法。ちなみに、「絶縁」には材料の組み合わせによる腐食（異種金属接触腐食）を防ぐための「絶縁」と鉄筋コンクリート（RC）中の「鉄筋」と埋設配管による「マクロセル腐食」を防ぐための「絶縁」がある。施工後の「電気的絶縁」の確認が重要である。

④鋼管犠牲陽極

埋設管の「マクロセル腐食」を防止するために、「鉄筋からの電流」を配管以外の場所から「地中」に逃がす方法である。

⑤脱気泡

温度や圧力に大きな変化のある循環配管系では、水中の「溶存ガス」が溶解したり「気泡」になったり変化し、気泡になって「金属表面」に付着すると大きな「酸化力」を持つ。これを除くための装置である。

⑥脱酸素

pH5以上の水中の腐食は、「酸素」がなければほとんどなくなる。この方法は腐食の種類に関係なく応用できる。現在では「脱酸素膜」による「脱気」が主流である。「膜の汚れ」や「寿命」と「装置コスト」が問題なければ確実な方法である。

⑦アルカリ剤投入

　「pHの改善」や「炭酸カルシウム被膜」の形成による腐食対策で、水道や給水に用いられている「消石灰注入法」は、「炭酸カルシウム」の被膜で防食する方法である。「石灰石浸漬法」は、「炭酸カルシウム被膜」が平衡する条件に水質を近づける方法である。「か性ソーダ」を入れて「pHの改善」をする場合にはpHを上げすぎないようにしないと「孔食」を発生するので注意が必要である。蒸気還水管の防食に用いられる「中性アミン」は、蒸気ドレンのpHを上げて防食する方法。

⑧インヒビタ

　「インヒビタ」は、腐食を抑制する薬剤の総称であるが、その作用機構は四つに大別される。

◇キレート剤：給水・給湯の「防せい剤」に用いられ、「金属イオン」と「化合物」を形成し、「水酸化物」としてさび形成することを妨げるものである。厳密には「インヒビタ」ではないが、濃度によっては腐食を抑制する。

◇沈殿被膜型：金属表面に「絶縁性の高い被膜」を形成するもので、効果は完全ではないが、「局部腐食」を起こす心配がなく使いやすい。

◇吸着被膜型：清水中では効果が確実で、「銅の防食」に実用化されている。

◇不動態（用語解説参照）型インヒビタ：効果は著しいが濃度が不足すると「孔食」の発生原因となり、かえって腐食を大きくするので、管理が完全に実施できるという条件の元での採用が薦められる。

⑨電気防食

　「腐食電流」を電気の力で流れなくする、原理的に確実な防食法である。「ステンレス鋼製水槽」や「硬質塩化ビニルライニング鋼管」の「管端防食用」に使用される「外部電源方式」と埋設管に用いられる「マグネシウム」を使用した「流電陽極方式」がある。なお、特別な場合では「迷走電流」を利用した「選択排流方式」も用いられている。

⑩その他の物理的防食法：磁気式・電気式・電子式・セラミック式などの方式が腐食防止に用いられている。これらの「作用機構」は明らかではないが、水

【用語解説】

不動態（passive state）

標準電位列で「卑な金属」が本来の活性を失って、「貴な金属」のような挙動を示す状態。「不動態化」は、金属表面にごく薄い「酸化被膜」の形成によってもたらされ、ステンレス鋼・アルミニウム・チタンなどの「有用な耐食性」の根底となっている（JIS Z 0193）。

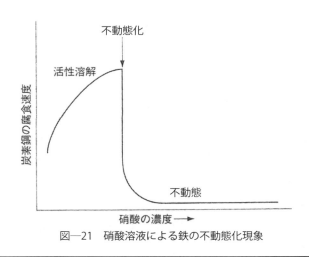

図—21　硝酸溶液による鉄の不動態化現象

中の「コロイドの安定性」などへの影響が研究されている。

ただし、これらの採用にあたっては「検収条件」を明確にしておく必要がある。

以上を「防食法と配管用途の主な実績」として、一覧化したものが表—4である。

表-4 防食法と配管用途の主な実績

防食法	給水	給湯	貯湯槽	内面 密閉冷温水	内面 開放冷温水	冷却水	蒸気還り管	排水管	備　考
材料選択	○	○	○	○	○	○	○	○	ライニング管，耐食金属
有機被覆	○	○							
絶　縁	○	○	○	○	○				
脱気泡		○		○					温度圧力変化のある循環系
脱酸素		○		○					
アルカリ剤(pH, Ca)	○								
インヒビタ	○	○		○		○	○		管理重要
電気防食	○		○						
弱アニオン交換樹脂処理					○	○			塩化物・硫酸イオン除去
その他物理的防食装置	○				○	○			作用機構不明

6．空気中における腐食とその対策
(1) 空気中における腐食概論

　　空気中における腐食は、「水」がなくても起こるように見えるが、500℃以上の高温である場合を除いて、「水の存在」が不可欠である。しかるに、「水の供給元」は、「雨」と「空気中の水蒸気」である。「雨」が水を供給するのは当然のことであるが、「水蒸気」が金属表面に供給するのは、「結露現象（vapor condensation）」がある条件下だけで発生することを想起するとよい。屋外に置かれた金属は天空の「放射冷却」で冷やされた「相対湿度」の高くなる朝方に「結露」を生じる。

　　しかし、これ以外の場合にも、空気中から水が金属表面に供給される。一つは、さびの中の「毛細管」の中では「飽和蒸気圧」が「自由大気中」よりも下がって、空気中より低い湿度で「結露」を生じる現象である。もう一つの場合は、海水中に含まれる「塩化マグネシウム（$MgCl_2$）」の潮解性（deliquescence）によるもので、きわめて低い湿度でも湿気を吸収して溶解する。

　　空気中の腐食で考えなければいけない要因は、「汚染物質（contamination matters）」である。海の近くでは「食塩」に含まれる「塩化物イオン」、工場の近くでは煙突からの排気ガスに含まれる「いおう酸化物（SOx）」や「窒素酸化物（NOx）」、都市部では自動車の排気ガスに含まれる「窒素酸化物

第12話 建築設備配管の寿命と金属配管腐食

【用語解説】

PM2.5 問題

　PM2.5とは、「微粒子状物質」で、粒径：2.5μm（2.5mmの1000分の1）以下の粒子のことである。現在中国の北京などでは「PM2.5」という、「大気汚染」の被害に見舞われてり深刻な社会問題となっている。その原因の主たるものは、北京近郊の工場群からの排煙・自動車の排気ガス・黄砂などと言われている。

図－22　PM2.5

（NOx）」である。

　これらの汚染物質が、金属表面の「結露水」や「さび」や「付着物」にとり込まれることである。これらの物質は、雨で洗い流されない限り「金属表面」に残る。それだけでなく「結露水」は乾燥する過程で濃度が著しく悪くなる。したがって、空気中の方が水中より腐食にとってやさしい環境であるとは必ずしもいえないのである。

　さらに、空気中の腐食は、水の薄膜中で発生するため、水中よりも「酸素拡散量」が多くなり、より強い「腐食環境」になる場合がある。空気中で「水膜」が常時存在するわけではないので、「腐食反応」が起こっている時間は、表面に水

膜がある時間に限られる。

この時間を「ぬれ時間」と呼び、空気中の腐食量はこの「ぬれ時間」と「汚染物質の量」に比例すると考えられる。

ちなみに、「ステンレス鋼板」を大気中にばく露すると、雨の当たる「上面」より「下面」の腐食量が大きいことが知られている。ステンレス鋼の「孔食」のような「局所腐食」は、その成長に連続性が必要なため、「さび」が発生して美観を損なうことがあっても、10年経過しても「貫通孔」が発生することは特殊な場合に限られている。

その他、空気中の腐食事例で知られているのは、「アルミニウムの糸状腐食」と「銅のアリの巣状腐食」である。「糸状腐食」は美観を損なうだけであるが、「アリの巣状腐食」は、目に見えない「貫通孔」を生成する。ちなみに、「アリの巣状腐食」は、酢を扱う寿司屋や「オイルミスト」のある工場や漢方薬の倉庫など、空気中に「ぎ酸（HCOOH）」や「酢酸（エタン酸：CH_3COOH）」が含まれる環境で発生することが知られている。

（2）空気中腐食の対策方法

上記に対策として、もっともよく知られているのは「塗装（painting）」である。

塗装にも様々なグレードがある。「さび止め塗装」には「鉛系の顔料」を配合した「油性」や「フタル酸系樹脂」があり、「微アルカリ性」と「金属石けんによる被膜」をつくることで、さびを止める。

また、「下塗り」に「亜鉛粉末」を多量に配合した有機または無機の「ジンクリッチペイント（用語解説参照）」と「上塗り」に「エポキシ樹脂系塗料」を用いて、亜鉛の「犠牲防食作用」と樹脂の「環境遮断性」で防食するのが一般的な塗装である。

第12話 建築設備配管の寿命と金属配管腐食

【用語解説】

ジンクリッチペイント（zinc-rich paint）

「高濃度亜鉛末塗料」と呼ばれ、乾燥塗膜中に重量比：80～95％程度の「金属亜鉛末」を含んでいる。「金属亜鉛粒子」が直接接触しあって「電気伝導性」を示す塗膜を形成、「亜鉛めっき」と同じ「さび止め効果」を発揮する。別名：ジンクリッチプライマーとも呼ばれる。

図−23　プライマー塗装

さらに、厳しい腐食環境に対しては、エポキシ・タールエポキシ・ウレタン樹脂を厚くぬって、「絶縁抵抗」の高い塗膜を形成し、「環境の遮断性能」を長期に保持する「防食塗装」が採用される。

塗装と並んで採用されるのが、「めっき」である。一般には「亜鉛めっき」が用いられることが多い。亜鉛めっきには、「電気亜鉛めっき」と「溶融亜鉛めっき（通称：ドブ漬けめっき）」の2種類があり、「海塩環境」では、「溶融亜鉛めっき（図—24）」のほうが「耐食性」に優れている。これは「亜鉛」と「鉄」の間に高温で生成された「亜鉛と鉄の合金層」によるものであると言われている。

図—24 溶融亜鉛めっき（通称：ドブ漬けめっき）

　「塗装」にしても「めっき」にしても注意しなければならないのは、「折曲げ部」と「切断端面」である。「折曲げ部」では、塗装・めっきの「追従性」、端面では下地の金属が露出するからである。
　ちなみに、「ACMセンサ」と呼ばれる「腐食モニタリング用センサ」が実用化されており、「ぬれ時間」や「腐食速度」や「海塩付着量」をリアルタイムで、モニタリングすることが可能になっているとか・・・。

7．水中における腐食とその対策
（1）水中における腐食概論
　原点にもどるが、腐食（corrosion）とは、"金属の母材（base metal）から「金属原子」が「金属イオン」となって、離脱する化学反応"である。
　この反応が、目に見える「腐食損傷」となるためには、おびただしい数の「金属イオン」が生成されなければならない。この時母材に残された「負の電荷（電子）」を水中に持ち出す反応が起こる。
　中性の淡水中では、「溶存酸素（DO）」と「水」と「母材」の電子が反応して、「水酸化物イオン」になる反応がこれに該当する。金属の表面が均一であれば、これらの反応は全面で均一に起こり、「腐食しろ」を考慮して設計すればあまり問題にはならない。現実には種々の原因で、これらの反応の起こる場所に偏りが生じるので問題を引き起こすことになる。最も理解しやすく、現実に腐食障害を起こすのが「異種金属」の接触による腐食である。例として、「鉄」と

第12話 建築設備配管の寿命と金属配管腐食

「銅」を電気的に接続すれば、鉄の表面では鉄が「鉄イオン」になる反応が主となり、銅の表面では、「酸素」と「水」が銅から「電子」を奪って「水酸化物イオン」になる反応が主となる。

同じ金属表面でも、「酸素の拡散量」が多い場所と少ない場所があれば、同じように「反応の偏り」が生じる。この反応を、図—25に示すように、「酸素濃淡電池（通気差電池）」と呼ぶ。

水槽の「きっ水面」や「さびこぶ」の下で腐食を発生させる。

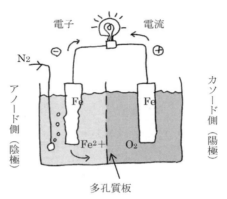

図—25 鉄の酸素濃淡電池による腐食電流

全面的な腐食速度は、「pH」と水中からの「炭酸カルシウム（$CaCO_3$）」の「沈殿被膜の生成傾向」によって大きな影響を受ける。「pH」は金属がイオンとして溶解した後の「水酸化物（さび）」として沈殿する傾向に影響を与える。表面にさびが沈着すると「酸素拡散」の障壁となり、腐食速度を小さくする。

「pH」が低い場合には、この沈殿ができにくく大きな腐食速度が維持される。水中の炭酸カルシウムの飽和傾向は、既述の「ランゲリア指数（Langelier index）」と呼ばれる指数で知ることができる。この値が正（＋）で大きい程、腐食しがたいことが知られている。これは金属の表面に生成された「炭酸カルシウム」が「酸素拡散」の障壁となっているからである。

「銅」や「ステンレス鋼」などの「耐食金属」は孔食などの「局部腐食」が発

生し、これには「残留塩素（residual chlorine）」や「硫酸イオン・塩化物イオン」などの水質が大きな影響を与えることが知られている。

（2）水中腐食の対策方法

まず最初に「水中腐食の対策方法とその配管用途」を表―5に示すが、上述の腐食の二つの反応ののうち、どちらか一方を抑制することが腐食対策になる。その基本は、その腐食環境を予測し、腐食しない配管材料を選定することである。耐食性の高い金属を採用することが不経済な場合には、「有機材料」で被覆することが良い場合もある。

表― 5　水中腐食の対策方法とその配管用途

防食法	埋設管外面	給水	給水(赤水防止)	給湯	貯湯槽	密閉冷温水	開放冷温水	冷却水	蒸気還り管	排水管	備考
・材料選択	○	○	○	○	○	○	○	○	○	○	ライニング鋼管，耐食金属
・有機被覆											
パイプライニング工法		○	○	○							施工の完全さ，膜厚
管端防食継手		○									施工管理の完全さ
・絶縁											
絶縁継手	○	○		○		○	○				異種金属，マクロセル
鋼管犠牲陽極(埋設)	○										埋設ライニング鋼管専用
・脱気泡						○		○			温度圧力変化のある循環系
・脱酸素											
膜式脱酸素						○					清水用，膜寿命
その他						○	○				
・アルカリ剤(pH, Ca)											
消石灰注入		○	○				○				ランゲリア指数改善
石灰石浸漬							○				開放蓄熱槽用
中和性アミン									○		Mアルカリ・投入量管理
・インヒビタ											管理重量
キレート		○	○	○							厚生省給水用防せい剤，色消し
沈殿皮膜							○	○			使いやすい，スケール注意
吸着皮膜								○			中和と併用
不動態						○	○				維持濃度管理，微生物
・電気防食											
水槽					○						滞留によるpH低下，SUS 444は電気防食不可
埋設管	○										
・弱アニオン交換樹脂処理							○	○			塩化物・硫酸イオン除去
・その他物理的防食装置		○				○	○				作用機構不明

また、配管材料の組み合わせにも注意し、腐食の「電池回路」を遮断するなどの対策により、「異種金属接触腐食」を防止する。また、「脱気泡装置」の設置

で実用の寿命が得られる場合もある。「脱酸素装置」は、既述の「中性の水環境」におけるほとんどの腐食に対して有効な腐食対策となる。「アルカリ剤」や「インヒビタ」の注入は、「環境」と「配管材料」にあったものを選択できれば有効な防食となる。

「電気防食」は、水環境におけるほとんどの腐食に対して有効である。ただし、一部のステンレス鋼に対して「割れの原因」となったり、滞留した水系では「pH」の低下に注意する必要がある。最近水中の「塩化物イオン」や「硫酸イオン」だけを除去する「水処理（water treatment）」も実用化されている。

腐食対策は、個々の場合に応じて適切に選択することが肝要である。評価する要因としては、設定された配管寿命はいうまでもないが、①コスト（イニシャルコスト・ランニングコスト）、②効果の確実性、③事故があった際の損失と発生頻度、④副作用（波及影響）、⑤設置後の維持管理の容易さ、⑥環境に対する影響、⑦製作・施工上のバラツキ許容度、⑧防食装置本体の耐食性、などが上げられる。

8．土中における腐食とその対策
（1）土中における腐食概論

土壌中における腐食は、電気が「イオンの移動」によって流れるという点では、既述の「水中における腐食」と同じ環境である。まず最初に、表—6に「土中埋設配管の腐食要因とその評価」を示す。

「マクロセル（macro-cell）」とは、「腐食する場所」と腐食の原因となる「反応が起こる場所」とが区別できるほど離れたことから名付けられた腐食である。建築設備で発生する「マクロセル腐食」には、以下の三つのタイプがある。
①通気差・土壌差マクロセル

一つの配管が異なる土壌（soil）にまたがって埋設された場合に発生する。この発生頻度は大きいが、「侵食度」はあまり大きくない。

表—6 土中埋設配管の腐食要因とその評価

腐食要因		頻度	電位差	侵食度	評価
ミクロセル		必ず発生する	—	NBS(平均0.02 mm/年,最大0.064 mm/年)50年以上の耐久性あり	・この原因だけであれば恐れなくてよい.
迷走電流		近年の鉄道側の技術改良より少ない[注1]	～数ボルト	2mm/年を超す場合	・鉄道などがなければ発生しない. ・事前に有無の確認可能.
マクロセル	通気差 土壌性	比較的多い	～150mV	カソード/アノード比が一般に小さいのであまり大きくないと考えられる.	・極端に異なる土壌を横断する場合には注意.
	モルタル埋設	建物・施工法による	～500mV	カソード/アノード比はあまり大きくない.まれには1mm/年程度	・施工法に注意する.
	RC中の鉄筋	必ず発生する[注2]	～500mV	塗覆装のある場合カソード/アノード比大. 通常0.5～2mm/年, 数年で貫通する.	・最も注意が必要.
その他	(バクテリア 酸性土壌)	特殊な場所(沼地, 温泉地, 化学工場跡)でしか発生しない	—	事例が少ないので不明	・過去の原因不明の腐食はこの腐食が原因とされていた.

〔注〕1. 異なる線の複数駅, 端末駅, 操車場などに近接する場合には注意が必要.
　　　2. 建屋の電位が低い場合(鋼管くい・鉄骨構造物などの有無による)には発生しにくい.

② モルタル埋設によるマクロセル

配管の一部を「犬走り」の下などの「モルタル」に埋設した場合に起こる腐食である。埋設部分の長さが長い場合には、大きな「侵食度」になる場合がある。ただし、モルタルに埋設する部分の表面を被覆することで防止できる。

③ RC（鉄筋コンクリート）中の鉄筋によるマクロセル

図—26に示すように、「土中の配管」と「RC中の鉄管」が電池を形成することによる腐食である。両者とも同じ鉄ではあるが、「配管」は「中性の土壌」中

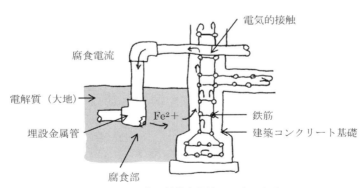

図—26　RC中の鉄筋と配管のマクロセル

第12話 建築設備配管の寿命と金属配管腐食

に埋設され、「鉄筋」はpH12のモルタル中にあるので、「異種金属」に接続したのと同じ状態になる。

　ここで配管を被覆すると、「被覆の欠陥部（防食テープの傷など）」と鉄筋の表面積では、その面積差が著しく異なるため大きな「侵食度」を受けることになる。

　配管は、建物の中で「配管支持」などを介して、必ず鉄筋と電気的に接続されているため、必ず発生すると考えてよい。

　したがって、最も注意が必要で、対策が不可欠な腐食である。管材が「鋼管」以外の場合には、「孔食」などが問題なる。例えば、「ステンレス鋼管」の場合には、土壌中の「塩化物イオン濃度」を事前に測定する必要がある。

（2）土中腐食の対策方法

　「鉄筋コンクリート（RC）」との「マクロセル」以外は、配管などの表面を被覆することにより防食できる。鋼管の場合には、「防食テープ」や「ライニング鋼管」で、ステンレス鋼管の場合には、「ポリエチレンスリーブ」などを用いて配管被覆をする。

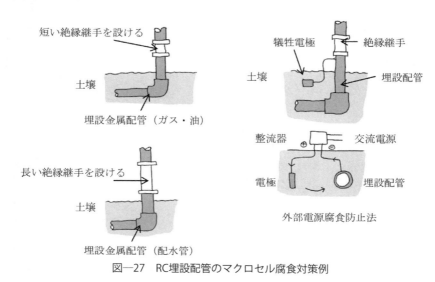

図—27　RC埋設配管のマクロセル腐食対策例

第12話 建築設備配管の寿命と金属配管腐食

ただし、「鉄筋コンクリート（RC）」との「マクロセル腐食」は、「被覆のグレード」と「内部流体」によって使い分ける必要がある。

参考までに、図—27に「RC埋設配管のマクロセル腐食対策例」を示しておく。

ガス・油などの「電気的絶縁流体」の場合、配管表面の「被覆層のグレード」に関係なく、配管に「絶縁継手（用語解説参照）」を設ければよい。

水道水程度の抵抗を持つ「給水・冷温水」の場合は、「塗覆装のグレード」に

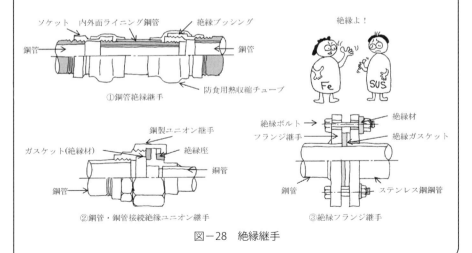

【用語解説】

絶縁継手（dielectric fitting）

二つの配管を電気的に絶縁（elecrical insulation）し、「電食」や「マクロセル」の影響を防ぐ目的で、図—28に示すような両者の間に挿入する「絶縁構造」の配管継手。

図—28　絶縁継手

第12話 建築設備配管の寿命と金属配管腐食

よって対策が異なる。「防食テープ」のグレードの「塗覆装」の場合には、配管径に応じた「絶縁長さ」（用語解説参照）を有する「絶縁継手」を使用する。

> 【用語解説】
> **絶縁長さ（macro-cell insulation length）**
> 　配管径が大きいほど「絶縁長さ」を大きく必要とする。その理由は、同じ絶縁長さでも配管径が大きくなるほど、「断面積」が大きくなり「絶縁継手」をジャンプする電流の大きさが大きくなるからである。

「外面ライニング鋼管グレード」の塗覆装の場合には、「防食テープ」の場合より「欠陥個数」が少ないため、「許容される電流値」が「防食テープ」の場合よりもさらに小さくなる。このため必要な「絶縁長さ」がさらに大きくなり「絶縁継手」では対処できなくなる。そこで絶縁長さの短い「絶縁継手」を設置し、ジャンプしてきた電流を「配管欠陥部」より小さい抵抗をもつ「犠牲陽極（用語解説参照）」から逃してやる工法をとる必要がある。

冷却水のように、濃縮により抵抗の少ない流体の場合には、上水の場合と同じ「絶縁長さ」では、継手の抵抗が小さいためにさらに長い「絶縁長さ」が必要に

> 【用語解説】
> **犠牲陽極（sacrificial anode）**
> 　一般的には「流電陽極」という。ここでは「鉄筋」との「マクロセル腐食防止対策」として考案された亜鉛めっき鋼管を「バックフィル」に入れたものを指す。

なるが、「継手」として処理できない長さとなる。その配管径と同じ長さを有する「絶縁継手」を設置して、ジャンプしてきた電流を配管の欠陥部より小さい抵抗をもつ「犠牲陽極」から逃してやる工法が不可欠となる。

おわりに

　「配管腐食事故」について、筆者には貴重で苦い体験がある。入社して早々に、所属課長から"3年前竣工させた某大工場の温風蒸気暖房の蒸気還水管の腐食事故で、客先からクレームがあり困っている。君は大学院修了生なので客先に出かけて行って、なんとか対処してくれ！"・・・。いくら大学院を修了したって、在学中に一切「腐食問題」を勉強してきた訳ではない。まったく乱暴な話だと思いながらも、いやだとはいえないので、トラブル現場に出向いてみた。

　結論から先にいうと、本話でも触れている「低圧蒸気還水管」の「炭酸腐食」の問題だったのである。しかも、最悪なことに還水管は、全て床コンクリート中の埋設配管だったのである。「瑕疵担保責任」ということで、還水管を床上転がし配管として、全てSUS管に全て交換したが、当時非常に貴重な体験をさせていただいた記憶が今でも鮮明に残っている。

　話は変わるが、「配管腐食問題」は複雑多岐にわたっており、「孔食」や「潰食」だけの問題にとどまらず、奥の深い研究分野である。

　この第12話が、読者の皆様が「配管腐食問題」に関心を寄せていただく「トリガー」になれば、筆者にとってこれに優る喜びはない。

第12話 建築設備配管の寿命と金属配管腐食

【引用・参考文献】
(1)「図解：空調・給排水の大百科」(P608-618) 空気調和・衛生工学界編・オーム社・平成10年7月
(2) 空気調和衛生工学便覧第13版：5 材料・施工・維持管理篇：第9篇第5章配管工事P351・空気調和・衛生工学会・2001年（平成13年）11月発行
(3) 初歩から学ぶ「防錆の科学」藤井哲雄著・(株)工業調査会・2002年2月
(4) 金属の腐食「事例と対策」藤井哲雄著・(株)工業調査会・2002年7月
(5)「空調設備配管設計・施工の実務技術（2版）」安藤紀雄著・理工図書・平成6年4月
(6) マンションにおける「漏水事故鑑定」ガイドブック[改訂版]・発行：日本損害保険鑑定人協会・2008年3月
(7) 構成労働大臣登録「空調給排水管理監督者講習会テキスト」（第4版第2刷）・公益財団法人：日本建築衛生管理教育センター・平成27年2月
(8)「配管防食マニュアル」鹿島建設・栗田工業・発行：日本工業出版・1987年
(9)「埋設配管防食マニュアル」鹿島建設・日本鋼管・発行：鹿島出版会・1983年
(10)「空気調和・衛生用語辞典」社団法人空気調和・衛生工学会編・1990年8月

索　引

【あ】

アーク溶接……………………………… 41
亜鉛めっき鋼管の極性逆転腐食……… 368
赤水………………………………184・372
圧縮性流体……………………………… 325
圧力配管用炭素鋼鋼管………………… 9
歩み転造方式…………………………… 122
蟻の巣状腐食…………………………… 371
アルカリ金属腐食……………………… 370
アルカリ剤投入………………………… 379
異種金属接触腐食………………201・366
"色付き"の水道水……………………… 301
インヒビタ……………………………… 379
雨水管…………………………………… 173
雨水管材料……………………………… 254
雨水管と継手…………………………… 264
薄肉鋼管………………………………… 144
運棒法…………………………………… 46
衛生設備配管…………………………… 168
HCFC（ハイドロ・クロロ・フルオロ・カーボン）…………………………………… 236
液状シール剤の種類…………………… 157
液相線温度……………………………… 69
SGPの接合法の分類…………………… 110
塩化ビニル管保管上の注意事項……… 84
鉛管……………………………………… 171
黄銅……………………………………… 227
応力腐食………………………………… 366
汚水管材料……………………………… 251
汚水桝のインバル……………………… 260
オスタ型パイプねじ切り機…………… 124
オゾン破壊係数………………………… 237

【か】

潰食（エロージョン・コロージョン）
　……………………………………14・365
改良保全………………………………… 354
架橋ポリエチレン……………………… 98
架橋ポリエチレン管の接合法………… 98
瑕疵担保………………………………… 340
瑕疵担保責任…………………………… 340
ガス溶接………………………………… 39
かとう性………………………………… 34
仮付け溶接……………………………… 44
還元反応………………………………… 360
管端の開先加工………………………… 42
管端防食継手の開発…………………… 184
管端防食バルブ………………………… 201
気圧試験………………………………… 331
機械的接合法……………………… 60・74
機械用排水管・駐車場排水管と継手… 265
犠牲陽極………………………………… 392
技能五輪国際大会……………………… 140
逆止め弁………………………………… 288
求心性…………………………………… 150
給水管…………………………………… 169
給湯管…………………………………… 173
局部腐食………………………………… 363

切粉（きりこ）……………………… 130
金属強化ポリエチレン管……………… 208
金属のイオン化傾向…………………… 362
金属配管材料……………………………… 4
金属疲労腐食…………………………… 371
空気中腐食……………………………… 383
クリープ………………………………… 17
ゲージ圧………………………………… 331
欠陥ねじ………………………………… 28
煙試験…………………………………… 336
建築設備配管材料………………………… 2
建築物衛生法…………………………… 303
鋼管犠牲陽極…………………………… 378
鋼管接合法……………………………… 23
工業標準化法（JIS規格）……………… 304
硬質ポリ塩化ビニル管………………… 15
硬質ポリ塩化ビニル管の接合法……… 78
硬質銅（硬銅）………………………… 229
孔食（ピッチング）…………… 14・364
コーティング鋼管……………………… 181
コーティング継手……………………… 186
黒鉛化腐食……………………………… 370
固相線温度……………………………… 69
ゴム輪接合法（RR接合法）…………… 89

【さ】

再生利用水管…………………………… 176
差しろう………………………………… 53
擦過腐食………………………………… 369
雑排水管材料…………………………… 252
さや管ヘッダ工法……………………… 341
三角ねじの種類………………………… 151

酸化反応………………………………… 360
三層構造管……………………………… 209
残留応力………………………………… 38
事後保全………………………………… 354
資材の寿命延命化と更新需要………… 359
資材の耐用性と耐用年数……………… 357
消火管…………………………………… 174
消防法…………………………………… 302
白水……………………………………… 169
ジンクリッチペイント………………… 384
シンダーコンクリート内の厨房排水管
……………………………………… 273
新冷媒（R410A・R32冷媒管）……… 347
水圧試験………………………………… 329
水栓類…………………………………… 290
水中腐食………………………………… 387
水道法…………………………………… 303
水道用硬質塩化ビニルライニング鋼管
……………………………………… 178
水道用耐熱性硬質塩化ビニルライニング鋼管……………………………… 179
水道用ポリエチレン粉体ライニング鋼管……………………………………… 179
すきま腐食……………………………… 365
ステンレス鋼管………………………… 11
ステンレス鋼管の接合法……………… 51
ステンレスは万能か？………………… 298
ストレーナ……………………………… 291
ストレーナ・メッシュ………………… 159
生産保全………………………………… 354
青銅器…………………………………… 214
絶縁……………………………………… 378
絶縁継手………………………………… 391

絶縁長さ	392
切削ねじ	124
絶対圧	331
接着剤	82
センキ（疝気）	30
洗浄痕再生工法	173
全面腐食	363
層間変位角	250
ソルベント・クラッキング	88・256

【た】

ダイオキシン	137
耐火二層管の接合法	95
ダクタイル鋳鉄	81
多層複合管	208
脱亜鉛腐食	369
脱気泡	378
脱酸素	378
炭酸腐食	367
チェントン	24
地球温暖化係数	237
中水管	176
厨房排水管材料	254
厨房排水管と継手	265
厨房排水処理施設	376
超高層ビル	217
通気管	173
通気管材料	253
通気管と継手	263
通気管のフランジ継手のボルト・ナット位置	263
通気系統の鳥居配管	268

通水試験	334
TS式差込み接合法	81
ディスポーザからの排水	262
テープ状シール材	161
鉄鋼5元素	5
デファクトスタンダード	310
テフロン	198
電気防食	379
電気融着式継手（E種継手）接合法	97・99・106
電食	370
転造ねじ	126
転造ねじ接合法	32
転造ねじのシール法	164
転造ねじ配管の特色	127
銅管	13
銅管と異管種の接合法	240
銅管の製造工程	224
銅管の接合法	65
銅管の特徴	221
銅管用ろう接合継手	239
都市ガス供給管	175
塗装膜下腐食	369
土中腐食	390
ドレン排水管通水試験	334

【な】

ナイフゲート	272
ナイフゲートの施工	271
鉛の毒性	219
軟質銅（軟銅）	229
ぬれ現象	66

ねじゲージ………………………………	26
ねじゲージによるねじ検査……………	197
ねじ接合法………………………………	24
ねじの残り山管理………………………	31
ねずみ鋳鉄………………………………	81
熱処理……………………………………	232
熱融着式継手（H種継手）接合法	
………………………………	96・105

【は】

配管耐圧試験……………………………	323
配管腐食…………………………………	359
配管用炭素鋼鋼管………………………	4
排水管……………………………………	171
排水管再生工法…………………………	172
排水管と継手……………………………	267
排水管の勾配……………………………	255
排水管の横引き排水距離………………	252
排水ヘッダ継手…………………………	262
排水用硬質塩化ビニルライニング鋼管	
………………………………………	181
排水用途別排水管材料…………………	248
排水用ノンタールエポキシ塗装鋼管…	181
白銅………………………………………	227
バクテリア腐食…………………………	370
挟み込み現象……………………………	282
バスタブ曲線（故障率曲線）…………	355
はっか試験………………………………	338
パッキンとガスケット…………………	328
「バリ」と「バリ取り」………………	196
バルブが"泣く"…………………………	315
バルブの試運転…………………………	325

バルブの選定……………………………	317
バルブの動作構造………………………	285
バルブの部品構成………………………	284
バルブのボア（弁座のポート径）……	285
バルブ類の法規・許認可………………	302
ハロゲンガス……………………………	344
ハロゲンテスト…………………………	343
はんだ付け接合法………………………	65
反転工法…………………………………	172
非圧縮性流体……………………………	325
PM2.5問題 ……………………………	382
「ビード」と「裏波溶接」……………	42
非金属配管材料…………………………	15
微生物誘起腐食…………………………	370
ピッチ……………………………………	115
ビルマルチ空調方式……………………	233
ビルマルチユニットの能力表示………	234
ビルマルチ冷媒用銅管…………………	235
ピンホール………………………………	182
ブースター方式…………………………	170
フェルール接合…………………………	75
腐食しろ…………………………………	363
不断水分岐工事…………………………	201
不動態……………………………………	380
フラックス………………………	54・69
フランジ接合法（テーパーコアフランジ	
接合法）…………………………………	93
プレシールコア継手……………………	139
フロン排出規制法………………………	345
ペインティング鋼管……………………	181
ヘリウムテスト…………………………	342
ボイド……………………………………	68
防食シール剤……………………………	198

保全の種類	354
保全予防	354
ポリエチレン管	16
ポリエチレン管の接合法	96
ポリブテン管	18
ポリブテン管の接合法	104
ポリ粉体鋼管	136
ポンプ圧送管と継手	265
本溶接	44

【ま】

マクロセル腐食	7
満水試験	332
溝状腐食	367
脈動水圧試験	338
メカニカル式（M種継手）接合法	97・102・107
メカニカル接合法	34・74

【や・ら・わ】

有機被覆	377
床排水トラップ再生工法	172

溶加棒	56
溶接欠陥	46
溶接姿勢	44
溶接接合法	36
溶存酸素	364
寄せ転造方式	122
予防保全	354
ライニング鋼管	183
ライニング鋼管の内面取り	194
ライニング鋼管用管端防食バルブ	187
$LCCO_2$（ライフサイクルCO_2）	19
ライフ・サイクル・アセスメント（LCA）	377
ランゲリア指数	374
粒界腐食	368
硫酸露点腐食	369
ルーズフランジ接合法	64・111
冷間加工	232
冷凍サイクル	345
冷凍保安規則	350
冷房ドレン管材料	256
ろう付け接合法	65
RoHS（ローズ）指令	305・306
ロール圧延	216

＜筆者紹介＞

安藤紀雄（あんどう　のりお）

【学歴】
　1963年3月　早稲田大学第一理工学部建築学科卒業
　1965年3月　早稲田大学理工系大学院建設学科修士課程修了

【職歴】
1965年4月　高砂熱学工業㈱入社
以降主として、空気調和換気設備工事の設計・施工業務に従事。
途中、シンガポールで超高層建築2棟の空調設備の施工経験あり。
2000年3月　高砂熱学工業㈱定年退職

【講師歴】
　高砂熱学工業㈱在勤中から、退職後を含め早稲田大学・ものつくり大学・神奈川大学建築学科の非常勤講師を延べ15年間従事

【資格】
　一級管工事施工管理技士・SHASE技術フェロー（建築設備全般施工技術）
　日本酒指導師範（菊正宗酒造認定）

【委員会活動】
　給排水設備研究会、元 耐震総合安全機構

【著作関係】
　空気調和衛生設備・ダクト工事・配管工事などに関する著作多数

【その他・趣味など】
　外国語習得（英語・中国語・韓国語など）、温泉旅行、日本酒研究など

小岩井隆（こいわい たかし）

【学歴】
　1975年3月 武蔵工業大学 機械工学科卒業

【職歴】
1975年4月 東洋バルヴ(株) 諏訪工場 設計部入社
　主として、バルブの設計・開発、計装用バルブ・機器の販売促進、マーケティング 各業務を歴任2014年4月 (株)キッツ 茅野工場 技術本部勤務、同社研修センターバルブ講座講師

【講師歴】
　日本バルブ工業会 技術関連講師、バルブ関連セミナー講師など

【委員会活動】
　日本バルブ工業会 バルブ技報編集員会委員、給排水設備研究会会員（元会報出版委員会委員）

【著作関係】
　主にバルブに関する技術書籍・技術雑誌 著作多数

【その他・趣味など】
　ゴルフ、温泉めぐり、旅行など

瀬谷昌男（せや　まさお）

【学歴】
　1959年3月　東京都立工芸高等学校機械科卒業
【職歴】
　1964年2月　大成温調株式会社入社
　以降特殊空調・衛生設備の設計・施工および品質管理業務に従事
　2001年6月　大成温調株式会社定年退職
【資格】
　建築設備士・一級管工事施工管理技士・消防設備士・建築設備検査資格者
【委員会活動】
　給排水設備研究会、耐震総合安全機構
【著作関係】
　空調衛生設備・建築設備耐震・配管工事などに関する著作イラスト
【その他・趣味など】
　浮世絵・歌舞伎扇子画・ポスターや酒ラベル画・写真撮影・古典芸能の鑑賞・自転車旅行・猫

堀尾佐喜夫（ほりお　さきお）

【学歴】
　1969年3月　中央大学理工学部土木工学科卒業
【職歴】
　2009年7月　堀尾総合技術士事務所　所長
　主として建築設備の技術監査、技術者研修、建築設備耐震診断・設計・監理業務に従事
【講師歴】
　市区町村技術職員の技術研修、東京都・耐震総合安全機構のマンション耐震セミナー
【資格】
　技術士（総合技術監理部門、衛生工学部門）、SHASE技術フェロー（空気調和・衛生工学会）、JABMEE SENIOR（建築設備技術者協会）
【委員会活動】
　日本技術士会、空気調和・衛生工学会、耐震総合安全機構、給排水設備研究会、建築再生総合設計協同組合
【著作関係】
　「考え方・進め方　建築耐震・設備耐震」（共著）他
【その他・趣味など】
　ゴルフ少々

水上邦夫(みずかみ くにお)

【学歴】
 1964年3月　工学院大学機械工学科卒業

【職歴】
 1964年4月　清水建設(株)本社設計部入社
 主として、空気調和・衛生設備工事の設計業務に従事。途中大阪支店、フコク生命本社ビル(超高層ビル)建設プロジェクト、中国北京での京城大が(超高層ビル)設計プロジェクト及びコンサル業務など
 1999年3月　退職
 1999年4月　日本容器工業グループ　㈱エヌ・ワイ・ケイ(蓮田工場)勤務
 2005年7月　同上　非常勤(技術顧問)

【講師歴】
 ものつくり大学建設技能工芸学非常勤講師など

【資格】
 技術士(衛生工学部門)、建築設備士、一級管工事施工管理技士など

【委員会活動】
 空気調和・衛生工学会、給排水設備研究会、耐震総合安全機構、建築設備技術者協会

【著作関係】
 主に衛生設備工事、耐震関連、東日本大震災被害調査関連など

【その他・趣味など】
 絵画(旅のスケッチ)、山行、旅行、野菜作りなど

―空調衛生設備技術者必携：こんなことも知らないの？―
空調衛生設備 【試運転調整業務の実務知識】

安藤紀雄　（監修：N．A．コンサルタント）　　瀬谷昌男　（MSアートオフィス）
堀尾佐喜夫（堀尾総合技術士事務所）　　　　　水上邦夫　（株）エヌ・ワイ・ケイ）

A5判320頁　定価：3,500円＋税

FAX　03-3944-0389

フリーコール　0120-974-250

空調衛生設備施工技術者にとって、施工現場の最終段階において待ち構えているのが、「試運転調整業務」である。「試運転調整業務：遂行マニュアル」に関しては、各設備施工会社においては基本的なマニュアルを取りそろえてある場合もあると思われるが、当該の現場で作成・用意すべき、当現場専用の「試運転調整マニュアル」でない場合が多い。このマニュアルは、当該の現場専用の「特記仕様書」のような品物の資料であるべきで、この作成業務は、ひとえに「現場代理人の技術力（設備システム理解力）」にかかっている。このような実情から、筆者等はかねてから特に「設備技術者」に役に立つ「試運転調整：遂行マニュアル」を世に問おうと構想していた。しかし「大河小説」のような、頁数の多いマニュアルより、「試運転調整業務の実務知識」を項目別に箇条書に整理して習得するのが、最もてっとり早く実務に役立つのではという考えに到った。
そこで、項目を百数十に厳選して、誕生したのが「空調衛生設備　【試運転調整業務の実務知識】」である。本書が、皆様の「試運転調整マニュアル」の作成と「現場業務の効率化」に少しでもお役に立て、筆者等にとってこれに優る喜びはない。

目　次

本編：【空調衛生設備：試運転調整業務の実務知識】
1．共通設備編
　1・1　試運転事前準備・確認業務
　1・2　機器単体試運転調整業務
　1・3　総合試運転調整業務
2．空気調和設備編
　2・1　試運転事前準備・確認業務
　2・2　機器単体試運転業務
　2・3　総合試運転調整業務
3．給排水衛生設備編
　3・1　試運転事前準備・確認業務
　3・2　機器単体試運転調整業務
　3・3　総合試運転調整業務
4．各種性能計測・測定編
　4・1　計測機器等
　4・2　各点の計測位置など
　4・3　各種測定法など

5．竣工引き渡しおよび以降の業務編
　5・1　一般事項
　5・2　その他詳細留意事項

付属編：【空調衛生設備：設計施工管理の留意事項】
6．共通設備編
7．空気調和設備編
8．給排水衛生設備編

補足参考資料編
9．共通設備編
10．空気調和設備編
　10・1　機器単体の試運転調整業務手順
　10・2　システム総合試運転調整業務手順
　10・3　その他：参考資料
11．給排水衛生設備編
12．上級設備技術者として知っておきたい豆知識

日本工業出版㈱　販売課　〒113-8610東京都文京区本駒込6-3-26TEL0120-974-250/FAX03-3944-0389
sale@nikko-pb.co.jp　http://www.nikko-pb.co.jp/

申込書
―切り取らずにこのままFAXしてください―
FAX03-3944-0389

ご氏名※	
ご住所※	〒　　　　　　　　　　　　　　　　　　　　　　　勤務先□　自宅□
勤務先	ご所属
TEL※	FAX
E-Mail	＠
申込部数	定価3,500円＋税×　　　　　　部＋送料100円＝

※印は必須事項です。

建築設備 配管工事読本

平成29年1月20日　初版第1刷発行
平成31年1月31日　第2版第1刷発行
定価：本体3,500円＋税　〈検印省略〉

著　者　安藤紀雄・小岩井隆・瀬谷昌男・堀尾佐喜夫・水上邦夫　共著

発行人　小林大作
発行所　日本工業出版株式会社
　　　　https://www.nikko-pb.co.jp/　　e-mail:info@nikko-pb.co.jp
　　本　　社　〒113-8610　東京都文京区本駒込6-3-26
　　　　　　　TEL：03-3944-1181　FAX：03-3944-6826
　　大阪営業所　〒541-0046　大阪市中央区平野町1-6-8
　　　　　　　TEL：06-6202-8218　FAX：06-6202-8287
　　振　　替　00110-6-14874

■落丁本はお取替えいたします。

ISBN978-4-8190-2901-8　　C3052　　¥3500E